Rosen, Net-Geflüster

Emanuel Rosen

# NET-GEFLÜSTER

## Kreatives Netzwerk-Marketing
## oder
## Wie man aus Geheimtipps Megaseller macht

Aus dem Amerikanischen
von Wilfried Hof

Econ

Die amerikanische Originalausgabe erschien 2000 unter dem Titel
*The Anatomy of Buzz* bei Doubleday

Der Econ Verlag ist ein Unternehmen der
Econ Ullstein List Verlag GmbH & Co. KG

1. Auflage 2000

ISBN 3-430-16786-8


Gesetzt aus der Cheltenham und der Russel Square bei
Franzis print & media GmbH, München
Druck und Bindearbeiten: Clausen & Bosse, Leck

*Für Daria, Noam, Yonatan, Maya und Mika*

# Inhalt

# Vorwort

Neue Produkte und Dienstleistungen verbreiten sich unter den Verbrauchern durch interpersonelle Kommunikationsnetzwerke. Diese Netzwerke sind weitgehend unsichtbar. Sie funktionieren häufig auf geheimnisvolle Weise. Daher sind wir ziemlich blind für diesen machtvollen Marketingprozess. Kein Wunder, dass unsere Bemühungen, Innovationen zu verbreiten, so oft fehlschlagen.

Emanuel Rosen stellt in diesem Buch ausführlich dar, wie man »Buzz«* anregen und beeinflussen kann, um dadurch schneller eine kritische Masse von Adoptierern (Übernehmern) einer Innovation zu erreichen. Buzz kann eine neue Idee im Markt fördern oder vernichten. Beides ist, wie Rosen zeigt, aus verständlichen Gründen eingetreten.

In diesem Buch ist eine Fülle positiver und negativer Erfahrungen mit Buzz dargestellt. Mein Lieblingsbeispiel ist die Einführung von EndNote, einer Software für Wissenschaftler, die Emanuel Rosen und seine Kollegen vor einigen Jahren eines Nachmittags im Berkeley

---

* »Buzz« bedeutet im Zusammenhang dieses Buches »die Gesamtheit aller Kommentare über ein bestimmtes Produkt oder ein Unternehmen zu einem bestimmten Zeitpunkt« (vgl. das Glossar am Ende des Buches). Die Grundbedeutung dieses zentralen Begriffs (der amerikanische Originaltitel lautet *The Anatomy of Buzz*) ist »Summen, Gesumme«, z. B. von Insekten oder elektronischen Geräten, aber das Wort hat noch weitere Bedeutungen wie Gemurmel, Stimmengewirr, Gerede, Mundpropaganda, Gerücht, Telefonanruf. Weil nur im englischen Wort all diese Bedeutungen enthalten sind, bleibt es unübersetzt. (Anm. d. Übers.)

Faculty Club der University of California vorführten. Ein paar Tage später erhielten sie ihren ersten Auftrag, und zwar von einem Professor aus Princeton an der Ostküste Amerikas. Ist Ihnen so etwas Ähnliches auch schon passiert? Mir ja.

Mussten Sie schon mal Ihre Literaturangaben neu schreiben? Ich ja. Als ich EndNote benutzte, hatte ich meinen ersten Kontakt zu Emanuel Rosen. Der nächste kam im Frühjahr 1998 zustande, als Emanuel mir eine E-Mail über die Rolle des Buzz bei der Diffusion (Verbreitung) von Innovationen schickte. Am nächsten Tag flog er nach Albuquerque und besuchte mein Seminar über Diffusion.

Dieser Forschungsbereich begann vor 60 Jahren mit einer Untersuchung der Ausbreitung des Hybridmais-Saatguts unter Farmern in Iowa. Diese Neuerung verbreitete sich langsam, über einen Zeitraum von zwölf Jahren, obwohl das Hybridsaatgut den Ernteertrag um 20 Prozent erhöhte. Zuerst übernahmen es nur einige wenige wagemutige Farmer, sie redeten mit ihren Nachbarn und Freunden, die ihrerseits anderen von der Neuheit erzählten. Die kumulative Übernahmerate während der zwölf Jahre des Diffusionsprozesses bildete eine S-Kurve, die von miteinander redenden Leuten hervorgerufen wurde. Heute, etwa 5000 Studien später, wissen wir viel mehr über das Diffusionsmodell.

Das vorliegende Buch vertieft dieses Verständnis, indem es sich auf den Person-zu-Person-Prozess konzentriert, durch den sich Informationen durch Netzwerke bewegen. Die Rolle des Buzz wird am Beispiel der raschen Verbreitung des PalmPilot, eines Buches, das über Nacht zur Sensation wurde, und an anderen Produkten analysiert, die trotz teurer Marketingkampagnen wie eine bleierne Ente untergingen.

Rosen entwirft Strategien für die Erzeugung von Buzz, wie zum Beispiel das »Säen« einer Innovation unter wichtigen Mitgliedern der Zielgruppen. Wie Rosen erläutert, ist die Verteilung kostenloser Muster Verschwendung, wenn sie nicht zu den richtigen Leuten gelangen. Der Autor enthüllt hier wichtige Einzelheiten darüber, wie zahlreiche Unternehmen, Programme und Organisationen Buzz benutzen und in bestimmten Fällen *von* Buzz benutzt wurden.

Meiner Meinung nach bietet dieses Buch einen faszinierenden Einblick in die Natur interpersoneller Netzwerke und wie man sie aktivieren kann. (Erinnern Sie sich an die sechs Schritte von Kevin Bacon, die Theorie, dass zwei beliebige Personen durch nicht mehr als sechs andere Personen miteinander verbunden sind?) Ich kann mich nicht entsinnen, in den letzten Jahren so von einem Buch beeinflusst worden zu sein. Die Welt ist nun für mich etwas leichter zu verstehen.

Ich lege Ihnen also dieses Buch ans Herz. Wenn es Ihnen auch gefällt, sagen Sie es weiter.

Everett M. Rogers
University of New Mexico

März 2000

# Teil I
# Ausbreitung des Buzz

## 1
## *Was ist Buzz?*

Wie sich Buzz ausbreitet, habe ich zum ersten Mal vor vielen Jahren erlebt. 1988 arbeitete ich in einem der typischen neu gegründeten Software-Unternehmen in Kalifornien: fünf Leute, vier Macs, ein PC und eine Menge Hoffnung. Wir hatten ein einziges Produkt mit Namen EndNote, eine Sortiersoftware für Wissenschaftler, und bis zur Einführung waren es noch ein paar Monate. Wir hatten noch keine Werbung gemacht. Tatsächlich wusste nur eine Hand voll Leute in Kalifornien von seiner Existenz. Trotzdem hatten wir gerade unseren ersten Auftrag in der Post und der kam aus Princeton in New Jersey. Wir standen alle um diesen Auftrag herum, starrten ihn an und versuchten herauszufinden, wie jemand auf der anderen Seite des Kontinents von unserer Existenz erfahren hatte.

Einige Monate vorher hatte ich mich dem Gründer des Unternehmens, Rich Niles, angeschlossen, um ihn beim Verkauf der Software zu unterstützen. EndNote soll Forschern helfen, ihre Fußnoten zu verwalten und Literaturverzeichnisse am Schluss ihrer Artikel zu erstellen. Ich gebe zu, das Produkt ist nicht besonders sexy, aber sehr nützlich, wenn man seine Forschung organisieren und die kleinlichen Anforderungen verschiedener Fachzeitschriften erfüllen muss. Rich kam auf die Idee, als er sah, wie viel Zeit seine Frau, eine Wissenschaftlerin, mit der Zusammenstellung ihrer Literaturverzeichnisse zubrachte. Jedes Wissenschaftsjournal hat seine eigenen

Regeln für die Angabe der Literatur. Bei dem einen muss es so aussehen:

Rogers, Everett M. *Diffusion of Innovations*. 4th ed. New York: Free Press, 1995

und bei einem anderen so:

Rogers, E.M. (1995). *Diffusion of Innovations*. (4th ed.). New York: Free Press.

Selbst wenn Sie ein Textverarbeitungsgerät besitzen, können Sie sich vorstellen, wie mühselig diese Aufgabe ist, wenn Sie diese Änderungen jedes Jahr Hunderte Male machen müssen. EndNote automatisiert diesen Vorgang. Das Programm speichert die Literaturangaben in einem Datenbankformat und kann sie auf jede beliebige Weise darstellen.

Nachdem wir den Auftrag aus New Jersey erhalten hatten, riefen wir den Kunden an und fragten ihn, wie er von EndNote gehört hatte. Offenbar war einer der wenigen Anwesenden, die einige Tage zuvor an einer Vorstellung unseres Produkts in Berkeley in Kalifornien teilgenommen hatten, so begeistert gewesen, dass er eine enthusiastische Mitteilung auf ein elektronisches Schwarzes Brett geschrieben hatte, das von Universitätsdozenten benutzt wird. Und einer von diesen war gerade unser erster Kunde geworden.

Bevor ich zu Rich Niles' Softwarefirma kam, war ich Werbetexter in einer Werbeagentur, und nach meinem damaligen Verständnis funktionierte Marketing so: Unternehmen machen Werbung, Kunden sehen die cleveren Anzeigen, die Texter wie ich entwerfen, und dann, und *nur* dann kaufen die Kunden die Produkte. Aber das war offensichtlich nicht das, was mit diesem EndNote-Auftrag passiert war, und in den folgenden zehn Jahren wurde ich Tausende Male daran erinnert, dass es in der realen Welt ganz anders läuft. Seit diesem ersten Auftrag wurden mehr als 200 000 Exemplare von EndNote verkauft, und die meisten Kunden erzählten uns, sie hätten nicht aus Anzeigen, von Händlern oder aus Zeitschriften von dem Produkt erfahren, sondern von Freunden und Kollegen.

So erwachte mein Interesse an Buzz.

Nach dieser Erfahrung begann ich, der Mundpropaganda mehr Beachtung zu schenken. Aber ich war immer noch nicht sicher, wie wichtig sie in anderen Märkten war. Vielleicht, dachte ich, spielte sie nur im universitären Bereich oder nur bei Software eine bedeutende Rolle. Nachdem ich mit der Erforschung des Themas begonnen hatte, wurde jedoch deutlich, dass dies nicht der Fall ist: Buzz spielt im Kaufprozess zahlreicher Produkte eine größere Rolle:[1]

- 65 Prozent der Kunden, die einen PalmPilot kauften, erzählten den Herstellern des Geräts, sie hätten durch eine andere Person davon erfahren.[2]
- 47 Prozent der Leser des *Surfing Magazine* sagten, den größten Einfluss darauf, wo sie surften und was sie kauften, übten Freunde aus.[3]
- Freunde und Verwandte sind laut der amerikanischen Travel Industry Association die Informationsquelle Nummer eins hinsichtlich sehenswürdiger Orte oder Flüge, Hotels oder Mietwagen. In einer Untersuchung gaben 43 Prozent der Befragten Freunde und Familienmitglieder als Informationsquelle an.[4]
- 57 Prozent der Kunden eines Autohändlers in Kalifornien erfuhren von ihm durch Mundpropaganda. »Das ist nicht ungewöhnlich«, meint Jim Callahan von der Dohring Company, die jedes Jahr für rund 500 Autohändler im ganzen Land Erhebungen durchführt.[5]
- Jedes Jahr hört man von Filmen wie *The Blair Witch Project* oder *There's Something About Mary (Verrückt nach Mary)*, die aufgrund von Mundpropaganda Erfolg haben. Den Ergebnissen einer Studie von Maritz Marketing Research zufolge stützen sich 53 Prozent der Kinogänger in gewissem Maß auf Empfehlungen eines Bekannten. Egal, wie viel Geld Hollywood in Werbung steckt, die Leute beraten sich immer gegenseitig, welchen Film sie sehen sollten.[6]
- Nach Ergebnissen der gleichen Untersuchung verlassen sich 70 Prozent der Amerikaner auf den Rat von anderen, wenn sie einen neuen Arzt suchen.[7] 63 Prozent der Frauen, die für das Magazin *Self* befragt wurden, nannten »Freund/Freundin, Familie oder Kollege/Kollegin« als einen Einflussfaktor für den Kauf rezeptfreier Medikamente.[8]

Und dennoch konzentriert sich das Marketing von heute größtenteils immer noch auf den Einsatz von Anzeigen und anderer Instrumente, um *jeden Kunden einzeln* zu beeinflussen, und ignoriert die Tatsache, dass der Kauf zahlreicher Produktarten Teil eines *sozialen Prozesses* ist. Dieser beinhaltet nicht nur eine zweiseitige Beziehung zwischen Unternehmen und Kunden, sondern auch den Informationsaustausch und die gegenseitige Beeinflussung unter den Personen in der Umgebung des Kunden. Len Short, Executive Vice-President für Werbung und Produktmanagement bei Charles Schwab, fasst es so zusammen: »Die Vorstellung, dass Marketing zu einem wesentlichen Teil aus Mundpropaganda und Bestätigung durch wichtige persönliche Beziehungen besteht, ist von überragender Bedeutung, und trotzdem ignorieren die meisten Marketer sie.«[9]

## Was genau ist Buzz?

Ein Junge steht außerhalb einer Schule an den Zaun gelehnt. Er ist etwa 13 Jahre alt, trägt Jeans und eine Baseballmütze und spielt mit einem Jo-Jo. Er ist gut. Ein kleinerer Junge kommt vorbei, der einen Rucksack trägt, der so viel wiegen könnte wie er selbst. Er bleibt stehen. Seine Augen folgen dem Jo-Jo, dass nun in der Luft auf eine Weise herumwirbelt, die Newton dazu veranlassen würde, seine Gravitationshypothese zu überprüfen.

»Woher hasse dat?«, fragt der Jüngere leise.

Der Ältere macht weiter.

»Welche Marke?«, fragt der Jüngere, diesmal etwas lauter.

»Yomega«, antwortet der ältere Junge. »Das Gehirn.«

»Gehirn?«

»Sie nennen es ›Das Gehirn‹. Es weiß, wann es zu deiner Hand zurückkommen soll. Es ist cool.«

Diese Art Austausch ist der Grundbaustein des Buzz. Ich nenne es einen »Kommentar«. Wenn man alle Kommentare, die zu einem bestimmten Zeitpunkt über dieses Jo-Jo abgegeben werden, zusammenfasst, erhält man den Buzz über Yomega. Letztendlich ist Buzz die Summe aller Kommentare über ein bestimmtes Produkt, die irgendwann zwischen Leuten ausgetauscht werden.

Meine Definition von Buzz ist breiter als andere. *Newsweek* zum

Beispiel definierte Buzz in einem Artikel von 1998 als »ansteckendes Geschwätz; echte Begeisterung der Straße für eine aufregende neue Person, Lokalität oder Sache«[10]. Das ist die Definition des Neuen eines Journalisten: was aufregend ist, was die Aufmerksamkeit der Leute nicht heute, sondern jetzt in diesem Moment erregt. Marketer und Unternehmer können jedoch eine Menge profitieren, wenn sie erforschen, was die Kunden über ihre Produkte nicht nur dann sagen, wenn sie brandneu sind, sondern auch, wenn sie sich auf dem Markt etabliert haben. Aus diesem Grund will ich »Buzz« in allgemeinerem Sinn behandeln: Buzz ist die gesamte Mundpropaganda über eine Marke. Er ist die Summe aller Kommunikation von Person zu Person zu irgendeinem Zeitpunkt über ein bestimmtes Produkt, eine Dienstleistung oder ein Unternehmen.

In der ganzen Welt tauschen die Leute ständig Kommentare über alles aus, von Golf bis zum Sinn des Lebens. Kommentare benutzen viele Vehikel, aber egal, ob sie über Telefonleitungen, in E-Mail-Botschaften, auf Papier oder am Esstisch verbreitet werden, sie beginnen immer in einem Gehirn und enden in einem anderen.[11] »*Tootsie* ist mein Lieblingsfilm aller Zeiten.« Dieser »Kommentar« kam von meinem Gehirn und ist gerade in Ihrem angekommen. Milliarden Kommentare bewegen sich auf diese Weise jeden Tag zwischen den Leuten. Kommentare über das Leben, Beziehungen, Filme, Essen, Geld. Kommentare in Japanisch, Englisch, Schwedisch. Kommentare, die Begeisterung, Verwirrung, Gleichgültigkeit, Überraschung auslösen. In diesem Buch lege ich den Schwerpunkt auf Kommentare über Produkte und Dienstleistungen.

## Wie verbreitet sich Buzz?

Buzz verbreitet sich in unsichtbaren Netzwerken. Um besser zu verstehen, was ein Netzwerk ist, ist es nützlich, an eine grobe Parallele zu denken: das Flugliniennetz. Stellen Sie sich vor, Sie sitzen in einem Kontrollraum, von dem aus Sie alle Flugrouten der Welt überblicken können. Auf dem großen Bildschirm vor Ihnen sind alle Flughäfen durch Punkte gekennzeichnet (sie werden »Knoten« genannt), und alle Routen zwischen ihnen werden durch Linien dargestellt (diese nennt man »Verbindungen«). Das erste, was Sie wahrscheinlich bemerken werden, sind Luftdrehkreuze *(hub airports)*, Flughäfen, die eine Verteilerfunktion für zahlreiche Flüge ausüben. In bestimmten Gebieten werden Sie Verdichtungen (»Cluster«) erkennen, wo mehrere Flughäfen eng beieinander liegen. Alle Flughäfen in Frankreich sind irgendwie miteinander verbunden, genauso wie die Flughäfen in Japan. Natürlich sind auch Tokio und Paris miteinander verbunden, sodass man sagen kann, jeder Flughafen in Japan ist mit jedem Flughafen in Frankreich verbunden.

Nun stellen Sie sich vor, Sie befinden sich in einem anderen Kontrollraum, von dem aus Sie nicht die Verbindungen zwischen Flughäfen, sondern zwischen *Menschen* sehen. Zwischen allen sechs Milliarden auf unserem Planeten. Auf einem riesigen Bildschirm (sagen wir von der Größe der Leinwand eines Imax-Kinos) sind sechs Milliarden blaue Pünktchen zu sehen, die durch dünne leuchtende Linien miteinander verbunden sind. Das riesige Diagramm repräsentiert ein Informationsnetzwerk aus Verbindungen zwischen Personen. Diese sind die unsichtbaren Netzwerke. Auch hier gibt es Hubs (Drehkreuze), Leute, die besonders gut platziert sind, um Informationen weiterzugeben. Es gibt ebenfalls Cluster, das heißt Gebiete, in denen die Menschen dichter miteinander verbunden sind. Und auch diese Cluster stehen miteinander in Verbindung, sodass schließlich jeder irgendwie mit jedem verbunden ist.

Wenn Sie auf diesen riesigen Bildschirm schauen, sehen Sie einen ständigen Fluss grüner Funken zwischen bestimmten Knoten: Kommentare. *Das ist Buzz.* Als der Junge, der über Yomega redete, sagte »Es ist cool«, sprang ein grüner Funke von dem Knoten, der ihn repräsentiert, zu dem Knoten, der den Jüngeren darstellt. Manchmal gibt es einen Austausch von Funken zwischen zwei oder mehr Knoten; das stellt dann ein Gespräch dar. Manchmal bewegen sich Funken von einem Knoten zu Tausenden oder Millionen anderer Knoten, zum Beispiel wenn Oprah Winfrey den Zuschauern ihrer Show ein Buch empfiehlt oder Walt Mossberg vom *Wall Street Journal* über das Neueste in der Computerindustrie schreibt.

Dieses Bild ist die Grundlage dieses Buches: Sechs Milliarden leuchtende blaue Pünktchen – die Menschen auf diesem Planeten –, zwischen denen es zahlreiche Verbindungen gibt. Grüne Funken – Kommentare – bewegen sich ständig über diese Verbindungen. Wenn neue Freundschaften geschlossen werden, tauchen neue blaue Linien oder Verbindungen auf. Manche Linien verschwinden langsam, wenn die Leute den Kontakt zueinander verlieren.

Wenn Sie einen Filter vor dieses riesige Bild setzen könnten, der alle Kommentare über bestimmte Themen aussieben würde, könnten Sie den Buzz über *Ihr* Unternehmen oder Produkt sehen. Die Leute bei Yomega würden vielleicht nur jene grünen Funken wahrnehmen, die wegen ihrer Jo-Jos hin- und hergehen. Ein Hersteller medizinischer Geräte würde alle Kommentare sehen, die zwischen Ärzten über sein neues Produkt ausgetauscht werden. Ein Buchverlag würde sehen, wie viele Kommentare über einen neuen Titel abgegeben werden, wo es in den Netzwerken mehr Buzz gibt und wo weniger, wo er beginnt, wo er blockiert wird und so weiter ...

Zur Illustrierung dieses Konzepts machte ich eine Momentaufnahme des Buzz über den Film *Shakespeare in Love* unter Studenten an einer Universität an der Westküste der USA kurz nach seinem Kinostart. Mein Assistent Haim Zaltzmann bat Studenten, Personen zu nennen, mit denen sie über den Film diskutiert hatten. Wir führten keine wissenschaftliche Untersuchung durch – es war nur eine Möglichkeit, die Vorstellung vom Funktionieren der Netzwerke auf ein echtes Beispiel zu übertragen. Auf der Grundlage unserer Ergebnisse konnten wir das folgende Bild zeichnen, das natürlich nur einen minimalen Teil des Buzz über den Film darstellt. Jede Figur repräsentiert einen Studenten.

Eine Momentaufnahme des Buzz über den Film *Shakespeare in Love* unter acht Studenten.

Die grauen Linien stellen soziale Verbindungen dar. Auf einigen der grauen Linien gibt es dünne schwarze Linien, die den Weg der Kommentare über den Film zwischen zwei Studenten kennzeichnen.

Das Bild ist lediglich eine Zusammenfassung des Buzz zu einem bestimmten Zeitpunkt unter diesen acht Studenten. Einen Monat später könnte das Muster völlig anders ausgesehen haben. Es reflektiert auch nur den Buzz über ein bestimmtes Produkt – diesen Film.

Obwohl es sehr unwahrscheinlich ist, dass Sie jemals vor solch einem Bildschirm sitzen werden und beobachten können, wie sich der Buzz über Ihr Produkt in den unsichtbaren Netzwerken ausbreitet, hat es doch einen Wert, ihn zu visualisieren. In diesem ersten Teil des Buches untersuche ich das Funktionieren der unsichtbaren Netzwerke und den Buzz, der sich in ihnen entwickelt. Im zweiten Teil identifiziere ich Erfolgsfaktoren, die mit gutem Buzz verbunden sind. Im dritten Teil behandle ich schließlich spezifische Verfahren, die den Fluss dieser Kommentare in den unsichtbaren Netzwerken stimulieren sollen.

# 2
# Die unsichtbaren Netzwerke

Kamran Elahian ist immer noch stolz auf Momenta, einen schnittig aussehenden Computer, der auf das Cover des Magazins *Byte* vom November 1991 kam. Das Gerät hatte die Form einer Pyramide und war geringfügig größer als ein Blatt Papier. Man konnte seine Notizen handschriftlich auf den Bildschirm schreiben oder auch eine Tastatur an den Computer anschließen. »Sie konnten ihn auch auseinander falten und auf einen Overhead-Projektor legen«, sagt er voller Begeisterung, als ob er noch immer ein paar auf Lager hätte.[1]

Elahian gründete Momenta 1989. Als Unternehmer aus Silicon Valley, der schon einige Erfolgsgeschichten hinter sich hatte, wollte er den ersten Computer mit beschreibbarem Bildschirm entwickeln, der außerhalb von Nischenmärkten verkauft werden sollte und den Manager unterwegs benutzen könnten. Zunächst sahen die Aussichten rosig aus. Elahian engagierte ein Team aus Führungskräften großer Silicon-Valley-Unternehmen. Sie begannen mit der Entwicklung und versetzten den Markt in erregte Erwartung. Auf der Comdex von 1991, der herausragenden jährlichen Messe der Computerindustrie, redeten alle über Momenta. Das etwa 4,5 Meter große Modell des Computers, den Elahian entwickelt hatte, war nicht zu übersehen.

Die Anzeigen des Unternehmens waren elegant. Eine zweiseitige Anzeige in *PC Magazine* zeigte einen Geschäftsmann, der auf dem Bauch lag und einen Momenta benutzte. Die Bildunterschrift lautete: »Versuchen Sie das bitte nicht bei irgendeinem Computer.« Der dann folgende Text beschrieb einen Computer, der »endlich die Methode eingeholt hat, mit der Sie arbeiten«, und der mit einer einzigartigen spezifischen Software ausgestattet ist. »Sie können direkt auf den Bildschirm schreiben«, hieß es dort, »oder die Tastatur benutzen.«

Die PR-Kampagne war gut und erregte die Aufmerksamkeit der Medien. »Es klang nach einem tollen Konzept«, meint Raphael Needleman, der damals für *Infoworld* schrieb. Andy Reinhardt, der für *Byte* arbeitete, erinnert sich ebenfalls an die hohen Erwartungen. Er war von dem interessanten Ansatz des Unternehmens, der guten Finanzausstattung und dem beeindruckenden Management-Team fasziniert.[2] Als Ergebnis dieser PR-Bemühungen wurde der Momenta-Computer auf dem Cover von acht Zeitschriften abgebildet.

Alles war wunderbar, und dennoch häufte Momenta zwischen seiner Gründung 1989 und dem Bankrott 1992 einen Verlust von mehr als 40 Millionen Dollar an und ließ Dutzende Leute arbeitslos zurück.

Ich habe diese Geschichte erzählt, um auf etwas hinzuweisen: Buzz handelt nicht von eleganter Werbung oder glitzernden Messen. Er handelt vom Geschehen in den unsichtbaren Netzwerken – den interpersonellen Informationsnetzwerken, die die Kunden untereinander verbinden. Es geht darum, was sich Kunden – die Leute, die für Produkte Geld bezahlen – über diese Produkte erzählen. Und das Gerede auf der Straße über Momenta war nicht großartig.

Warum nicht? Weil das Produkt nicht großartig war. Buzz beginnt mit einer überragenden Benutzererfahrung, und nichts in diesem Buch wird Ihnen helfen, wenn Ihr Produkt eine solche Erfahrung nicht liefert. Außerdem verstieß das Momenta-Team gegen eine der Grundregeln der Beherrschung des Buzz: Wecken Sie nie Erwartungen, die Sie nicht übertreffen oder zumindest erfüllen können.[3] Nutzer, mit denen ich sprach, erinnern sich an das erste Mal, als sie einen Momenta-Computer in die Hand bekamen, als sehr enttäuschende Erfahrung. »Die Technologie hielt nicht, was die überzogene Werbung versprochen hatte«, erläutert Needleman. Der Computer war langsam und der Bildschirm schlecht lesbar. Schlechte Handschrifterkennung, nicht genug Software, kurze Batterielebensdauer – all das rief Enttäuschung statt Begeisterung hervor.

Marketingbudgets sind nicht die Hauptsache, um guten Buzz zu erzeugen. »Wir haben nicht erkannt, dass dies nichts ist, was man Leuten aufdrängen kann«, räumt Elahian ein, der jetzt Chairman mehrerer (viel erfolgreicherer) Hightech-Unternehmen ist. »Bescheidenes Marketing« mag wie ein Oxymoron klingen, ist aber keins. Wenn man sich die Anfangsphase eines Produktes wie des PalmPilot ansieht, der enorme Unterstützung durch Mundpropaganda erhielt, sieht man genau das. »Unser Mantra war: ›Weniger versprechen und mehr liefern‹«, erzählt Ed Colligan, ehemaliger Vice-President für Marketing bei Palm Computing.[4] Natürlich spielten Faktoren wie Timing, Technologie und Preisgestaltung eine Rolle für den Erfolg des PalmPilot und den Misserfolg des Momenta, aber man kann den unterschiedlichen Marketingstil nicht übersehen: Das Momenta-Team versuchte, seinen Computer den Kunden aufzudrängen, während das Palm-Team das Produkt sich fast von selbst durch die unsichtbaren Netzwerke verbreiten ließ, indem es den Leuten ermöglichte, das Produkt zu entdecken, von ihm begeistert zu werden und ihren Freunden davon zu erzählen. Sie drängten nicht. Das war Mitte der neunziger Jahre richtig, und das ist im heutigen Klima noch richtiger.

## Warum sind Netzwerke so wichtig geworden?

Unsichtbare Netzwerke sind für die Diffusion bestimmter Produkte immer von Bedeutung gewesen. Heute sind sie entscheidend und können nicht länger ignoriert werden. Um konkurrenzfähig zu bleiben, müssen Unternehmen erkennen, dass sie nicht an einzelne Kunden verkaufen, sondern eher an *Netzwerke* von Kunden. Es gibt drei Gründe für die gestiegene Bedeutung des Buzz: Lärm, Skepsis und die Verbundenheit der Kunden untereinander.

**1. Kunden können Sie kaum hören.** Es gibt zu viel »Lärm«. Über Informationsüberflutung wurde bereits eine Menge geschrieben, daher fasse ich mich kurz. In seinem Buch *Information Anxiety* behauptet Richard Saul Wurman, dass »eine Wochentagsausgabe der *New York Times* mehr Informationen enthält, als dem Durchschnittsmenschen im England des 17. Jahrhunderts in seinem ganzen Leben begegneten«. Außer Zeitungsartikeln ist jeder Kunde einer Lawine kommerzieller Informationen ausgesetzt. Werbeexperten schätzen, dass jeder Kunde jeden Tag mit über 1500 Anzeigen konfrontiert wird.[5] Um sich zu schützen, filtern Verbraucher den größten Teil der Botschaften aus den Massenmedien heraus. Ihren Freunden hören sie jedoch zu.

**2. Kunden sind skeptisch.** Ich erinnere mich daran, wie ich einmal auf einer Messe an unserem Stand Dienst hatte. In vier Wochen sollte eine neue Version unserer Software EndNote auf den Markt kommen. Ein junger Wissenschaftler blieb am Stand stehen, und ich zeigte ihm, wie die neue Software funktionierte. Er war beeindruckt, aber als ich ihm erzählte, diese Version käme in einem Monat heraus, drehte er sich um, bevor ich etwas sagen konnte, murmelte »Vaporware«

(Dunstware) vor sich hin und ging weg. Es spielte keine Rolle, dass ich ihm gerade eine funktionierende Version gezeigt hatte (für deren Entwicklung wir über ein Jahr benötigt hatten). Für ihn existierte diese Software nicht, und er glaubte offensichtlich nicht, dass sie in vier Wochen herauskommen würde. Wie die Forschung zeigt, haben die meisten Kunden eine ähnliche Skepsis. Laut einer Untersuchung der Public-Relations-Firma Porter Novelli halten nur 37 Prozent der breiten Masse Informationen, die von einem Software- oder Computerunternehmen kommen, für »sehr oder ziemlich glaubwürdig«. Für Pharmaunternehmen beträgt die Zahl 28 Prozent, für Autohersteller 18 und für Versicherungsunternehmen 16 Prozent.[6] Können wir es den Leuten übel nehmen, dass sie so skeptisch sind? Denken Sie an Ihre eigenen Erfahrungen als Kunde. Wie oft haben Sie sich irregeführt oder enttäuscht gefühlt?

**3. Kunden sind miteinander verbunden.** Der dritte und dramatischste Grund für die gestiegene Bedeutung unsichtbarer Netzwerke ist der, dass die Kunden neue Mittel und Wege gefunden haben, Informationen weiterzugeben. Kunden haben zwar immer miteinander geredet, aber jetzt, im Internet, ist Ratgeben und Nach-Rat-Fragen noch einfacher. Man braucht nur einen Satz zu tippen und ihn in den Cyberspace zu schicken. »Welche Kamera soll ich kaufen?«, fragt ein Kunde und ruft eine hitzige Debatte in einer Newsgroup hervor. »Soll ich DVD nehmen?«, fragt ein anderer Kunde in einem anderen Forum. In einer Diskussionsgruppe für schwangere Frauen findet eine emotionsgeladene Diskussion über Similac versus Stillen statt. In einem Forum für Jeepbesitzer fragt ein neuer Teilnehmer, was er seinen Freunden sagen soll, die ihn wegen der Zuverlässigkeit seines neuen Autos aufziehen (»Sie haben Transportgeräte gekauft, du hast ein Stück Geschichte gekauft«, antwortet ihm ein Jeep-Veteran.)

Diese neuen Instrumente ermöglichen Kunden, nicht nur mit ihnen bekannten Personen zu kommunizieren, sondern auch mit völlig fremden. Sie erlauben es jedem Kunden im Prinzip, Informationen an den Rest der Welt zu senden. Und das ist nicht auf Diskussionsgruppen beschränkt. Nehmen Sie zum Beispiel die Software Third Voice. Mit ihrer Hilfe können Kunden ihre eigenen Bemerkungen in die Websites von Unternehmen schreiben. »Wir freuen uns, dass Sie hier sind«, grüßt Sie die Website eines Autounternehmens. »Meinetwegen«, kommentiert ein Nutzer. Neben den »Was gibt's Neues?«-Link schreibt eine andere Person über ihre Erfahrung mit einem Auto des Unternehmens: »Ab 16 000 Meilen habe ich so viel Geld für Reparaturen ausgegeben, dass ich den Wagen nicht mehr halten konnte. Ich kaufte mir vor drei Jahren einen [andere Marke], und ... Problem gelöst!!«

Informationen und Einfluss sind nicht mehr nur das Privileg einiger Topjournalisten. Diese Medienleute können zwar immer noch sehr viel bewegen, aber das können auch die Massen von Kunden, die Websites und Newsgroups benutzen, um ihre Meinung zu äußern. An die Seite von *Car & Driver*, einer führenden Zeitschrift für Autoenthusiasten, sind inzwischen Tausende von Websites getreten, die von Autobesitzern unterhalten werden. Es gibt mehr als 100 Websites von Volvo-Kunden und mehr als 1000 Websites, die sich allein auf den Ford-Mustang beziehen. Auf Schwarzen Brettern in verschiedenen Online-Foren kann man Diskussionen über fast jedes Automodell finden. Die Autoren von *Car & Driver* haben zwar immer noch Einfluss, weil alles, was sie schreiben, in 1,2 Millionen Exemplaren gedruckt wird, aber die zahlreichen miteinander verbundenen Kunden tauchen nun ebenfalls als gute Informationsquellen auf. Sie bilden sozusagen eine zweite Reihe, die insgesamt genauso große Bedeutung haben kann wie Medienrezensenten.

Ed Niehaus, President von NRW, einer PR-Firma in Silicon Valley, benutzt eine Rockkonzert-Metapher, um die Veränderungen zu beschreiben. Früher sei es klar gewesen, dass die Stars – die Presse und die Analysten – auf der Bühne standen und die »normalen Kunden« im Publikum saßen. »Das Internet bringt plötzlich eine nächste Gruppe von Leuten, die in den ersten 20 Reihen, auf die Bühne«, meint Niehaus. Der vielleicht am besten bekannte Fall eines Unternehmens, das die Macht der Leute »in den ersten 20 Reihen« zu spüren bekam, ist Intel. Ein College-Professor bemerkte 1994 einen Divisionsfehler in Intels Pentium-Chip. Dieser Professor befand sich plötzlich irgendwie auf der Bühne und bemächtigte sich des Mikrofons. Die Nachricht über den unbedeutenden Fehler verbreitete sich rasch über das Internet und noch rascher, als Intel das Problem zu verharmlosen suchte. Kunden bombardierten Intel mit E-Mails und Telefonanrufen. Irgendwann erhielt das Unternehmen 25 000 Anrufe pro Tag, in denen ein bedingungsloser Austausch des Mikroprozessors verlangt wurde.

Intel weigerte sich zunächst. Aber der Chip-Hersteller wurde mit schlechter Presse eingedeckt, und sein Aktienkurs fiel drastisch – Aktien reagieren auf Buzz sehr gut. Schließlich sah sich Intel gezwungen, seine Taktik zu ändern. Das Unternehmen musste einen Verlust in Höhe von 475 Millionen Dollar hinnehmen. Die Lektion für Intel? »Achte auf die Leute auf der Bühne und darauf, dass es von ihnen eine Menge mehr gibt als je zuvor«, resümiert Niehaus. Seitdem geht Intel sehr viel umsichtiger vor; es beobachtet das Internet wegen möglicher Beschwerden und veröffentlicht umfangreiche Dokumentationen über Fehler.[7]

Die Machtverschiebung ist quer durch die Branchen zu beobachten. Hollywood versucht seit Jahren, die Mundpropaganda zu kontrollieren, indem Informationen selektiv verbreitet und alle Probleme hinter einem Schleier des Geheimnisses verborgen werden. Im Internet können die Verbraucher jetzt Gerüchte (wahre oder falsche) ausstreuen, die von Brancheninsidern gefüttert werden, die sich als »Spione« betätigen. »Ein Bursche, der in seinem Souterrain wohnt, kann die Studios auf die Knie zwingen«, meint Reid Rosefelt, President von Magic Lantern, einer PR-Firma in der Filmindustrie.[8]

Die Kunden sind sich der Machtverschiebung sehr bewusst. Hier ist ein Kommentar, den mir ein Autobesitzer über das Unternehmen schickte, das ihm das Auto verkaufte: »Jahrelang konnten sie uns Sand in die Augen streuen. Aber damit ist es jetzt vorbei.« Vor zehn Jahren hätte dieser Kunde lediglich seiner Familie und seinen Freunden von seinen Erfahrungen mit der Autofirma erzählen können. Schauen Sie sich die Möglichkeiten an, die er jetzt hat, seinen Frust (oder seine Freude) mit Tausenden, sogar Millionen anderer Leute zu teilen:

- Er kann seine Kritik per E-Mail an alle seine Freunde schicken.
- Er kann an Chat- oder Newsgroups teilnehmen, um seine Meinung zu äußern.
- Er kann die Website des Autoherstellers mit seinen Kommentaren über dessen Behauptungen versehen.
- Er kann das Auto in einer Verbraucher-Website wie Deja.com oder Epinions.com bewerten.
- Er kann die Informationen auf seiner eigenen Website veröffentlichen.

- Er kann eine Website einrichten, die diesem Autohersteller gewidmet ist (als Fan-Site oder Protest-Site).

»Wenn es nach [Name des Autounternehmens] ginge«, schrieb dieser Kunde mir, »würde allen Autobesitzern verboten, miteinander zu reden. Wir wissen zu viel.« Kunden können heute dank Internet miteinander reden, und sie tun es auch. Und zu den Tausenden von Gesprächen, die in öffentlichen Newsgroups oder Online-Foren stattfinden, müssen wir natürlich die zahllosen privaten Unterhaltungen, Kommentare und Informationsaustausche hinzuzählen.

Und das ist erst der Anfang einer größeren Machtverschiebung. Auch wenn die Nachkriegsgenerationen ein bedeutender Teil der gegenwärtigen Revolution sind, verlassen sich doch viele von ihnen nicht so sehr auf andere. Aber für die Generation Y, die zwischen 1979 und 1994 geborenen 60 Millionen Amerikaner, ist es zur zweiten Natur geworden, online um Rat zu fragen. Sie kaufen nur auf Empfehlungen anderer. Wenn diese Generation in den nächsten zehn Jahren an Kaufkraft gewinnt, wird Buzz noch größere Bedeutung erhalten: Wenn mehr Verbraucher länger im Internet surfen, wenn die explosionsartige Verbreitung drahtloser Kommunikationsmittel die Verbraucher noch mehr miteinander verbindet und wenn diese mobilen Geräte an das Internet angeschlossen werden, werden die Verbraucher noch stärker mit dem riesigen Reservoir an Meinungen verbunden, oft direkt am Kaufort.

## Das Auftauchen des »aggregierten Buzz«

Neue Werkzeuge, die im Internet auftauchen, können elektronische Mundpropaganda in Zukunft noch einflussreicher machen. Ich nenne sie »Werkzeuge des aggregierten Buzz«. Es handelt sich im Wesentlichen um Datenbanken, die die Erfahrungen der Leute mit Produkten und Dienstleistungen speichern. Das vielleicht am besten bekannte Beispiel eines solchen Instruments außerhalb des Internets ist der Zagat Report. Nina und Tim Zagat, ein Anwaltsehepaar aus New York City, begannen den Report als informelle Restauranterhebung, die sie an Freunde weitergaben. 1979 veröffentlichten sie ihren ersten *Zagat New York City Restaurant Survey*. Die Idee war einfach: Warum sollte man nicht verbreiten, was viele Leute über ein bestimmtes Restaurant denken, anstatt sich auf die Meinung einiger Restaurantkritiker zu verlassen? Restaurantbesucher schicken aus eigener Initiative ihre Einstufungen auf besonderen Formularen ein. Die Mitarbeiter von Zagat fassen diese Bewertungen zusammen und veröffentlichen sie in ihren inzwischen vertrauten burgunderfarbenen Führern. Das hier verwendete demokratische Verfahren für Einstufungen scheint viele Leute anzusprechen. Nach Angaben des Unternehmens wurden 1998 mehr als 600 000 Exemplare des New-York-Restaurantführers von Zagat verkauft. Seit Mai 1999 ist er im Internet verfügbar.

Mehrere Internet-Neugründungen entwickeln neue Instrumente und hoffen, dass sie die Zagats aller anderen Produktkategorien werden, für Kameras, Autos, Gebrauchsgüter und so weiter. Damit diese Werkzeuge erfolgreich sind, müssen ihre Schöpfer sich um drei Dinge kümmern: genug Teilnehmer interessieren, verhindern, dass die Abstimmung ins Stocken gerät, und die Informationen für die Kunden aufbereiten. Ein Unternehmen mit einer interessanten Art, diese Fragen anzugehen, ist Epinions.com. Das Unternehmen bittet Leser von Buchrezensionen, diese zu bewerten, wobei voreingenommene Rezensionen ans Ende der Liste gelangen und solche, die die meisten Leute nützlich fanden, an die Spitze steigen. Epinions.com verfolgt auch, wie oft eine Rezension gelesen wird. »Wenn man eine Rezension schreibt, und niemand liest sie, dann fällt sie ganz nach unten«, erklärt Bill Gurley von Benchmark Capital, einer der Risikokapitalfirmen, die das Unternehmen stützen.[9]

Epinions.com versucht auch, die Mundpropaganda nachzuahmen, wie sie außerhalb des Internets abläuft. »In der realen Welt gehen Sie ja auch nicht einfach auf die Straße, halten den ersten Typen an und fragen ihn: ›Was ist deine Meinung hierüber?‹«, sagt Nirav Tolia, CEO (Chief Executive Officer) des Unternehmens. Man führt normalerweise auch keine Befragung bei einer Zufallsauswahl von 100 Leuten durch. »Man geht zu einer Person, der man vertraut«, meint Tolia.[10] Daher finden Sie bei Epinions.com nicht einfach 300 Rezensionen eines populären Buches. Sie sehen Kritiken von Leuten, deren Meinung Sie respektieren. Wie weiß das System, wer diese sind? Es lernt mit der Zeit, wem Sie vertrauen, anhand der Einstufungen, die Sie den Rezensionen anderer Leute geben. Sie können dem System auch ausdrücklich mitteilen, wer die Kritiker sind, denen Sie Glauben schenken, und das garantiert, dass Sie deren Rezensionen zuerst präsentiert bekommen.

In der Zukunft, wenn ausreichend viele Leute Einstufungen von Produkten einsenden, können solche Werkzeuge eine echte Verbraucherrevolution hervorrufen, weil sie den Kunden genaue Informationen über Fehlerquoten von Produkten und über Kundenzufriedenheit liefern. Die Antwort auf eine Frage wie

»Welcher Mikrowellenherd hat die geringsten Pannen?« existiert irgendwo in der Welt. Das Problem ist, dass sie gegenwärtig in mehreren Millionen Gehirnen verstreut ist. »Werkzeuge des aggregierten Buzz« könnten sie an einem Ort zusammenfassen.

## Was bedeutet das für das Marketing?

Wenn diese Werkzeuge des aggregierten Buzz zu arbeiten beginnen, wird die Frage der Produktqualität weiter an Bedeutung zunehmen. Falls Ihr Unternehmen einen CD-Spieler herstellt, der fünfmal im Jahr seinen Geist aufgibt, dann wird diese Information plötzlich zum Allgemeinwissen. Folglich wird hier der beste Rat des Marketings sein, der Forschungs- und Entwicklungsabteilung zu empfehlen, einen besseren CD-Spieler zu entwickeln.

Der aggregierte Buzz wird auch höhere Standards im Kundendienst erzwingen. Zornige Kunden brauchen nicht auf diese Instrumente zu warten, um Horrorgeschichten online zu erzählen – sie beschweren sich schon heute im Internet. Aber wenn die Kundendiensteinstufungen zur normalen Angelegenheit werden, werden sie zum Wettbewerbsinstrument für jene Unternehmen, die hohe Bewertungen erhalten. Bevor Sie zum Beispiel bei einer Bank ein neues Girokonto eröffnen, könnten Sie einen Blick auf eine dieser Websites werfen, um zu sehen, wie die Kunden den Service dieser Bank bewerten. Das Niveau der Einzelheiten, das diese Werkzeuge ermöglichen, geht weit über das hinaus, was eine Zeitschrift je erreichen könnte. Wenn sie einmal überall vorhanden sind, werden Sie sogar in der Lage sein, das Serviceniveau verschiedener Branchen in Ihrem Viertel zu vergleichen oder auszuwerten, wie beständig der Service in einem bestimmten Zeitraum gewesen ist.

Denken Sie daran, dass die Herausgeber dieser Websites ebenfalls sehr einflussreich sein werden, weil sie die Themen festlegen. Das Ergebnis einer Einstufung wird teilweise durch die Auswahl der Merkmale bestimmt, die die Leute bewerten sollen. Angenommen, Geschirrspüler werden nach der Sauberkeit des Geschirrs, dem Fassungsvermögen des Geräts und dessen Design eingestuft. Falls die stärksten Merkmale des Geschirrspülers, den Ihr Unternehmen herstellt, ein geringer Energieverbrauch und niedriger Geräuschpegel sind, dann wird er möglicherweise nicht gut abschneiden. Sie werden die Herausgeber dieser Websites wahrscheinlich über die Bedeutung dieser Merkmale informieren. Das gilt insbesondere für neue oder in der Entwicklung begriffene Produktkategorien, bei denen die Merkmale sich noch verändern.

**Alles in allem sind Werkzeuge des aggregierten Buzz für Unternehmen mit Qualitätsprodukten und ausgezeichnetem Kundendienst eine gute Nachricht, für Unternehmen, die versuchen, mit weniger als den höchsten Standards davonzukommen, jedoch eine schlechte. Das bedeutet leider nicht, dass schwache Unternehmen verschwinden werden. Aber das Aufkommen demokratischer Messinstrumente wird wahrscheinlich im Laufe der Zeit die Qualität von Produkten und Dienstleistungen, die wir nutzen, verbessern.**

## »Mundpropaganda auf Steroiden«

Die Tatsache, dass Kunden miteinander verbunden sind, kann also für oder gegen Unternehmen arbeiten. Sowohl positiver als auch negativer Buzz verbreitet sich viel schneller. »Das ist Mundpropaganda auf Steroiden*«, meint Steve Douty, ehemaliger Vice-President für Marketing bei Hotmail, einem Unternehmen, das möglicherweise den Geschwindigkeitsrekord hinsichtlich der Akzeptanz eines neuen Produkts hält: von null auf zwölf Millionen Abonnenten in nur 18 Monaten. Das Internet beschleunigt Buzz auf eine Weise, die vor ein paar Jahren kaum vorstellbar war. Zugegeben, Hotmail hat in der Gründungsphase keinen großen Umsatz erzielt. Aber um etwas über Buzz im Net zu erfahren, müssen wir uns jene Unternehmen anschauen, die es erfolgreich erzeugt haben.[11]

Die Hotmail-Story begann 1995, als zwei junge Männer aus Silicon Valley, Sabeer Bhatia und Jack Smith, beschlossen, ein Unternehmen zu gründen, das Java-Programmierwerkzeuge entwickeln sollte, um die Veröffentlichung von Datenbanken im Internet zu erleichtern. Beide arbeiteten damals bei verschiedenen Firmen und wollten für ihr neues Unternehmen nicht die dienstlichen E-Mail-Adressen benutzen. So kamen sie auf eine Idee, die sie viel interessanter fanden als das ursprüngliche Vorhaben mit den Java-Tools – die Einrichtung eines kostenlosen E-Mail-Service, der über das Web zugänglich sein sollte.

---

* Damit dieser etwas mysteriöse Satz vielleicht verständlicher wird, hier die (verkürzte) Definition des dtv-Lexikons von »Steroide«: Abkömmlinge der Sterine, einer Klasse organischer Verbindungen, deren bekanntester Vertreter das Cholesterin ist. Sterine sind verwickelt gebaute Alkohole, die durch *Einfügung von Doppelbindungen, Seitenketten* usw. abgewandelt sind. (Anm. d. Übers., Hervorhebung nicht im Original)

Bhatia und Smith begannen mit den üblichen Runden unter Risikokapitalgebern, um Geld aufzutreiben. Nach etwa zwanzig Ablehnungen kamen sie zu Draper Fisher Jurvetson (DFJ). Risikokapitalgeber sind es gewohnt, aufgeblähte Zahlen zu hören, aber Steve Jurvetson erinnert sich an Bhatias als »die halluzinatorisch optimistischste Prognose, die man sich überhaupt vorstellen kann«. Dennoch gefiel DFJ die Idee, und sie gaben den beiden jungen Männern 300 000 Dollar als Startkapital. Im Laufe ihrer Besprechungen schlug Tim Draper von DFJ vor, am Ende jeder E-Mail-Botschaft eines Abonnenten ihres Service eine Zeile zu ergänzen: »Hol dir deine kostenlose E-Mail bei Hotmail.com.« Das, dachte er, würde den Service bekannter machen, wenn die Leute ihn nutzten. Bhatia und Smith machten sich anfangs Sorgen, dies könne die Leute abschrecken. »Ein oder zwei Besprechungen waren nötig, bevor sie zustimmten«, erinnert sich Jurvetson.[12]

Der Service wurde am 4. Juli 1996, dem Unabhängigkeitstag, eingeführt. Das Datum war symbolisch für die Tatsache, dass ihr E-Mail-Service unabhängig von einem Computer, einer Software oder einem Portal war. Als die Leute von dem kostenlosen Service erfuhren, erzählten sie es ihren Freunden. Die Nachricht begann sich zu verbreiten, auf elektronischem Weg und als Ergebnis persönlicher Gespräche. Es war das gute alte Mundpropagandamarketing, nur mit Internetgeschwindigkeit. Eine Person übernahm den Service, und innerhalb von Tagen folgten ihr andere. »Wir erhielten den ersten Nutzer aus einer Universitätsstadt oder aus Indien, und dann erhöhte sich die Anzahl der Abonnenten aus dieser Region sehr rasch«, schrieben Jurvetson und Draper später.[13] Studenten bildeten eine der ersten Gruppen, die den Service nutzten. Bevor Hotmail verfügbar war, wechselte ihre E-Mail-Adresse zwischen Uni, zu Hause und Ferienjob. Jetzt hatten sie eine einzige E-Mail-Adresse, die von jedem Computer mit Internet-Zugang erreichbar war.

Innerhalb von zwei Monaten nach der Einführung hatte Hotmail mehr als 100 000 registrierte Benutzer. Bhatia und Smith fuhren im Silicon Valley herum und hatten Summer bei sich, die mit dem Server verbunden waren und jedesmal einen Summton von sich gaben, wenn eine bestimmte Benutzerzahl erreicht war. Dieser (echte) Buzz war hilfreich, da sie sich in ihrer zweiten Finanzierungsrunde befanden. Am 11. November verkündete Hotmail, es habe mehr als eine halbe Million Abonnenten; achtzehn Monate nach der Einführung waren es zwölf Millionen. Auf Bhatias »halluzinatorisch optimistischste Prognose« des Wachstums der Abonnentenzahl zurückblickend bemerkt Jurvetson: »Er hat sie mehr oder weniger getroffen oder sogar überboten.«

Buzz verbreitet sich im Internet zum Teil deshalb rascher, weil es lokale und nichtlokale Kommunikation miteinander verbindet. Die Studenten, die Hotmail übernahmen, redeten darüber in den Wohnheimen und Hörsälen, aber sie verbreiteten die Kunde durch die Benutzung des Service auch an ihre Freunde und Angehörigen zu Hause und an ihre Kollegen an anderen Hochschulen. Außerdem brauchte John, wenn er Mary eine E-Mail schickte, gar nichts von Hotmail zu erwähnen. Sie würde sehen, dass die Botschaft von john@hotmail.com kam, und dann die Zeile unten auf der E-Mail bemerken: »Hol dir deine kostenlose E-Mail bei Hotmail.com.« Die Verbreitungsgeschwindigkeit wurde noch dadurch erhöht, dass das neue Unternehmen die Reibung reduzierte, die normalerweise Leute vom Kauf von Sachen abhält: Lärm, Kosten und physische Lieferung. Lärm könnte verhindern, dass Leute von einem Produkt hören; die Kosten könnten sie vom Kauf abhalten, und komplizierte oder teure Lieferung könnte sie ebenfalls vom Bestellen abbringen. Hotmail beseitigte zwei dieser Hindernisse ganz: Kosten und physische Lieferung. Der Service war umsonst, und man konnte ihn erhalten, ohne vom Schreibtisch aufzustehen. Und er benutzte Mundpropaganda, um die Lärmschranke zu umgehen.

Hotmail machte fast keine Werbung. Es war eine lebhafte Demonstration des Einflusses von Buzz im Internet. »Geld kann helfen, aber Mundpropaganda, die in einer großen Nutzererfahrung wurzelt, gewinnt!«, stellt Montrese Etienne fest, der die Public Relations für Hotmail machte. »Sehen Sie sich nur das Wachstum von ICQ, GeoCities, Hotmail, eBay und so weiter an. Alle sind Babys der Mundpropaganda.«[14]

## Denken Sie in Netzwerken

Traditionellerweise konzentrieren sich Marketer auf Kategorien: Sie identifizieren eine Kategorie – zum Beispiel Leute, die einen Hund und zwei Autos besitzen – und nehmen sie als Zielgruppe. In ihrem 1993 erschienenen Buch *The One-to-One Future* (dt.: *Strategien für ein individuelles Kundenmarketing: Die 1:1 Zukunft*) verlagerten Don Peppers und Martha Rogers den Schwerpunkt auf die Interaktion zwischen einem Unternehmen und jedem einzelnen Kunden. Eine Netzwerkperspektive widerspricht keiner dieser Sichtweisen. Sie nähert sich dem Problem lediglich von einem anderen Winkel, indem sie betont, dass es eine Menge Interaktion zwischen Kunden gibt – zwischen Leuten innerhalb jeder Kategorie und über Kategorien hinweg.

Es gibt Untersuchungen über die Diffusion von Innovationen – also darüber, wie sich neue Konzepte und Ideen in sozialen Systemen ausbreiten. Ein klassisches Modell dieses Forschungsbereichs teilt die Menschen in fünf Kategorien: Innovatoren, Frühadoptierer, frühe Mehrheit, späte Mehrheit und Nachzügler. Die Verteilung dieser Adoptierer hat eine Glockenform (vgl. Kap. 6). Zuerst übernehmen nur ein paar wagemutige Leute eine Neuheit wie zum Beispiel einen DVD-Spieler, dann werden es allmählich immer mehr, bis ein Gipfel erreicht ist. Wenn es immer schwieriger wird, potenzielle Adoptierer zu finden, die nicht schon einen DVD-Spieler besitzen, sinkt die Zahl neuer Übernehmer.

Das ist eine nützliche Perspektive, um den Markt als Ganzes zu analysieren. Aber um besser zu verstehen, wie sich Mundpropaganda ausbreitet, müssen wir uns die Mikroebene anschauen – die Netzwerke. Zum Beispiel würde eine Person in Silicon Valley, die 1999 einen PalmPilot kaufte, von einer Marktperspektive aus als »Frühadoptierer« eingestuft, weil er oder sie das Gerät früher kaufte als die meisten potenziellen Adoptierer in den USA. »Aber, wenn diese Person in der Hightech-Industrie arbeitet und jetzt erst einen PalmPilot kaufte, hat sie in Wirklichkeit ein bestimmtes Maß an Widerstand und Zögern gegenüber der Innovation gezeigt«, erläutert Dr. Thomas Valente von der Johns Hopkins University, der den Diffusionsprozess erforscht.[15] Der PalmPilot wurde 1996 eingeführt; er erreichte eine hohe Marktdurchdringung unter Angestellten der Hightech-Industrie. Die Netzwerkperspektive ermöglicht uns zu erkennen, dass eine Person, auch wenn sie bezogen auf den Gesamtmarkt ein Produkt »früh« übernimmt, in ihrem eigenen Netzwerk »spät« dran sein kann.

Für einzelne Unternehmen ist die Netzwerkperspektive häufig nützlicher als die Gesamtperspektive. Der Blick auf Netzwerke hilft bei der Entwicklung von Taktiken, die ein Unternehmen zur Beschleunigung der Adoption anwenden kann. Wenn Sie als Unternehmer oder Marketingmanager nur in Kategorien oder Arten von Adoptierern denken, führt Sie das möglicherweise in die falsche Richtung. Wenn Sie stattdessen an Netzwerke denken und erkennen, dass Frühadoptierer über die ganze Gesellschaft verteilt sind, könnten Ihnen Möglichkeiten einfallen, wie Sie Ihr Produkt zu ihnen bringen können. Im Falle des PalmPilot könnte man, anstatt sich um Ingenieure in Silicon Valley zu kümmern, Frühadoptierer in Pharmaunternehmen im Mittleren Westen als Zielgruppe nehmen, bei denen die Aussicht besteht, dass sie Informationen über das Gerät an eine andere Gruppe von Leuten verbreiten.

Stellen Sie sich vor, Sie befinden sich in dem Kontrollraum, den ich am Anfang des Kapitels beschrieben habe. Auf dem riesigen Bildschirm vor Ihnen sind sechs Milliarden blaue Pünktchen, von denen jedes einen Menschen auf diesem Planeten repräsentiert. Alle sind durch dünne blaue Linien miteinander verbunden. Dort müssen wir beginnen. Denn das sind die unsichtbaren Netzwerke.

## Wie wichtig ist Buzz für Ihr Unternehmen?

**Buzz beeinflusst nicht alle Unternehmen auf die gleiche Weise. Die Rolle, die er in ihnen spielt, hängt von vier Faktoren ab: der Art Ihrer Produkte, den Leuten, die Sie zu erreichen suchen, der Verbindung Ihrer Kunden untereinander und den Strategien, die in Ihrer Branche angewandt werden. Da sich diese Faktoren im Lauf der Zeit ändern können, kann die Bedeutung von Buzz für Ihr Unternehmen und Ihre Branche schwanken.**

## Es hängt von der Art Ihrer Produkte ab

Wir wissen alle, dass manche Produkte keine Diskussionen auslösen. Büroklammern zum Beispiel erzeugen nicht viel Buzz, egal, was Sie unternehmen. Sie sind billig, einfach, und es gibt nichts Neues an ihnen. Dieser letzte Punkt ist wichtig. In der zweiten Hälfte des 19. Jahrhunderts, als Büroklammern neu waren, haben die Leute wahrscheinlich mehr über sie geredet, als sie es heute tun, ähnlich wie bei den Post-it-Haftnotizen, als sie herauskamen. Für die Vorhersage, wie viel Buzz ein Produkt erhalten wird, ist ausschlaggebend, wie viele neue Informationen es bei einem Produkt oder einer ganzen Produktkategorie gibt. Die Begeisterung ist in der Anfangszeit einer Kategorie höher, genauso wie die Preise, Risiken und Unsicherheiten. Mit der Zeit, wenn die Neuartigkeit geringer, das Produkt einfacher und das monetäre Risiko schwächer geworden ist, reden die Leute immer noch über diese Produkte, aber nicht mehr so viel. Das ist ein natürlicher Prozess, der den Lebenszyklus eines jeden Produkts begleitet.

Also, über welche Art von Produkten reden die Leute? Über Produkte, mit denen irgendwie eine starke Einbeziehung der Kunden verbunden ist:

- **Aufregende Produkte**, wie Bücher, CDs und Filme. Kunden, die ich interviewte, benutzten Ausdrücke wie »Ich habe mich darin verliebt« oder »Es packte mich«, um ihre erste Begegnung mit bestimmten Produkten zu beschreiben, über die sie später redeten.
- **Innovative Produkte.** Man redet über sie, weil sie neuen Nutzen stiften können und weil die Leute von der Findigkeit ihrer Schöpfer beeindruckt sind. Die ersten Web-Browser – Mosaic und später Netscape – erzeugten unglaublichen Buzz, weil die Leute die Nützlichkeit dieser Werkzeuge erkannten und die Kreativität ihrer Erfinder bewunderten.
- **Produkte mit persönlicher Erfahrung.** Wenn persönliche Erfahrung notwendig ist, um ein Produkt oder eine Dienstleistung zu bewerten, ist Buzz zu erwarten. Hotels, Fluggesellschaften, Autos, Bücher fallen in diese Kategorie.
- **Komplizierte Produkte** wie Software oder medizinische Geräte. Hier entsteht die Motivation, darüber zu sprechen, aus der Notwendigkeit, das Risiko zu verringern. Wenn man Produkte nicht versteht, muss man mit anderen reden, um hinter ihren Sinn zu kommen.
- **Teure Produkte** wie Computer oder Konsumelektronik. Auch hier ist das Risiko die Hauptmotivation für Buzz.
- **Sichtbare Produkte** wie Kleidung, Autos und Handys. Die Leute tendieren

dazu, über das zu reden, was sie sehen. Wenn Ihr Produkt für sie unsichtbar ist, werden sie wahrscheinlich weniger darüber diskutieren.

Nennen wir diese Produkte mit starker Beteiligung der Kunden »Konversationsprodukte«. Das soll natürlich keine Definition sein, sondern eher ein Name oder Etikett für die Produkte, über die die Leute normalerweise reden.

## Es hängt von den Leuten ab, die Sie erreichen wollen

Der zweite Faktor, der die Bedeutung des Buzz für Ihr Unternehmen bestimmt, ist Ihre Kundschaft. Unterschiedliche Verbrauchergruppen haben einen unterschiedlichen Hang, über Produkte zu reden. Es gehört zu ihrer Kultur. Laut Felipe Korzenny, Direktor bei Cheskin Research, neigen viele lateinamerikanische Einwanderer in den USA dazu, sich bei allem, vom Bier bis zu Banken, auf den Rat ihrer Landsleute zu stützen. »Wenn man das Verhalten von Leuten, sagen wir in Mexiko City, beobachtet«, erzählt er, »stellt man fest, dass sie keinen Stadtplan herausholen, um eine Adresse zu finden. Sie fragen.« In einer Studie wurde festgestellt, dass japanische Firmen bei der Suche nach Dienstleistungen wie Werbung, Banken und Steuerberatung mehr Quellen für Empfehlungen benutzen als amerikanische Unternehmen.[16]

Alter kann hier ebenfalls eine Rolle spielen. Junge Leute, die ein reges gesellschaftliches Leben haben und sich stärker von Gleichaltrigen beeinflussen lassen als von älteren Leuten, scheinen mehr über Produkte zu reden. Eine Untersuchung von Roper Starch stellte fest, dass Frauen in den Zwanzigern, denen ein Kleidungsstück gefiel, es doppelt so vielen Freundinnen empfahlen wie in den Nachkriegsjahrzehnten geborene Frauen. Eine Studie von Maritz Marketing Research zeigt, dass sich 74,5 Prozent der Leute im Alter zwischen 18 und 24 Jahren bei der Auswahl eines neuen Autos in einem gewissen Maß auf andere stützen, während es von den über 55-Jährigen nur 41,5 Prozent tun.[17]

Sogar Wissenschaftler verlassen sich beim Kauf von Produkten sehr stark auf Mundpropaganda. Wissenschaftler verbreiten Informationen, die sie gesammelt haben, durch Zeitschriften, Konferenzen, Vorträge, Vorlesungen und informelle Gespräche. Der Informationsaustausch ist eine Möglichkeit für sie, ihre Forschung zu verbessern, und oft wenden sie dieses Verhalten auch bei ihren Einkäufen an.

Das Gleiche gilt für Immigranten. Als ich mit meiner Frau aus Israel in die USA kam, waren wir wie zwei wandelnde Fragezeichen: »Ist ein Toyota ein gutes Auto?« »Welche Sorte Pulverkaffee sollen wir kaufen?« »Was sind ›English muffins‹?« Mundpropaganda existiert unter allen Menschen, nur ihre Intensität variiert von Gemeinschaft zu Gemeinschaft.

## Es hängt vom Grad der Verbundenheit Ihrer Kunden ab

Je mehr Ihre Kunden miteinander in Verbindung stehen, desto abhängiger von ihrem Buzz ist Ihr zukünftiges Geschäft. Um die volle Auswirkung zu erkennen, schauen wir uns ein Unternehmen wie Cisco an, das immer einen eng zusammenhängenden Kundenstamm bedient hat. Cisco verkauft die Hardware, die das Internet zusammenhält; fast definitionsgemäß sind alle seine Kunden (Netzwerkadministratoren und IT-Manager) starke Benutzer des Internets. »Unser Unternehmen begann durch Mundpropaganda. Es gab keine Werbung«, sagt Keith Fox, Vice-President für Marketing bei Cisco.[18] Seit 1984 verbreitet sich ständig Buzz über das Unternehmen via Internet. Mehrere Newsgroups beschäftigen sich mit dessen Produkten.

Diese enge Verbindung bedeutet für Cisco, dass es zu seinen Kunden sehr offen und direkt sein muss. Wenn es etwas vermasselt, finden seine Kunden es innerhalb von Minuten heraus. Die Bedeutung von Qualitätsprodukten und erstklassigen Dienstleistungen nimmt zu, und die kumulierte Zufriedenheit der Kunden wird entscheidend. Daher bindet Cisco die Entlohnung der Führungskräfte an einen Index der Kundenzufriedenheit, der jährlich von einem unabhängigen Unternehmen gemessen wird. Für Cisco ist Nahe-beim-Kunden-Sein – ein Gedanke, der für viele Unternehmen nur ein Lippenbekenntnis ist – zur Realität geworden. John Chambers, President und CEO des Multimilliarden-Unternehmens, wendet viel Zeit für Kundenbesuche auf. »John kommt mich gewissenhaft einmal im Quartal hier in New York besuchen«, erzählte ein Firmenkunde der *New York Times*. »Andere Unternehmen sagen, wir hören auf den Kunden, aber es passiert nicht oft, dass sich der Chief Executive mit einem zusammensetzt, wie es dieser Typ macht. Der hört wirklich auf den Markt.«[19]

## Es hängt von Ihrer Marketingstrategie ab

Ihre Marketingstrategie – wie die Ihrer Konkurrenten – kann das Ausmaß beeinflussen, zu dem Sie sich auf Buzz stützen. Zum Beispiel kann Ihre Abhängigkeit von Mundpropaganda ziemlich reduziert werden, wenn Sie der einzige Lieferant sind. Pepsi verringert die Notwendigkeit des Buzz, wenn es mit einer High School einen Vertrag schließt, der festlegt, dass nur Pepsi-Automaten aufgestellt werden.

Anfang der neunziger Jahre versuchte Dr. Bill New ein neues medizinisches Gerät zu fördern, das Hörprobleme bei Kindern entdeckt. Eine frühe Entdeckung dieser Störung kann einen erheblichen Einfluss auf die Entwicklung von Kindern haben, und dennoch untersuchten 1993 nur elf Kliniken in den USA routinemäßig Neugeborene auf Hörstörungen. Wie erzeugt man Buzz über diese Innovation, um den Einsatz dieses nützlichen Geräts zu beschleunigen? New hatte die Wahl, entweder Ärzte zu informieren oder die Idee höher in der Hierarchie zu propagieren, um die Untersuchung obligatorisch zu machen. New machte beides, aber sein Schwerpunkt lag bei Letzterem. In den letzten Jahren haben mehrere Bundesstaaten Gesetze verabschiedet, die den Test zur Pflicht machen. Er wird jetzt in über 400 Krankenhäusern durchgeführt. Indem sich Dr. New für diese Strategie entschied, umging er die Notwendigkeit, jeden einzelnen Arzt zu überzeugen, den Test durchzuführen – er ist nun Gesetz.

In den meisten Fällen können Sie natürlich Ihre Abhängigkeit von Buzz nur in begrenztem Umfang reduzieren. Wenn Sie ein Konversationsprodukt vermarkten, werden die Leute darüber reden, auch wenn Ihr Unternehmen der einzige Lieferant ist. Kinder reden auch dann darüber, was das beste Getränk ist, wenn alle Automaten in ihrer Schule nur mit Pepsi bestückt sind. Ärzte reden über die Nützlichkeit eines medizinischen Geräts und können so eine Kaufentscheidung beeinflussen.

# 3
# Warum wir reden

Buzz ist deshalb so machtvoll, weil er in unseren Genen ist. Schauen Sie nur aus dem Fenster und betrachten Sie die Kommunikationsmuster einer einfacheren Lebensform – von Vögeln. Um zu erfahren, warum Vögel miteinander kommunizieren, sprach ich mit Dr. Bernd Heinrich von der Universität Vermont. Er beschäftigt sich unter anderem mit Raben. Und Raben haben, wie sich herausgestellt hat, ihren eigenen Buzz. Heinrich und seine Kollegen wollten wissen, wie Raben herausfinden, wo es im kalten Winter von Maine Futter gibt, und führten daher einige Experimente durch. Sie holten sich von einem Farmer einen Kuhkadaver, fuhren zum Wald und legten den Kadaver in den Schnee. Dann warteten sie in einer nahe gelegenen Hütte beziehungsweise hinter einer mit Schnee bedeckten Fichte. Nach ein paar Tagen erschien ein gewöhnlicher Rabe am Himmel und entdeckte den Kadaver.[1]

Dieser überreichliche Vorrat an Nahrung konnte einen einzelnen Vogel den gesamten Winter über ernähren. Aber zu Heinrichs und seiner Kollegen Überraschung flog der Rabe fort, ohne zu fressen. Ein paar Tage später kam er zurück, diesmal mit Dutzenden anderer Raben. Die Wissenschaftler wiederholten dieses Experiment 25 Mal, und das Ergebnis war immer das gleiche: Wenn ein oder zwei Raben Nahrung entdeckten, kehrten sie mehrere Tage später mit Familie und Freunden im Schlepptau zurück.[2]

Aber steht sich ein Rabe nicht besser, wenn er das Geheimnis für sich behält? Anscheinend nicht. »Mehrere Augenpaare erhöhen die Wahrscheinlichkeit, dass alle Vögel gefüttert werden, und zwar kontinuierlich«, erläuterten die Wissenschaftler. Uns ist ein ähnliches Verhalten unter Ameisen und Bienen vertraut: Bienen (denen wirklich das Verdienst zukommt, Buzz erfunden zu haben) kommunizieren durch Tanzen. Eine Honigbiene, die ein Blumenbeet findet, fliegt zu ihrem Korb zurück und vollführt einen Tanz, der den anderen Bienen mitteilt, wohin sie fliegen müssen. Eine schwarze Holzameise, die Futter findet, versprüht ein Sekret, das die anderen Ameisen veranlasst, ihr zu der Nahrungsquelle zu folgen.

All diese Beispiele illustrieren, dass Reden keine nebensächliche Aktivität ist, an der wir uns beteiligen, wenn wir nichts Besseres zu tun haben. Es wurzelt in Grundbedürfnissen, die wir mit anderen Lebewesen gemeinsam haben. Das Verständnis der Motivation hinter der Mundpropaganda ist der erste Schritt zum Anregen der Leute, über Ihr Produkt zu reden. Gehen wir also für einen Augenblick zurück, um die Gründe zu untersuchen, warum wir reden.

## 1. Wir reden, weil wir dazu programmiert sind

Der fundamentalste Grund, warum wir reden, unterscheidet sich nicht von dem Grund, aus dem Raben wegen Nahrung kommunizieren. Informationen zu teilen ist ein effektiver Überlebensmechanismus für Raben, Bienen, Ameisen und – Menschen. Wir brauchen zwar kein Wissen mehr über Bisonjagd auszutauschen, aber wir sind immer noch dazu programmiert. Und wenn es um bestimmte Überlebensthemen geht, wie die Jagd nach einem Arbeitsplatz, verlassen wir uns auf Hinweise von anderen: Studien haben gezeigt, dass die meisten Leute über Freunde und Verwandte von ihren künftigen Arbeitsplätzen erfahren.[3] Dieses Stützen auf andere Personen als Informationsquellen wird in Krisensituationen am deutlichsten. 1980, als die Benutzung von Rely-Tampons mit Fällen eines tödlichen Toxinschocksyndroms in Verbindung gebracht wurde, begannen sich Frauen im ganzen Land gegenseitig zu warnen. Das Gleiche passierte mit der Tylenol-Vergiftung Anfang der achtziger Jahre – meine Schwiegermutter rief sogar aus Israel an, um sicherzugehen, dass wir keine Tylenol-Kapseln verwendeten.

Informationen weiterzugeben ist auch entscheidend, wenn es um das Überleben am Arbeitsplatz geht. Betrachten wir zum Beispiel einen Ingenieur, der eine neue Hardware entwickelt. Er muss sicherstellen, dass er Komponenten benutzt, die nicht nur passend, sondern auch in der gleichen Zusammensetzung auf dem Markt verfügbar sind, wenn sein Produkt in die Fertigung geht. Diese Art Information kann er nur von anderen Personen erhalten, nicht aus Unterlagen des Unternehmens. »Hardware-Ingenieure sitzen gewöhnlich zusammen, aus Furcht, die eine entscheidende Tatsache zu verpassen, die ihren Job retten könnte«, schrieb Jerry Kaplan, der ein Hardware-Unternehmen in Silicon Valley leitete, in seinem Buch *Startup*.[4]

## 2. Wir reden, um uns zu verbinden

Eine weitere Erklärung für Reden ist unser Bedürfnis, Allianzen zu schmieden. Während ich diesen Abschnitt schreibe, höre ich ein leises ständiges Schwätzen aus dem Nebenraum. Meine Tochter im Teenageralter sitzt wieder am Telefon. Das gehört zu ihrer täglichen Routine. Wenn sie aus der Schule kommt, telefoniert sie mit Freundinnen, bis ich nach den Hausaufgaben frage. Wenn es auch bei Teenagern vielleicht offensichtlicher sein mag, wir sind alle ständig damit beschäftigt, miteinander zu kommunizieren. Was wir laut Robin Dunbar, Autor des Buches *Grooming, Gossip and the Evolution of Language* (dt.: *Klatsch und Tratsch: Wie der Mensch zur Sprache fand*) dabei in Wirklichkeit tun, ist dem sehr ähnlich, was Affen vorhaben, wenn sie sich gegenseitig pflegen: Allianzen und soziale Bindungen herstellen und aufrechterhalten. In kleinen Primatengruppen können Mitglieder eines Netzwerks durch gegenseitige Körperpflege Allianzen festigen. Dunbar stellt die Theorie auf, dass es mit der Vergrößerung der Gruppen unpraktisch wurde, alle anderen Mitglieder zu pflegen; die Sprache, meint er, entwickelte sich als viel effizienteres Instrument, um Allianzen zu schmieden.[5] Ob man Dunbars Evolutionstheorie zustimmt oder nicht, das Endergebnis ist ziemlich klar: Wir »pflegen« uns ständig gegenseitig mit Worten.

Außerdem benutzen wir keine hochgestochenen Konzepte wie die Quantenmechanik, um dieses »Pflegen« zu betreiben, sondern einfache Sätze wie »Das hat er gesagt« oder »Sie sagte ihrem Chef« oder »Hast du Johns neues Auto gesehen?«. Wir sind in der Tat von den genauen Einzelheiten des gesellschaftlichen Lebens »über alle Maßen fasziniert«, wie Dunbar es ausdrückt. Er und seine Kollegen stellten fest, dass etwa zwei Drittel der Unterhaltungen von Leuten um gesellschaftliche Themen kreisen: »Wer macht was mit wem, und ist es eine gute oder schlechte Sache; wer ist ›in‹ und wer ist ›out‹ und warum.« Ich werde ständig daran erinnert, wenn ich meine Tochter am Telefon sehe.

Produkte stehen im Zentrum dieses »Pflege«-Prozesses. Konsum ist ein so bedeutender Teil unseres Lebens, dass Produkte und Dienstleistungen immer gute Gesprächsthemen sind. »Welches Aftershave benutzen Sie«, fragte mich neulich der Zahnarzthelfer. »Was hast du für die Füllung verwendet?«, fragte jemand beim Thanksgiving-Essen. Produkte können sehr leicht in Unterhaltungen integriert werden. Wenn Sie in einem Hotel sind und mit jemandem ein Gespräch beginnen wollen, ist es sinnvoller, nach einem guten Restaurant in der Umgebung oder dem Laptop zu fragen, den die Person benutzt, als nach dem Sinn des Lebens. »Ich war in New York«, erzählen Sie Ihrer Freundin. »Wo hast du übernachtet?«, könnte sie fragen oder »Hast du ein gutes Theaterstück gesehen?« oder »Mit welcher Fluglinie bist du geflogen?« – alles Fragen, die zu Gesprächen über Produkte und Dienstleistungen führen können.

Als ich den letzten Abschnitt geschrieben hatte, machte ich eine Kaffeepause, und auf dem Rückweg von der Küche sah ich, dass meine Tochter (immer noch am Telefon) den dELia*s-Katalog durchblätterte. Ich nehme an, das Mädchen am anderen Ende der Leitung machte das Gleiche. Anscheinend gab es auf Seite 48 irgendetwas Besonderes. »Siehst du, was das Mädchen rechts auf dem Foto trägt? Nein, nicht den Rock, den Sweater!« Für Leser, die keine Töchter im Teenageralter haben: dELia*s ist ein Katalog, der erstmals 1994 von zwei Yale-Absolventen herausgebracht wurde. 1998 betrug der Umsatz des Unternehmens 158,4 Millionen Dollar. Wenn man das ständige Schwätzen über dELia*s unter den Freundinnen meiner Tochter hört, versteht man langsam, warum das Unternehmen täglich 3000 bis 5000 Kataloganforderungen erhält und warum Stephen Kahn, der junge CEO, von einem »großartigen, sagenhaften Geschäft« redet.[6]

Meine Tochter könnte ihre Kleidung genauso gut allein aussuchen, aber das wäre nicht das Gleiche. Wenn sie mit Freundinnen einkaufen geht, kauft sie und stellt gleichzeitig Verbindungen her. Das Verständnis, dass dies manchmal die Motivation hinter Buzz ist, kann den Unternehmen helfen, die Mundpropaganda hinter ihren Produkten realistisch zu sehen. Die Firma dELia*s hat sicher vieles richtig gemacht, um ihren Katalog zu einem Gesprächsthema im Leben meiner Tochter zu machen (gute Auswahl, häufige Post, guter Service, coole Website), aber für meine Tochter und viele ihrer Freundinnen ist es das Gespräch, das am meisten zählt. Heute über dELia*s, morgen über etwas anderes.

In anderen Fällen benutzen wir Produkte, um den Leuten in unserer Umgebung etwas mitzuteilen. Wenn wir der Welt verkünden, welches Buch wir gelesen, wo wir gestern Abend gegessen oder welches elektronische Gerät wir gekauft haben, erzählen wir anderen von unserem Reichtum, erlesenen Geschmack und unserer Cleverness. Nehmen wir Getränke: »Jeder weiß, dass ich normale Cola trinke«, sagte eine Frau zu Susan Fournier von der Harvard Business School, die die Beziehung der Leute zu Markenartikeln untersuchte. »Wenn sie mich mit einer Diät-Cola sehen würden, wären sie … überrascht. Weil ich so was wie ein Bekenntnis ablege, wenn ich keine Diät-Cola trinke, dass ich nicht das mache, was jeder macht, dass ich mir wegen der Extra-Kalorien keine so großen Sorgen mache …«[7] Indem sie die normale Cola trinkt, sagt diese Frau ihren Netzwerken, dass sie sich um Kalorien nicht zu kümmern braucht. Worte sind oft die Währung, die wir austauschen, um mit einem wertvollen Gegenstand zu handeln, unserem Ruf. Und Produkte helfen uns dabei.

Häufig ist das Bedürfnis, Verbindung zu anderen aufzunehmen, mit der Erzeugung von Eindrücken von einem selbst verbunden. Wir empfehlen normalerweise Bücher oder Filme, die Botschaften übermitteln, die *wir selbst* der Welt senden wollen. »Wir versuchen immer, andere von unserer eigenen Sichtweise zu überzeugen, und ein gutes Buch kann eine wunderbare Möglichkeit hierzu sein«, sagte mir ein Kunde, als er erläuterte, warum er in Amazon.com seine Rezension des Buches *Cold Mountain* (dt.: *Unterwegs nach Cold Mountain*) hineingestellt hatte.

Dieses Sendungsbewusstsein hilft zu erklären, warum Leute Bücher verschenken. Es ist eine Art der Verbindung, die die Wertvorstellungen und den Geschmack des Schenkers und Empfängers bestätigt. Janice Shank aus Kalifornien zum Beispiel schickte Exemplare von *Cold Mountain* an ihren Bruder, ihre Schwester und zwei Freunde in der Schweiz. Sie schickte Exemplare von zwei anderen Büchern, die sie mochte, *The Perfect Storm* (dt.: *Der Sturm*) von Sebastian Junger und *The Fisherman's Son* von Michael Koepf, an fünf weitere Leute. »Bücher sind für mich ein Mittel, Verbindung aufzunehmen«, erklärt sie.

## 3. Wir reden, um der Welt einen Sinn zu geben

Ein Freund von mir, der eine Zeit lang in der Sinai-Wüste gelebt hat, erzählte mir, dass sich die Männer eines Beduinenstamms jeden Nachmittag im *maqaa'd* trafen, einem zentral gelegenen Zelt, das sie für Versammlungen benutzten. Sie saßen den ganzen Nachmittag bis in den Abend hinein um ein kleines Feuer und redeten. Worüber? »Über alles: das Leben, Essen, wo man was kaufen kann, was der beste Preis für Gas und Zigaretten ist, wohin sie weiterziehen sollen.« Beduinen sind Nomaden, die ständig auf der Suche sind nach guten Weideplätzen für ihre Schaf-, Ziegen- und Kamelherden. Der *maqaa'd* wurde Hunderte von Jahren vor der Erfindung des Computers zu ihrer »Newsgroup«. Ein Gast aus einem anderen Teil der Sinai-Halbinsel berichtete von Regen in der Gegend, wo er lebte. Die Männer diskutierten darüber, weil es bedeutete, dass sie dort in zwei bis drei Wochen gutes Gras erwarten konnten und dass es vielleicht Zeit sei, weiterzuziehen. Mundpropaganda hat immer zwei Funktionen gedient: Informationen zu verbreiten (»nicht weit von hier regnet es«) und zu analysieren (»vielleicht sollten wir dorthin ziehen«).

Vor einigen Jahren sank ein Schiff, das auf dem Weg nach Saudi-Arabien war, nicht weit von der Küste der Sinai-Halbinsel. Unternehmerisch veranlagte Beduinen holten sich Boote und fuhren zu dem sinkenden Schiff, um die Waren an Land zu bringen. Der Buzz im *maqaa'd* am Sinai wurde hektisch. Wochenlang war das Wrack Hauptgesprächsthema: was man von dem Schiff bekommen könnte, wer einem den besten Preis zahlen würde und so weiter. Plötzlich mussten die Beduinen – die normalerweise Pita-Brot, Oliven und Reis aßen – den Unterschied zwischen La Vache qui Rit und anderen französischen Käsesorten herausfinden. Es gab wahrhaft eine Menge zu reden.

In der westlichen Gesellschaft zu leben bedeutet in gewisser Weise, Hunderte solcher gesunkenen Schiffe, die mit Waren beladen sind, um sich zu haben. Wir werden ständig mit neuen Produkten bombardiert, deren Sinn wir herausfinden müssen. Ich wiederhole es noch einmal: Es gibt eine Menge zu reden.

## 4. Wir reden, um Risiken, Kosten und Ungewissheit zu verringern

Andere um Informationen zu bitten kann uns oft Zeit sparen. Wenn jemand den besten Investmentfonds sucht und weiß, dass ein zuverlässiger Freund sich drei Tage lang damit beschäftigt hat, warum sollte er ihn dann nicht um Rat fragen? Die meisten Leute haben Besseres zu tun, als über steuerbefreite Geldanlagemöglichkeiten zu lesen. Brauchen Sie ein Sicherheitssystem für Ihr Haus? Der schnellste Weg, Informationen darüber zu erhalten, besteht darin, Ihre Nachbarn zu fragen, welches sie benutzen.

Um Rat fragen kann auch Risiken verringern. Als ich nach Menlo Park zog, musste ich einen neuen Arzt finden. Durch Herumfragen reduzierte ich das Risiko, einen weniger guten zu bekommen oder bei einem hängen zu bleiben, der mir nicht sympathisch ist. Eine Untersuchung von Maritz Marketing Research zeigt, dass ich nicht der Einzige bin, der so handelt: 70 Prozent der Amerikaner verlassen sich in bestimmtem Maß auf den Rat anderer, wenn sie einen neuen Arzt suchen.[8] Ein solches »Risiko« kann psychologisch oder monetär sein. Verbraucher fürchten (zu Recht), übers Ohr gehauen zu werden, etwas zu kaufen, das sie nicht benutzen können, oder einfach, zu viel zu bezahlen. Sich mit Freunden zu beraten, bevor man sein schwer verdientes Geld investiert, ist (vor allem bei teuren Artikeln) eine gute Möglichkeit, das Risiko zu verringern.

Weniger erfahrenen Verbrauchern ist ihr höheres Risiko bewusst, und sie verlassen sich daher gewöhnlich öfter auf andere. Aber das bedeutet nicht, dass erfahrene Verbraucher nicht auch herumfragen. Sie tun es aus zwei Gründen: Erstens bereiten ihnen die Risiken ebenfalls Sorgen, und zweitens macht es ihnen oft viel mehr Spaß, über das Thema zu reden, als Neulingen. »Ich wollte wissen, was alles nicht funktionierte und warum nicht«, meinte ein erfahrener Radrennfahrer. Als er ein neues Mountainbike kaufen wollte, fuhr er nicht einfach zum nächsten Geschäft. Er wusste, dass die Hersteller von Mountainbikes mit unterschiedlichen Doppelfederungen experimentierten, und er wollte sichergehen, dass er ein gut funktionierendes Rad bekam. Daher stellte er Nachforschungen an, indem er drei Freunde befragte – zwei Mountain-Bike-Rennfahrer und einen Mechaniker.[9]

## 5. Wir reden, weil es ökonomisch sinnvoll ist

Wir können häufig vom Reden über Produkte direkt profitieren. Manchmal wegen der von Ökonomen so genannten »Netzwerk-Externalität« – der Tatsache, dass bestimmte Produkte wertvoller werden, je mehr Leute sie benutzen. Diese externen Netzwerkeffekte sind bei interaktiven Technologien leicht zu erkennen: Wenn Sie die einzige Person auf der Welt sind, die ein Faxgerät besitzt, ist sein Wert für Sie gleich null. Um diesen Wert zu steigern, werden Sie wahrscheinlich andere dazu überreden, sich auch ein Faxgerät anzuschaffen. Der gleiche Effekt trat bei E-Mails ein. »Wenn Sie es jeden Tag benutzen, wollen Sie, dass auch Ihr Arzt angeschlossen ist, damit Sie ihm eine Frage schicken können, oder Ihr Steuerberater, damit Sie etwas mit ihm planen oder Ideen austauschen können«, meint Bill Gates. Microsoft hat von einer anderen Ausprägung des gleichen Phänomens erheblich profitiert: Durch die Aufforderung an andere, Microsoft Word zu benutzen, erleichtert sich ein Verbraucher den Austausch von Dateien. Verbraucher erkennen auch, dass sie davon profitieren können, wenn sie ihre Kollegen dazu bringen, das gleiche Betriebssystem zu benutzen – es wird dann mehr Software dafür entwickelt, und es wird lokal unterstützt.[10]

Das Reden über Produkte kann auch in anderen Fällen ökonomisch sinnvoll sein. Ein Unternehmensleiter mag Mitarbeitern ein Wirtschaftsbuch empfehlen, wenn er oder sie meint, sie würden dann die Unternehmensziele effektiver verfolgen. Ein Investor, der eine Menge Geld in eine bestimmte Aktie gesteckt hat, erhöht potenziell deren Wert, wenn er jedem von der tollen Rendite erzählt, die er erhält. Jemand, der ein neues Auto kauft und seinen Freunden von der überragenden Leistung erzählt, trägt indirekt zu dessen Popularität und damit zu einem höheren Wiederverkaufswert bei, der typischerweise bei weit verbreiteten Modellen gegeben ist.

Konkurrenten suchen oft durch Verbreitung von negativem Buzz Vorteile zu erlangen. Als die Gasindustrie von Edisons elektrischem Licht bedroht wurde, spielte sie die Bedeutung der Innovation herunter und übertrieb ihre Gefahren. Als Federal Express in der Anfangszeit Verlust machte, schickten einige Wettbewerber Kopien von Zeitungsartikeln, die die Verluste erwähnten, an Kunden. Negative Kommentare kommen oft von denen, die bereits (finanziell oder psychologisch) in eine alte Technologie investiert haben. Als George Eastman Papiernegative einführte, die die sperrigen und zerbrechlichen Glasnegative ersetzen sollten, erhielt er von den damaligen Fotografen eine Menge negativen Buzz. Ein Artikel in *The American Journal of Photography* vom Frühjahr 1886 beschreibt die Reaktion der Benutzer auf die Erfindung. Sie beschwerten sich unter anderem, das Papier würde mit der Zeit verrotten und der Geruch des zu verwendenden Rizinusöls sei »unangenehm«. Aber als sie vom Autor des Artikels gefragt wurden, ob sie überhaupt versucht hätten, mit den neuen Negativen zu arbeiten, »war die Antwort im Allgemeinen: ›Nee, aber Soundso hat, und der scheint nicht viel davon zu halten‹ – oder so etwas Ähnliches.« In all diesen Szenarios reden die Leute, um (manchmal indirekt) von dem Ergebnis finanziell zu profitieren.[11]

## 6. Wir reden, um Spannung abzubauen

Alles begann in einer dieser kleinen Bekleidungsfabriken in Taiwan. Eine Kiste mit neuen Jacken, bereit für den Transport in die USA, wurde versehentlich offen gelassen. Eine asiatische Giftschlange dachte, das sei ein guter Platz, um ihre Eier abzulegen. Irgendwo auf dem Weg zu einem K-Mart-Geschäft in Detroit, Michigan, schlüpften die Jungen aus. Mehrere Wochen später beschloss eine Käuferin, eine dieser Jacken anzuprobieren. Sie steckte langsam einen Arm in den Ärmel und dachte sich nicht viel dabei, als sie einen Stich spürte. Als ihr Arm ein paar Stunden später zu schwellen begann, wurde sie rasch ins Krankenhaus gebracht, wo ihr ganzer Arm amputiert werden musste.

Diese Geschichte, auf den Straßen Detroits verbreitet, ist eine Stadtlegende. Nicht ein Wort von ihr ist wahr. Es gab keine Schlangeneier in neu angefertigten Jacken, und folglich behauptete keine Kundin in Detroit, von einer Schlange gebissen worden zu sein. Ein Reporter eines lokalen Radiosenders forschte einen Tag lang in Krankenhausakten, fand jedoch keine Spur eines Opfers. Und dennoch erhielt der Leiter der Öffentlichkeitsabteilung von K-Mart mehr als zehn Anrufe von Zeitungsreportern, die der Geschichte nachgingen, nachdem sie von Leuten in der Stadt davon gehört hatten.

Gerüchte beruhen oft auf den fundamentalsten Ängsten der Leute.

Niemand weiß, wo das Gerücht über die asiatischen Schlangen aufkam, aber vermutlich war es kein Zufall, dass es sich gerade in Detroit so erfolgreich verbreitete. Möglicherweise hatte das Gerücht seinen Ursprung in den Sorgen der Stadtbevölkerung wegen der Autoimporte aus Asien.[12]

Was bedeutet das? Manchmal reden wir, um Dampf abzulassen oder Wut abzureagieren. Negativer Buzz resultiert meist aus einer negativen Erfahrung eines Kunden mit einem Unternehmen. Ein unzufriedener Kunde wird versuchen, die innere Spannung dadurch abzubauen, dass er es diesem »heimzahlt«. Studien haben gezeigt, dass bei der Kaufentscheidung negativen Informationen größeres Gewicht beigemessen wird und dass sich diese rascher verbreiten als positive. (Vgl. weiter unten den Abschnitt »Wie vielen Leuten erzählen wir davon?«) Das Internet gibt Kunden die Möglichkeit, noch mehr Leuten von ihren negativen Erfahrungen zu berichten. »Mundpropaganda im Internet hat unglaublichen Einfluss. Ein unzufriedener Kunde kann in wenigen Minuten 1000 Leuten davon erzählen«, sagte Chief Executive Jeff Bezos von Amazon.com dem *Time Magazine*.[13] Indem sie eine Geschichte über eine negative Erfahrung in einer Newsgroup oder einer persönlichen Website veröffentlichen, können Kunden sehr effektiv Informationen verbreiten.

Spannung wird häufig auch als Nebeneffekt des Kaufvorgangs erzeugt. Besonders bei teuren Produkten spüren Kunden oft nach dem Kauf ein Unbehagen, ein Phänomen, das als »kognitive Dissonanz« oder die Reue des Käufers bekannt ist. Um die Dissonanz zu verringern, reden sie mit anderen und suchen ihre Entscheidung zu rechtfertigen. Jemand, der ein neues Auto gekauft hat, erzählt anderen wahrscheinlich von den Vorteilen dieser Marke und zitiert Angaben aus zuverlässigen Quellen, die seine oder ihre Entscheidung unterstützen. Indem sie vor dem Kauf Informationen sammeln, erhöhen Verbraucher die Chance, sich hinterher zufrieden zu fühlen, und reduzieren so das Potenzial für Spannung.

Berichte in den Medien über den Verlust der Gemeinschaft in der westlichen Gesellschaft vermitteln einem das Bild von Millionen Menschen, die vor ihren Fernsehern und Nintendos klebend in kleinen Kästen leben. Dieses Bild ist nicht ganz unbegründet. Amerikaner zum Beispiel verbringen nicht mehr so viel Zeit mit ihren Nachbarn wie früher. Die Beteiligung am öffentlichen Leben nimmt ebenfalls ab. Es melden sich weniger Leute für die Eltern-Lehrer-Vereinigung oder besuchen öffentliche Versammlungen.[14]

Aber das bedeutet nicht, dass wir nicht reden. Wir reden, weil wir dazu programmiert sind. Es mögen weniger Personen öffentliche Versammlungen besuchen, aber mehr Leute drücken ihre Meinung im Internet aus. Sie mögen weniger Zeit mit ihren Nachbarn verbringen, aber selbst im Zeitalter von Nintendo und Walkman ist der zwischenmenschliche Verkehr immer noch ein bedeutender Teil unseres Lebens. Wir haben weiterhin einen fast unersättlichen Drang, wie die Beduinen um das Feuer herumzusitzen und zu reden. Im Frühjahr 1997 befragte Roper Starch Worldwide in 35 Ländern 35 000 Erwachsene und Teenager. Eines der Ergebnisse dieser Megaerhebung war, dass der Zeitvertreib mit der Familie und Freunden auf der Liste der beliebtesten Freizeitaktivitäten sehr weit oben steht: 73 Prozent der Erwachsenen und 63 Prozent der Teenager gaben an, sie würden häufig mit der Familie zusammen sein. 32 Prozent der befragten Erwachsenen und 62 Prozent der Teenager verbrachten häufig Zeit mit Freunden. Diese Zahlen sind höher als die für Fernsehen, Sport treiben, Musik hören oder Einkaufen. Die USA waren keine Ausnahme. »Die Leute sind äußerst gesellig«, meint Diane Crispell von Roper, »und wenn sie durch Verwandte und Freunde angesprochen werden, hat das großen Einfluss auf sie«[15].

## Wie vielen Leuten erzählen wir davon?[16]

Einer der wenigen Fakten, die in Untersuchungen über Mundpropaganda ständig auftauchen, ist unsere Neigung, negative Bemerkungen stärker zu verbreiten als positive. Ein Unternehmen, das dieses Thema eingehend erforscht hat, ist TARP (Technical Assistance Research Program, das jetzt e-Satisfy heißt) in Arlington, Virginia. John Goodman, President von TARP, interessierte sich Ende der siebziger Jahre für das Problem. Es war allgemeine Überzeugung, dass ein Kunde, der eine positive Erfahrung gemacht hatte, drei anderen Personen davon erzählt, und wer eine negative Erfahrung hatte, dies sieben anderen Leuten mitteilt. Goodman begann danach zu suchen, woher diese Zahlen kamen. »Ich rief bei jeder Quelle an und fragte: ›Woher haben Sie diese Daten?‹ Ich drehte mich aber bald im Kreis.« Niemand kannte die Herkunft der Zahlen.

Goodman wandte sich dann an die Coca-Cola Company und schlug eine Studie vor, um die Mundpropaganda richtig zu untersuchen. Im Rahmen einer Briefbefragung wurden Fragebögen an 1700 Kunden von Coca-Cola versandt, die sich in den Monaten zuvor entweder beschwert oder eine Anfrage an das Unternehmen gerichtet hatten. TARPs Ergebnisse der Coca-Cola-Studie und weiterer folgender Verbraucheruntersuchungen bestätigten die allgemeine Meinung, dass die Leute über schlechte Erfahrungen mit mehr Bekannten reden – wenn auch die Zahlen unterschiedlich waren. In der Coca-Cola-Studie zum Beispiel erzählten Kunden, die mit der Art der Behandlung ihrer Beschwerde durch das Unternehmen zufrieden waren, vier bis fünf Personen davon, während jene, deren Beschwerde ihrer Meinung nach nicht zufriedenstellend behandelt worden war, neun bis zehn Leuten davon erzählten. Eine Untersuchung für General Motors ergab Zahlen für Autos von acht beziehungsweise 16. »In den nächsten 1500 Studien bezogen wir jedes Mal, wenn wir Verbrauchererhebungen durchführten, Mundpropaganda mit ein«, berichtet Goodman. »Wir stellen fest, dass die Daten außerordentlich stark variieren. In bestimmten Branchen ist es so, dass *eine* Person von einer guten Erfahrung hört und *sechs* von einer schlechten. Über die letzten paar Jahre haben wir also nachgewiesen, dass das Zwei-zu-eins-Verhältnis, von dem alle reden, nicht unbedingt zutrifft.«

Das emotionale Verhältnis eines Kunden zu einem Produkt ist ein guter Prädiktor, wie vielen Leuten er von seiner Erfahrung erzählen wird. Da viele Leute eine starke emotionale Beziehung zu ihrem Auto haben, teilen sie entsprechende Informationen vielleicht mit mehr Freunden, was beim Gemüseeinkauf nicht der Fall ist. »Selbst wenn man im örtlichen Supermarkt schlecht bedient worden ist, erzählt man es wahrscheinlich nicht so vielen Leuten, weil es nicht so aufregend ist«, erläutert Goodman. Ein weiterer Faktor ist Privatheit. Über Finanzdienstleistungen und Fragen der Gesundheit reden die Leute möglicherweise mit weniger Freunden. Buzz kann also auch branchenspezifisch sein.

Außerdem kann sich die Anzahl der Leute, denen wir etwas über ein Produkt erzählen, im Lauf der Zeit ändern. Eine Untersuchung von 1999, die von Priceline.com gesponsert und von Opinion Research Corporation International aus Princeton, New Jersey, durchgeführt wurde, zeigt, dass Online-Käufer durchschnittlich zwölf anderen Leuten über ihre Erfahrungen berichteten. Um nur ein Beispiel zu nennen: Im Durchschnitt schickte eine Person, die ein Online-Reisebüro benutzt hatte, Kommentare darüber an 3,2 Familienmitglieder, 3,3 Freunde, zwei Verwandte, 2,5 Arbeitskollegen und 1,3 »andere«. Man kann erwarten, dass diese Zahlen sinken werden, da die Neuheit, einen Flug online zu buchen, abnimmt und die Kunden Buzz über ein neues Thema zu verbreiten beginnen.[17]

# 4
# Network-Hubs

Jim Thompson erfuhr vom PalmPilot durch seinen Kollegen Glenn Kowalsky. »Als ich den Gang in meinem Krankenhaus hinunterging, zeigte er mir diese kleine Maschine, die er gerade erhalten hatte, und sie hat mich sofort gepackt«, erinnert er sich. »Ich wusste, das war, worauf ich gewartet hatte.«

Thompson kaufte sich sofort einen PalmPilot, nachdem er ein paar Websites durchgegangen war, um zu sehen, ob das Gerät einen programmierbaren Rechner unterbringen kann. Seitdem hat er Dutzende von Programmen auf seinen Pilot heruntergeladen. Es war mir peinlich, ihm zu erzählen, dass ich in meinem ganzen Leben als »Piloteer« – so nennt er uns Pilot-Benutzer – nur ein Spiel heruntergeladen habe. Thompson benutzt seinen wirklich. Er spielt in seinem Zahnarztstuhl sitzend Spiele damit, führt Buch über seine gereisten Meilen, bringt sein Ausgabenkonto auf den neuesten Stand, wenn er die Rechnung in Restaurants bezahlt hat, und macht Notizen darauf, wenn er im Fahrstuhl nach unten fährt. Er lädt sogar Bücher herunter und liest sie auf Flügen.

Kein Wunder, dass er mit so vielen Leuten über den PalmPilot redet. Er hat sich von dem Gerät faszinieren lassen. Und er stellt fest, dass er nicht der Einzige ist. Überall, wo er hinkommt, fragen ihn die Leute danach. Außer Freunden, der Familie, Leuten in seiner Zahnarztpraxis, Kassierern und Gästen in Restaurants, Leuten im Fahrstuhl und Mitpassagieren erzählte er mehreren Ärztegruppen in Sundre, Alberta (90 Minuten nördlich von Calgary), Süd-Alberta und Charlottetown, zu denen er gehört, von dem Palm.

Und dann gibt es noch die Online-Welt. Kurz nachdem Thompson den PalmPilot gekauft hatte, richtete er eine Website ein, die er »Jims Gesundheits-Pilot-Seite« nannte. Er kündigte die Seite in Newsgroups an und erhielt sofort Anfragen von Ärzten, die den PalmPilot benutzten oder einen kaufen wollten. Von seinem Haus in einer ländlichen Stadt in Kanada aus beantwortete Thompson Anfragen aus Australien, den USA, Japan und anderen Teilen der Welt. »Am Ende war ich gewissermaßen deren technische Unterstützung«, erzählt er. Er wurde als Experte für die medizinische Anwendung des Geräts anerkannt, und die Leute wandten sich an ihn um Rat. Und weil er gerne hilft, war er glücklich, ihn zu erteilen.[1]

Jim Thompson ist das, was ich ein »Network-Hub«* nenne. Network-Hubs sind Personen, die mit mehr Leuten über ein bestimmtes Produkt kommunizieren als der Durchschnittsmensch. Forscher bezeichnen sie üblicherweise als »Meinungsführer«. In der Industrie werden sie »Beeinflusser«, »führende Nutzer« oder manchmal »Macht-Promoter« genannt. Ich ziehe den neutralen Ausdruck »Network-Hub« vor, aus Gründen, die ich weiter unten im Kapitel erläutern werde. Wenn jedoch bestimmte Autoren solche Personen als »Meinungsführer« bezeichnen, benutze ich diese Terminologie.

Über Network-Hubs ist nicht viel Genaues bekannt; außerdem kann ihre Art von Branche zu Branche verschieden sein. Ihre Namen und Anschriften findet man in keinem Telefonbuch – Network-Hubs ausfindig zu machen ist normalerweise komplizierter, als eine Mailing-List zu mieten. Aber diesen Personen Aufmerksamkeit zu schenken kann sich außerordentlich bezahlt machen. Sie verbreiten nicht nur Buzz über ein neues Produkt, sondern ihre zentrale Stellung erlaubt es ihnen auch, eine Mitteilung zu verändern oder ihre weitere Verbreitung zu blockieren. In diesem Kapitel untersuche ich, wer sie sind und warum sie wichtig sind. In Kapitel 9 werde ich kurz darstellen, wie Hubs Ihnen helfen können, Informationen weiterzugeben.

Network-Hubs gibt es bei jeder Art von Konversationsprodukten: Bestimmte Kinder reden über Jo-Jos, bestimmte Ingenieure reden über ein neues Programmierwerkzeug, bestimmte Leser reden über neue Bücher, und es lohnt sich in hohem Maß, wenn man die Aufmerksamkeit dieser besonderen Personen erregt. »Wenn man sie auf ein Buch lenkt, wissen morgen 25 andere Leute von dem Buch«, meint David Unowsky von Ruminator Books, einer Buchhandlung in Saint Paul, Minnesota.[2]

Denken Sie noch einmal an das Supernetzwerk, jene sechs Milliar-

---

* Die entsprechende deutsche Übersetzung »Netzwerk-Drehkreuz«, hier auf Personen bezogen – analog zu einem Flughafen-Drehkreuz (vgl. Kap. 1) –, klingt etwas schwerfällig und seltsam, vor allem in bestimmten Wortverbindungen. Daher scheint es sinnvoller, den englischen Begriff beizubehalten. (Anm. d. Übers.)

den Pünktchen auf dem riesigen Bildschirm. Wenn Sie einen speziellen Filter vor den Bildschirm setzen, können Sie nur die Kommentare sehen, die über eine bestimmte Produktkategorie hin- und hergehen. Wenn Sie zum Beispiel den »Jo-Jo-Filter« davor setzen, sehen Sie nur die Bemerkungen, die über Jo-Jos ausgetauscht werden. Jene Personen, die mit vielen anderen über Jo-Jos reden, ragen als Network-Hubs heraus. Schalten Sie auf einen anderen Filter um, sagen wir zu dem medizinischer Geräte, dann sehen Sie die Ärzte auf Ihrem Bildschirm, die über bestimmte medizinische Geräte besonders viel wissen und reden.

## Die vier Arten von Network-Hubs

Der erste Schritt beim Versuch, die Personen zu finden, die als »Hubs« fungieren, ist die Erkenntnis, dass sie in vielen Gestalten, Nuancen und Formen auftreten. Wie ich festgestellt habe, kann man sie generell in vier Gruppen aufteilen. Zunächst unterscheide ich Hubs auf der Basis der Anzahl der Verbindungen, die sie mit anderen Leuten herstellen, das heißt des Umfangs ihres Einflusses:

**Reguläre Hubs:** Sie sind normale Menschen, die in einer bestimmten Produktkategorie als Informations- und Einflussquelle dienen. Sie können mit nur wenigen anderen Personen verbunden sein oder mit mehreren Dutzend. Jim Thompson, der frühe Anwender des PalmPilot, gehört in diese Gruppe.

**Mega-Hubs:** Dieser Ausdruck bezieht sich auf Journalisten, Berühmtheiten, Analysten, Politiker. Diese Personen haben zahlreiche zweiseitige Verbindungen wie reguläre Hubs, aber außerdem haben sie Tausende einseitiger Verbindungen zu Leuten, die ihre Botschaften mittels Massenmedien empfangen. Die Showmoderatorin Oprah Winfrey ist ein Beispiel hierfür. Traditionellerweise werden diese Personen mit Etiketten versehen wie »die Medien« oder »einflussreiche Politiker«. In unserem Kontext sind sie Mitglieder von Netzwerken. Auf dem riesigen Bildschirm, den ich weiter oben beschrieben habe, ist Oprah Winfrey ein einzelner Knoten, wie Sie und ich. Was sie so einflussreich macht, ist die Tatsache, dass sie mit Millionen anderer Leute in Verbindung treten kann.

Mega-Hub. Ein MTV-VeeJay verbreitet durch einseitige Verbindungen Informationen an Tausende oder Millionen von Menschen.

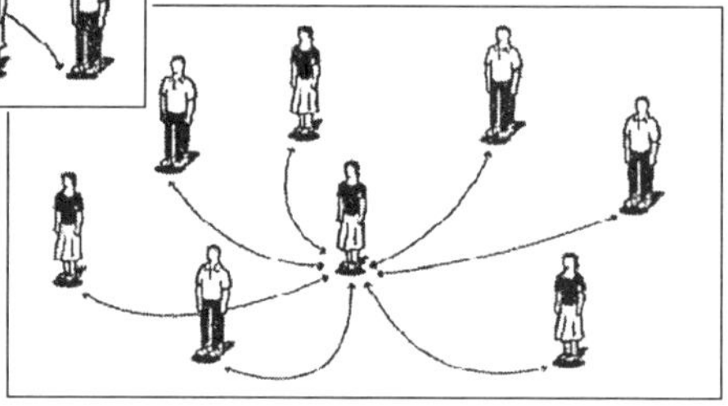

Hub. Diese Studentin hat durch zweiseitige Verbindungen Informationen an sieben andere Personen weitergegeben.

In einer informellen Erhebung, die ich zusammen mit meinem Assistenten Haim Zaltzmann an einer Universität an der Westküste durchführte, fragten wir Studenten, ob sie über ein bestimmtes Produkt – die CD *The Miseducation of Lauryn Hill* – geredet hätten, und wenn ja, sollten sie die Namen der Personen nennen, mit denen sie darüber gesprochen hatten. Aus dieser Befragung ergab sich, dass einige Studenten Network-Hubs waren. Eine Studentin, die ich Jane nennen will, hatte mit sieben anderen Studenten über die CD geredet. Sie ist ein perfektes Beipiel für reguläre Hubs. Ein MTV-VeeJay und ein Autor der Zeitschrift *Rolling Stone* sind Beispiele für Mega-Hubs, weil ihre Meinung Millionen Leute erreicht.

Wo zieht man die Grenze zwischen einem regulären und einem Mega-Hub? Das Internet verwischt offensichtlich diese Grenze. Im Web können Leute Informationen auf eine Weise verbreiten, die sie zu mehr als einem bloß lokalen Experten macht. Anstatt nur 60 Personen zu informieren, kann ein Jo-Jo-Fan eine Website zusammenstellen und plötzlich Tausende von Leuten erreichen. Manchmal bekommen solche Leute den Status eines Mega-Hubs, wie Harry Knowles, ein Filmfan aus Austin, der eine Website einrichtete (www.aint-it-cool-news.com), um Filmrezensionen zu veröffentlichen. Diese werden von einem Netzwerk von »Spionen« geschrieben, die zu Film-Previews gehen. Er schätzt die Leserschaft seiner Website jetzt auf zwei Millionen Personen.

Selbst mein Ausdruck »reguläre Hubs« ist ein relativer Begriff. Als 665 Erwachsene von Maritz Marketing Research gefragt wurden, ob sie die Art Leute seien, die andere um Empfehlungen für ein neues Auto bitten, antworteten elf Prozent »in großem Maß«. Am anderen Ende des Spektrums sagten 32 Prozent »überhaupt nicht«. Die restlichen 57 Prozent waren irgendwo dazwischen. Vielleicht ist es korrekt zu sagen, dass man beginnt, ein Network-Hub zu sein, wenn man Kommentare über ein bestimmtes Produkt an mehr Personen übermittelt als der Durchschnittsmensch. Wenn ein normaler Palm-Benutzer mit 20 anderen Leuten pro Jahr über das Gerät redet und ein anderer Benutzer mit 80, dann ist dieser eindeutig ein Hub. Jim Thompson zum Beispiel kommuniziert wahrscheinlich mit mehreren hundert Personen darüber. Daher sprechen Forscher von dem Maß der Meinungsführerschaft einer Person. Walt Mossberg, der eine Kolumne über Technologie für das *Wall Street Journal* schreibt, befindet sich mit Hunderttausenden einseitiger Verbindungen zu Lesern seiner Kolumne an dem einen Extrem. Ganz weit auf der anderen Seite der Skala steht irgendein Typ, der mit gerade zwei bis fünf Freunden über Computer redet. Dazwischen gibt es offenbar eine sehr große Bandbreite.

Es ist wichtig zu erkennen, dass dieser Typ, auch wenn er nicht viel über Computer reden mag, unter seinen Altersgenossen ein Network-Hub sein kann, vielleicht sogar ein Mega-Hub, wenn wir auf einen anderen Filter umschalten, zum Beispiel den *Star-Wars*-Filter oder den, der nur die Kommentare über Jazz zeigt. Umgekehrt kann Walt Mossbergs Meinungsführerschaft beim Thema Erziehung oder Tanztruppen schwinden.

Zweitens unterscheide ich zwischen Hubs, auf die man wegen ihrer Kenntnisse, und solchen, auf die man wegen ihrer gesellschaftlich zentralen Stellung hört. Das Merkmal dieser Hubs ist also die Quelle ihres Einflusses.

**Experten-Hubs:** Manchen Leuten hört man zu, weil sie auf einem bestimmten Gebiet bedeutendes Wissen unter Beweis gestellt (oder zumindest andere von ihrer Autorität darin überzeugt) haben. Sie kennen wahrscheinlich jemanden dieser Art am Arbeitsplatz, der viele Fragen über Software und Computer beantworten kann. Experten-Hubs tendieren zur Spezialisierung. Sie haben vielleicht einen Freund, der über alle neuesten Filme Bescheid weiß, einen, den Sie wegen Autos fragen, und einen dritten, der eine Menge über Computer, Kochen oder Sport weiß.

**Gesellschafts-Hubs:** In jeder Gruppe gibt es Personen, die eine zentralere Position einnehmen, weil sie charismatisch sind, weil ihnen von ihresgleichen vertraut wird oder weil sie einfach gesellschaftlich aktiver sind. Eine solche Person ist in Chicago Lois Weisberg, über die 1999 in einem Artikel von Malcolm Gladwell im *The New Yorker* ein Porträt erschien. Weisberg schließt leicht Freundschaften und bringt Leute zusammen. In jeder Stadt, jedem Viertel, jedem Unternehmen scheint es mindestens eine solche Person zu geben.[3]

Wenn wir sowohl auf das »Maß des Einflusses« als auch auf die »Quelle des Einflusses« schauen, können wir vier spezifische Arten von Network-Hubs erkennen:

| | **Reguläre Hubs** | **Mega-Hubs** |
|---|---|---|
| **Experten-Hubs** | Jim Thompson | Walt Mossberg |
| **Gesellschafts-Hubs** | Lois Weisberg | Oprah Winfrey |

Jim Thompson ist ein reguläres Hub, genauso wie die Person in Ihrem Unternehmen, die jeder über Computer um Rat fragt. Beide beziehen ihre Autorität von ihren Fachkenntnissen. Walt Mossberg ist ebenfalls ein Experte für Computer, der über seine Kolumne im *Wall Street Journal* mit mehr als einer Million Leuten in Verbindung steht. Lois Weisberg ist ein Network-Hub, weil sie Leute mag und so viele von ihnen in Chicago kennt. Oprah Winfrey bezieht ihren Einfluss nicht von Fachkenntnissen auf einem bestimmten Gebiet, sondern weil ihr Millionen Menschen vertrauen. Obwohl sie die Mehrheit ihrer Zuschauer nicht kennt, sehen viele von ihnen sie als verlässliche Freundin an.

Die Frage ist, wie erreicht man solche Leute – diese Hubs? Die Taktiken, wie man Mega-Hubs – »die Medien« – erreicht, sind bei Medienleuten gut bekannt, und ich habe wenig Neues zu bieten. Was andere Bücher gewöhnlich nicht behandeln, ist, wie man die Millionen regulärer Hubs erreicht, die Neuigkeiten über ein Produkt verbreiten können. Ich werde mich daher auf diese Frage konzentrieren.

## Wer sind diese regulären Hubs?

Ich wünschte, ich könnte Ihnen sagen, die Mehrheit der Personen, die Network-Hubs sind, sei einfach zu identifizieren: Sie seien 30 bis 45 Jahre alt, hätten ein durchschnittliches Haushaltseinkommen von 55 075 Dollar und sähen jeden Mittwochabend den Fernsehsender PBS. Natürlich ist es unmöglich, solche genauen Merkmale anzugeben, weil es alle Arten von Network-Hubs gibt. Ein Network-Hub für Videospiele könnte ein 12-jähriger Junge mit einem verfügbaren Jahreseinkommen von 613 Dollar sein. Ein Network-Hub für medizinische Geräte hat ein völlig anderes Profil. Dennoch gibt es mehrere Merkmale, die für Network-Hubs typisch sind: Sie übernehmen Innovationen früh, sind kontaktfreudig, reisen viel, sind informationshungrig, äußern ihre Meinung und sind mehr als andere offen für Medien.

**Frühe Übernahme.** Network-Hubs sind normalerweise nicht die ersten, die neue Produkte übernehmen, aber sie sind mindestens etwas schneller als die übrigen Mitglieder ihres Netzwerks. Der Begriff, den Wissenschaftler für dieses Merkmal benutzen, lautet »Innovationsfreudigkeit«. Er bezieht sich auf die relative Geschwindigkeit, mit der eine Person neue Ideen übernimmt.[4]

Roper Starch Worldwide (RSW), ein Marktforschungsunternehmen aus New York, verfolgt seit Jahren eine Gruppe, die es »Influential Americans« (einflussreiche Amerikaner) nennt. »Wir haben festgestellt, dass diese Leute in vieler Hinsicht tatsächlich führende Konsumenten sind. Sie gehören bei allem zu den Ersten«, sagt Diane Crispell von RSW. Zum Beispiel besaßen 1982 acht Prozent von ihnen einen PC, gegenüber drei Prozent der Gesamtbevölkerung. Dieser Trend hat sich über die Jahre fortgesetzt. 1995 besaßen 53 Prozent der einflussreichen Amerikaner einen PC, gegenüber 24 Prozent der Gesamtbevölkerung.[5]

**Kontaktfreudig.** Network-Hubs sind definitionsgemäß mit anderen in Kontakt. *Wie*, das kann variieren. Ein Hub hat möglicherweise zahlreiche Kontakte innerhalb der Clique. Ein anderes Hub steht vielleicht nur mit mehreren anderen Clustern in Verbindung und fungiert im Endeffekt als Informationsvermittler zwischen diesen verschiedenen Gruppen. Häufig haben Hubs Kontakte innerhalb einer Kerngruppe und sind außerdem mit einer externen Informationsquelle verbunden. Everett Rogers weist darauf hin, dass Meinungsführer »kosmopolitischer« sind als andere, was bedeutet, dass sie gewöhnlich zur Welt außerhalb des lokalen Systems hin orientiert sind.[6] Zum Beispiel tendieren Network-Hubs in der Hightech-Industrie dazu, zu anderen Hubs hingezogen zu werden, von denen sie mehr Informationen erhalten können (die sie dann innerhalb ihrer Cluster weitergeben). Um diese anderen Hubs zu finden, gehen sie zu Messen, treten User-Groups bei und beteiligen sich an Online-Foren, wo die für sie interessanten Themen diskutiert werden. Diese Aktivitäten führen zu weiteren Verbindungen zur Außenwelt.

**Reisen.** In einer in den fünfziger Jahren für das Pharmaunternehmen Pfizer durchgeführten Untersuchung wurde festgestellt, dass Ärzte, die früher als ihre Kollegen die Breitbandantibiotika Tetracycline verschrieben, mehr wissenschaftliche Konferenzen und medizinische Institutionen außerhalb ihres Ortes besuchten. Die bereits erwähnte klassische Studie, die die Übernahme von Hybridmais durch Farmer in Iowa während der ersten Hälfte des zwanzigsten Jahrhunderts verfolgte, ergab, dass Farmer, die sich die Neuheit früh zu Eigen machten, mehr Reisen nach Des Moines, Iowas größter Stadt, unternahmen. Die RSW-Studie über »einflussreiche Amerikaner« bestätigt, dass Network-Hubs viel unterwegs sind: »Zu irgendeinem Zeitpunkt steigen sie wahrscheinlich gerade nach einem Urlaub, einer Geschäftsreise oder einem Wochenendausflug aus dem Flugzeug«, berichtet RSW.[7]

Dieser Punkt ist in Bezug auf das Internet noch nicht systematisch untersucht worden. Es wird interessant sein zu sehen, ob Network-Hubs auch *virtuell* mehr reisen als andere. Tauschen sie zum Beispiel häufiger E-Mails aus mit Leuten in anderen Ländern als Personen, die keine Network-Hubs sind?

**Informationshungrig.** Weil Network-Hubs oft als »lokale Experten« dienen, wollen sie immer noch dazulernen. Das gilt besonders für Experten-Hubs, von denen erwartet wird, dass sie Leuten in ihren Gruppen oder Clustern Fragen beantworten. Es lohnt sich, das im Hinterkopf zu behalten, wenn Sie mit Network-Hubs in Ihrem Markt kommunizieren. Ein anschaulicher Schreibstil kann helfen, aber was wirklich wichtig ist, sind harte Fakten über Produkte. Ziff Davis wurde zu einem Verlagsimperium auf der Basis dieser Idee – Lieferung von Informationen an eine Kerngruppe von Network-Hubs auf jedem Markt, ob Autos, Konsumelektronik oder Computer. Wenn Sie sich *PC Magazine*, eines von Ziff Davis' bedeutenderen Publikationen, anschauen, erkennen Sie sofort, dass der Schwerpunkt auf Produktinformationen liegt. Joe Gillespie, Vice-President des Unternehmens, drückte es kurz und bündig aus: »Nie hat ein Buch es gewagt, so langweilig zu sein und doch so viele Leute anzusprechen wie unsere Zeitschrift.«[8] *PC Magazine* versorgt Network-Hubs in der Computerindustrie mit dem, was sie am meisten mögen: Tatsachen, jede Menge Tatsachen.

**Äußern ihre Meinung.** Jim Thompson spricht zwar leise, aber er scheut sich nicht, seine Meinung zu äußern. Roper Starch Worldwide stellte fest, dass die einflussreichen Amerikaner, wenn sie ein Produkt mögen, dies viel öfter äußern als die breite Masse. 37 Prozent von ihnen gaben im vergangenen Jahr eine Empfehlung für einen Pkw oder einen Pick-up, während nur 19 Prozent der Gesamtbevölkerung erklärten, dies getan zu haben. 22 Prozent dieser Einflussreichen sagen, sie hätten im letzten Jahr einer anderen Person eine Likör-, Wein- oder Biermarke empfohlen, während es bei der Gesamtbevölkerung nur neun Prozent sind. Sich im Internet zu äußern ist wahrscheinlich ein guter Indikator dafür, ein Network-Hub zu sein. Sie sind die Leute, die ihre Meinung über irgendwelche Themen kundtun und wahrscheinlich eher gehört werden.[9]

**Offen für Medien.** Weil Network-Hubs informationshungrig sind, lesen sie mehr. Studienergebnissen zufolge sind sie für die Kommunikation von Massenmedien und vor allem von Printmedien empfänglich. Meinungsführer im Finanzbereich lesen mit größerer Wahrscheinlichkeit Publikationen wie *Money*, *Barron's* oder *The Wall Street Journal* und sehen Fernsehprogramme wie »Wall Street Week«. Andere Studien zeigten ähnliche Ergebnisse bei Hubs, die an Politik, Mode und medizinischen Innovationen interessiert sind. Aber Buzz folgt keinen ordentlichen Mustern, erwarten Sie also nicht, dass alle Network-Hubs über neue Produkte von Mega-Hubs in den Medien erfahren und die Informationen dann an ihre »Gefolgschaft« weitergeben. Diese »Trickle-down«-Theorie war früher unter Forschern allgemeine Überzeugung, aber es funktioniert nicht immer so. Jim Thompson zum Beispiel erfuhr vom PalmPilot durch seinen Kollegen Glenn Kowalsky. Danach sah er sich im Internet ein paar Websites an, und wie jemand, der immer hungrig ist nach mehr Informationen, las er auch in Zeitungen und Zeitschriften über das Gerät. Hubs mögen zwar die Medien nutzen, sie wenden sich wegen Informationen und Feedback jedoch auch an Freunde.[10]

Eine Gemeinsamkeit all dieser Merkmale ist, dass Network-Hubs Verbindungen zwischen ihrem lokalen System und der Außenwelt herstellen. Weil sie reisen und für Medien offen sind, können sie Informationen sammeln, die sie dann innerhalb ihrer Cluster weitergeben. Natürlich gibt es Hubs in vielen Formen und Nuancen. Einige können mehr lokal orientiert sein, während andere kosmopolitischer sind. Nehmen wir zwei Hubs, John und Andrew. Beide haben Verbindungen zu zehn anderen Leuten. Obwohl beide direkte Beziehungen zur gleichen Anzahl von Personen haben, können sie in ihrer Reichweite extrem stark differieren. John steht mit sieben Arbeitskollegen und drei Personen außerhalb des Unternehmens in Verbindung. Andrew hat nur drei starke Verbindungen innerhalb des Unternehmens, aber sieben zu Personen in sieben verschiedenen Clustern. Sie sind beide einflussreich, aber Andrew, als kosmopolitischeres Hub, hat eine erheblich größere Reichweite, sowohl hinsichtlich der Verschiedenartigkeit der Informationen, die er sammeln, als auch der Anzahl der Leute, denen er Informationen weitergeben kann. Ein Network-Hub zu sein hat nicht nur damit zu tun, viele Freunde zu haben, es kommt auch darauf an, mit wem diese verbunden sind.[11]

Um Informationen weiterzuleiten, muss man oft mit Andrew *und* John reden. Andrew mag gut darin sein, Wissen von einem Cluster zu einem anderen weiterzugeben, aber wenn es darum geht, eine Innovation zu übernehmen, könnten die Mitglieder von Johns Gruppe mehr auf John schauen, um zu hören, was er darüber zu sagen hat.

## Sind Network-Hubs Frühadoptierer?

**Eines der Merkmale von Network-Hubs besteht darin, dass sie in der Annahme von Innovationen dem Rest von uns zumindest ein wenig voraus sind. Aber zwischen Frühadoptierern und Hubs bestehen Unterschiede.**

## 1. Sind alle Network-Hubs Frühadoptierer?

Nein. Network-Hubs sind Personen, die Informationen weitergeben und gewöhnlich die Entscheidung anderer Leute über Produkte beeinflussen. Sie übernehmen nicht automatisch jedes neue Produkt, auf das sie stoßen. Sie können Frühadoptierer bestimmter Produkte sein und frühe Ablehner anderer. Bei der Vermarktung von Technologielösungen zum Beispiel werden Sie unter Umständen feststellen, dass die Network-Hubs, die Sie als Kunden gewinnen wollen, bereits eine andere Lösung anwenden und nicht bereit sind, Ihre zu übernehmen. John Sculley, ehemaliger President von Apple Computer, gibt zu: »Es ist nicht immer einfach, die Beeinflusser zu beeinflussen, die normalerweise Ihr informiertestes Publikum sind. Die machtvollen zehn Prozent können daher für oder gegen Sie arbeiten.«[12]

## 2. Sind alle Frühadoptierer Network-Hubs?

Nein. Dass jemand einer Ihrer ersten Kunden war, bedeutet noch nicht, dass er oder sie andere beeinflusst. Everett Rogers weist sogar darauf hin, dass die innovativsten Personen – Leute, die »technologieversessen« sind – bei den durchschnittlichen Mitgliedern eines Netzwerks geringe Glaubwürdigkeit besitzen und daher nicht in der Lage sein werden, andere zu beeinflussen. Ferner kaufen manche Frühadoptierer das Produkt früh, weil sie es benötigen, weniger, weil sie ganz vorn sind. Die beiden Harvard-Professoren Susan Fournier und John Deighton haben die Akzeptanz des Online-Gemüseeinkaufs untersucht, indem sie 26 Haushalte beobachteten, die ziemlich früh den Peapod-Service in Anspruch nahmen. Dessen Idee ist, dass Sie, anstatt selbst zum Gemüsehändler zu gehen, Ihre Einkaufsliste per Computer an Peapod schicken, der Ihnen die Ware ins Haus liefert. »Es gab ein paar Leute, die diesen Service sofort annahmen, weil sie sehr clever, sehr kosmopolitisch sind und auf alles stehen, was neu ist. Diese wurden von der Attraktion des neuen Verfahrens angelockt«, erläutert Susan Fournier. »Und dann gibt es die Leute, die Gemüseeinkäufer sind und deshalb mitmachten, weil sie einen bequemeren Weg suchten, ihre Einkäufe zu erledigen.« Eine ältere Frau zum Beispiel, der es schwer fiel, das Gemüse die Treppen hinaufzutragen, nahm den Service in Anspruch, weil es für sie genau das Richtige war. Sie kann nicht einmal den PC bedienen – ihr Mann gibt die Einkaufsliste ein. Sie ist weder eine innovative Person noch ein Network-Hub, sondern einfach jemand, der keine Lust mehr hat, die Einkaufstasche nach Hause zu tragen.

### 3. Gibt es eine Korrelation zwischen den beiden?

Ja. Aus all dem Gesagten ergibt sich, dass Network-Hubs oft innovativer sind als andere Leute. Häufig sind sie die ersten, die ein neues Produkt übernehmen. Mehrere Studien, die die Beziehung zwischen Innovationsfreudigkeit und Meinungsführerschaft untersuchten, stellten eine positive Korrelation zwischen beiden Parametern fest. Das gilt auch für den politischen Bereich. Ende der siebziger Jahre verfolgte John Black Meinungsänderungen über verschiedene politische Themen, indem er drei Jahre lang Leute alle drei Monate interviewte. Er fand heraus, dass Meinungsführer bei nationalen Fragen – Personen, die um Rat gefragt wurden – immer die Ersten waren, die ihre Meinung änderten; andere folgten ihnen.[13]

## Was Hubs sind und was nicht

In Marketingkreisen wird ein ganzes Arsenal von Begriffen benutzt, um Konzepte zu beschreiben, die dem der Network-Hubs ähnlich sind: Unterstützer, zufriedene Kunden, führende Benutzer und so weiter. Daher müssen wir sicherstellen, dass wir über das Gleiche reden, wenn wir von Network-Hubs sprechen.

Beginnen wir damit, was Network-Hubs *sind*. Sie sind das, was Forscher »Meinungsführer« nennen. In der wissenschaftlichen Literatur wird Meinungsführerschaft definiert als »das Maß, in dem eine Person Einstellung oder Verhalten anderer Personen informell auf eine erwünschte Weise mit relativer Häufigkeit beeinflussen kann«. Ich ziehe einen Netzwerk-Begriff vor, weil das Wort »Führer« sofort an jemanden denken lässt, dem andere folgen wollen. Das bedeutet etwas Grandioseres, als es oft der Fall ist. Elihu Katz und Paul Lazarsfeld, die den Begriff »Meinungsführer« in den fünfziger Jahren benutzten, schrieben 1955: »Was wir Meinungsführerschaft nennen, wenn wir es überhaupt Führerschaft nennen können, ist Führerschaft in ihrer einfachsten Form (...), keine Führerschaft auf dem Niveau eines Churchill, eines Lokalpolitikers oder selbst einer lokalen gesellschaftlichen Elite.«[14]

Genauso wichtig ist zu verstehen, was Network-Hubs *nicht sind*. Sie sind keine »Unterstützer« oder »führende Benutzer« oder einfach »zufriedene Kunden«. Diese Begriffe werden zur Beschreibung von

Kunden benutzt, die von einem Produkt oder einer Dienstleistung besonders angetan sind. Ein Fehler, den Unternehmen leicht machen können, ist die Schlussfolgerung, dass zufriedene Kunden auch Einfluss in ihren Netzwerken haben. Es gibt keinen Beweis für eine Korrelation zwischen beiden Merkmalen. Zufriedene Kunden können (und sollten) in Empfehlungs- und besondere »Unterstützer-Programme« einbezogen werden. Aber die Zufriedenheit eines einzelnen Kunden hat wenig mit seiner Zentralität in seinen sozialen Netzwerken zu tun. Nehmen wir an, Sie verkaufen Software an eine Schule. Einer der Lehrer an dieser Schule ist ein begeisterter Kunde Ihres Unternehmens. Sie kümmern sich um ihn und unterstützen ihn, aber Sie können nicht verstehen, warum Ihr Absatz in dieser Schule so niedrig ist. Der Grund könnte darin liegen, dass der Lehrer gar kein Network-Hub ist, weil ein anderer Lehrer, der ein Konkurrenzprodukt benutzt, seine Kollegen beeinflusst.

## Der Wert eines Network-Hubs im Lauf der Zeit

Wie viel ist Ihnen ein Network-Hub wert? Es ist unmöglich, einem Kunden einen genauen monetären Wert zuzuordnen, aber es lohnt sich, eine Schätzung zu versuchen. Zur Illustration schauen wir uns ein hypothetisches Hub an, das Informationen über Luxusautos weitergibt. Market Probe International führte 1997 für *Car & Driver* eine Untersuchung unter den Abonnenten der Zeitschrift durch. Jene Leser, die angaben, andere hinsichtlich Autos zu beraten, sagten, sie hätten dies in den letzten zwölf Monaten im Durchschnitt 6,1 Personen gegenüber getan. Nicht alle dieser Freunde und Familienmitglieder kauften daraufhin ein Auto – durchschnittlich nur 2,9. Und nicht alle, die ein Auto kauften, folgten dem Rat der Befragten, sondern nur 2,3 Personen. Nehmen wir willkürlich an, 30 Prozent der Freunde hätten die empfohlene Marke sowieso gekauft. Dann ergibt sich, dass unser hypothetisches Network-Hub jedes Jahr für 1,61 Fahrzeugkäufe verantwortlich ist.[15]

Wenn ein Auto 25 000 Dollar kostet und man zehn Prozent für Ersatzteile und Service hinzuaddiert, bezahlt jeder neue Kunde etwa 27 500 Dollar. Multipliziert mit 1,61 ergibt, dass unsere hypothetische Person für einen jährlichen Umsatz in Höhe von 44 275 Dollar oder für 885 500 Dollar in einem Zeitraum von 20 Jahren verantwortlich ist – nicht gerechnet seine eigenen Autokäufe. (Das setzt natürlich voraus, dass Sie die hohe Meinung dieses Hubs über Sie und Ihr Produkt 20 Jahre lang aufrechterhalten können.) Beachten Sie, dass wir den lebenslangen Umsatz dieser zusätzlichen Kunden, die über diesen einen Kauf hinaus dem Händler treu bleiben könnten, nicht berücksichtigt haben. Wir beziehen auch keine anderen Kunden ein, die von jenen beeinflusst werden könnten. Auch wenn dies nur ein hypothetisches Beispiel ist, zeigt es doch, warum Marketer eine Menge zu gewinnen haben, wenn sie Network-Hubs pflegen.

## Die Geschichte der Network-Hubs

Die Erkenntnis, dass die Gesellschaft von Meinungsführern durchsetzt ist, die benutzt werden können, um Ideen zu verbreiten, ist alt. Gabriel Weimann verfolgt in seinem Buch *The Influentials: People Who Influence People* die Geschichte dieses Konzepts den gesamten Weg zurück bis zur Bibel. Als Moses sich bei Gott beklagte, er könne das Volk Israel nicht mehr kontrollieren, befahl Gott ihm, »siebzig Männer aus den Ältesten Israels« zu versammeln und sie dazu einzusetzen, zum Volk zu sprechen.[16]

Der französische Soziologe Gabriel Tarde, ein Pionier auf dem Gebiet der Verbreitung von Innovationen, erkannte 1890, das »jede wilde Viehherde ihre Führer hat, ihre einflussreichen Köpfe«[17]. Aber erst in den letzten 60 Jahren haben Forscher begonnen, das Thema empirisch zu untersuchen. Wie so viele andere Entdeckungen begann alles zufällig. Massenmedien waren 1940 ein neues und aufregendes Phänomen, das für äußerst einflussreich gehalten wurde, weil es jede Person in der Gesellschaft direkt erreichte. Paul Lazarsfeld vom Bureau of Applied Social Research und seine Mitarbeiter an der Columbia-Universität führten eine Untersuchung durch, um den Einfluss der Massenmedien während der Präsidentschaftswahl von 1940 zu messen. Sie waren darauf gefasst aufzuzeigen, wie machtvoll Massenmedien in der Beeinflussung der Meinung von Leuten sind. Aber was sie herausfanden, überraschte sie. Als sie die Leute, die während der Präsidentschaftskampagne ihre Meinung geändert hatten, fragten, was zu ihrer Entscheidung beigetragen hätte, lautete die Antwort oft: *andere Leute*. Lazarsfeld und seine Kollegen sahen sich diese »anderen Leute« näher an, und in ihrem Buch *The People's Choice* von 1944 bezeichneten sie diese als »Opinion Leaders« – Meinungsführer.

Direkt nach dem Zweiten Weltkrieg beschlossen Lazarsfeld und Katz, dieses Thema genauer zu untersuchen. Sie suchten nach einer typisch amerikanischen Stadt und wählten Decatur in Illinois aus. Sie interviewten etwa 800 Frauen in der Stadt über Mode, öffentliche Angelegenheiten, Kino und Verbrauchsgüter. Jede der Frauen wurde zweimal befragt, mit einer zweimonatigen Pause zwischen den Interviews. Wenn eine Frau beim zweiten Interview eine andere Meinung in Bezug auf eines der Produkte oder eine der Dienstleistungen äußerte, wurden ihr mehrere Fragen darüber gestellt, warum sie ihre Meinung geändert und mit wem sie gesprochen hatte. Nicht bei jedem Meinungswechsel war eine andere Person einbezogen, aber bei vielen. Als Ergebnis der Studie konnten die Forscher Personen identifizieren, die einflussreicher waren als andere, und einige ihrer Merkmale beschreiben. Ein Ergebnis war, dass jede Meinungsführerin ihre Spezialität hatte: Bei einer war es Mode, eine andere war Expertin für Filme, und eine dritte wurde von allen bei öffentlichen Angelegenheiten um Rat gefragt.

Das Pharmaunternehmen Pfizer interessierte sich für den Gegenstand und stellte ein Budget in Höhe von 40 000 Dollar für eine Studie zur Verfügung (1955 ein erheblicher Betrag). Es stand gerade vor der Einführung einer neuen Art eines Antibiotikums, Tetracycline, und sah eine gute Gelegenheit zu verfolgen, wie sich sein Gebrauch ausbreitete. Das Unternehmen engagierte Katz und zwei seiner Kollegen, Herbert Menzel und James S. Coleman, um anderthalb Jahre lang den Informationsfluss zwischen Ärzten in vier Städten des Mittleren Westens der USA zu verfolgen. Katz und seine Kollegen fragten jeden Arzt in den vier Städten nach den Namen von Kollegen, mit denen er über medizinische Fragen redete. Daraufhin konnten sie ein Diagramm der Verbindungen zeichnen, die jeder Arzt mit seinen Kollegen hatte; mehrere Ärzte stellten sich als Network-Hubs heraus und erwiesen sich als einflussreich im Diffusionsprozess.[18]

Diese frühen Studien führten zu einem auch in den sechziger und siebziger Jahren anhaltenden Interesse am Problem der Meinungsführerschaft. Weitere Untersuchungen versuchten Wege zu finden, Meinungsführer zu identifizieren und zu klassifizieren. Trotzdem haben solche Studien das erzeugt, was man als Ablehnung der Bedeutung der Mundpropaganda ansehen könnte. Bis heute »wollen Leute unbedingt zeigen, dass wir Unrecht haben«, sagt Elihu Katz.[19] Dafür gibt es mehrere mögliche Erklärungen. Erstens stellt Mundpropaganda ein schwer greifbares Phänomen dar. Wenn man Werbung kauft, kann man sie in der Zeitung sehen. Es ist schwieriger, Buzz zu sehen und zu messen, der sich von einem Network-Hub zum anderen verbreitet. Der zweite Grund ist, dass das Konzept einem schön linearen Muster widerspricht – der Vorstellung, dass Marketer durch den Kauf von Werbung Botschaften direkt an eine aufnehmende Öffentlichkeit schicken können. Für einige Marketer ist es schwierig zu akzeptieren, dass Informationen sich auf nichtlinearen Wegen verbreiten, die sie nicht immer kontrollieren können. Vor allem entstammt vieles von dem, was man als Ablehnung ansehen könnte, dem Wunsch der Leute, ein äußerst komplexes Phänomen besser zu verstehen.

Mess- und Stichprobenverfahren sowie neue Recheninstrumente werden entwickelt, die helfen, Network-Hubs genauer zu identifizieren. Demzufolge ist es jetzt möglich zu analysieren, was in einer kleinen Gruppe abläuft. Die Analyse der Dynamik in großen sozialen Strukturen, die näher an der realen Welt sind, beginnt jedoch erst.

# 5
# Die Welt ist klein. Na und?

»Ich las irgendwo, dass alle auf diesem Planeten nur durch sechs andere Leute voneinander getrennt sind.«
Aus *Six Degrees of Separation* von John Guare

Manche sagen, wir alle seien durch eine Kette von nicht mehr als sechs gemeinsamen Bekannten voneinander getrennt. Ich könnte zum Beispiel entdecken, dass Ihr Arzt in die gleiche Schule ging wie jemand, der mit einem Kollegen meines Zahnarztes bei einem Forschungsvorhaben zusammenarbeitete. Oder es könnte sein, dass ein Vetter meines Nachbarn auf der gleichen Etage arbeitet wie ein guter Freund Ihres Lehrers der siebten Klasse. Wenn wir miteinander reden würden, könnten wir vermutlich genau herausfinden, wie wir miteinander verbunden sind. Aber was bedeutet das Konzept der »sechs Schritte der Trennung« – unter Sozialwissenschaftlern besser als »Kleine-Welt-Phänomen« bekannt – für Marketer? In sozialen Netzwerken sind zehn Prinzipien am Werk, die Buzz beeinflussen. In diesem Kapitel stelle ich diese Prinzipien oder Regeln dar.

## Prinzip Nr. 1: Die Netzwerke sind unsichtbar

Genauso wie wir nicht sagen können, dass die Erde rund ist, wenn wir auf ihrer Oberfläche herumgehen, haben wir auch nicht die richtige Perspektive, um die riesigen sozialen Netzwerke zu erkennen, von denen wir ein Teil sind. Wir kennen unsere Freunde und wissen vielleicht von deren Freunden, aber hier etwa endet unser »gesellschaftlicher Horizont«. Die Netzwerke sind einfach zu komplex, als dass wir sie im Auge behalten könnten. Selbst in einem kleinen Netzwerk aus nur 100 Personen bestehen 4950 mögliche Verbindungen zwischen ihnen. In einem Netzwerk aus 1000 Personen gibt es fast eine halbe Million möglicher Verbindungen! Als wäre dies nicht schon genug, verändern sich die Netzwerke andauernd. Die Menschen in unserer Gesellschaft schließen ständig neue Freundschaften, wechseln den Arbeitsplatz, ziehen um – alles Faktoren, die zum Fließenden und zur Unsichtbarkeit der Netzwerke beitragen.[1] Selbst in einem geschlossenen Umfeld sehen wir die Netzwerke anscheinend nicht sehr deutlich. Studien über informelle Netzwerke am Arbeitsplatz zeigen, dass es Managern schwer fällt, diese zu beschreiben. »Auch wenn sie in der Lage sein mögen, die sozialen Verbindungen der fünf oder sechs Personen, die ihnen am nächsten sind, aufzuzeichnen, sind ihre Annahmen über Beschäftigte außerhalb ihres unmittelbaren Kreises gewöhnlich falsch«, konstatieren David Krackhardt und Jeffrey Hanson, Autoren einer Studie über das Funktionieren informeller Netzwerke am Arbeitsplatz. Das gilt auch für Online-Communities, wie Stacy Horn in ihrem Buch *Cyberville* zeigt. Einige Mitglieder von Echo, der von Horn gegründeten Online-Community, beschwerten sich bei ihr über eine Clique, die sie innerhalb Echos identifiziert hatten. Horn bat sie, Mitglieder dieser Gruppe zu benennen. Die Antworten waren erstaunlich. Die Beschwerdeführer wiesen auf Mitglieder hin, die kaum miteinander kommunizierten. »Sie nahmen Freundschaft zwischen Personen an, die sich entweder gleichgültig waren oder sich geradezu ablehnten.«[2]

## Implikationen

Die Implikationen dieses Prinzips für Kunden sind, dass ihre Privatheit geschützt ist, weil unsere sozialen Bindungen für die Welt nicht so einfach sichtbar sind. Das bedeutet auch, dass sich Marketer im Dunkeln befinden. Wenn schon Mitglieder sozialer Netzwerke ihre eigenen Verbindungen untereinander nicht erkennen können, dann sind sie Außenstehenden noch mehr verborgen. Die gute Nachricht ist, dass Marketingaktivitäten in den Netzwerken ebenfalls unsichtbar sein können, was Unternehmen helfen kann, direkt unter den Augen der Konkurrenz Marktanteile zu gewinnen. Zum Beispiel trugen sich Hunderttausende von Kunden bei Hotmail ein, bevor irgendwer in der Hightech-Industrie von diesem neuen Unternehmen Notiz nahm. Aktivitäten an der Basis und der Buzz, den sie erzeugen, sind viel schwerer zu entdecken als normale Werbung oder Publicity. Es kann Monate dauern, bis die Medien den Buzz wahrnehmen.

## Prinzip Nr. 2: Menschen verbinden sich mit denen, die ihnen ähnlich sind

Sehen wir uns eine Familie an, die am Sonntagnachmittag einen Spaziergang macht: Mama, Papa, ein Junge im Teenageralter, ein junges Mädchen und ein Hund. Vom anderen Ende der Straße nähert sich eine andere Familie – Mama, Papa, ein Junge im Teenageralter, ein junges Mädchen und ein Hund. Sie winken. Offensichtlich kennen sich beide Familien. Was passiert Ihrer Meinung nach, wenn sie sich treffen? Höchstwahrscheinlich werden die Erwachsenen miteinander reden, der Junge wird mit dem anderen Jungen sprechen, und auch die Mädchen werden sich unterhalten. Sogar die beiden Hunde werden sich beschnüffeln, bevor sie etwas anderes tun.

Es liegt in der menschlichen Natur, mit Personen Kontakt aufzunehmen, die einem ähnlich sind. Wissenschaftler reden gerne mit anderen Wissenschaftlern. Reiche Leute suchen die Gesellschaft anderer wohlhabender Personen. Wenn Sie Fan von Mountainbikes sind, werden Sie sich wahrscheinlich mit anderen Fans treffen. Diese Neigung der Menschen, jene, die ihnen ähnlich sind, zu mögen und sich mit ihnen zusammenzutun, wird »Homophilie« genannt und ist eines der fundamentalen Prinzipien der unsichtbaren Netzwerke.

Dieses Prinzip, so unschuldig es klingen mag, ist der Hauptfaktor, der die Ausbreitung von Buzz begrenzen kann. Als PowerBar eingeführt wurde, verbreitete sich dieser Hochenergie-Snack rasch unter Läufern, Radfahrern und Schwimmern. Mitgründerin Jennifer Biddulph kennt als Triathletin viele dieser Sportler. Mitgründer Brian Maxwell, ein Marathonläufer von Weltrang, kennt andere führende Athleten. »Wir sprachen mit vielen ernsthaften Sportlern, die unsere Freunde waren, und gaben ihnen Muster von den Riegeln, an denen wir in unserer Küche herumprobiert hatten«, erinnert er sich. Aber jede Sportart hat ihre eigenen sozialen Netzwerke, und obwohl manche Leute dazu einsetzbar sind, verschiedene Sportarten miteinander zu verbinden, kann ein Unternehmen sich nicht allein auf sie verlassen. Schwimmer reden mit Schwimmern, Golfspieler mit Golfspielern und Windsurfer mit Windsurfern. Maxwell erkannte, dass Buzz über PowerBar sich zum Beispiel nicht leicht von Läufern zu Golfspielern verbreitete. »Wir mussten jeden Bereich separat beackern«, erzählt er.

Als sie PowerBar an Tennisspieler verkaufen wollten, engagierten sie eine Tennisspielerin. »Sie war zwar keine Verkäuferin, aber sie verstand etwas von Tennis«, erinnert sich Maxwell. Sie gaben ihr eine bestimmte Anzahl von Riegeln und ein Budget und schickten sie los, an ihr Netzwerk zu verkaufen. Sie sandte Riegel an ihr bekannte Tennisspieler, rief Turnierveranstalter an, platzierte Riegel in Tennisgeschäften und so weiter.[3]

Maxwells intuitive Strategie wird von der Forschung bestätigt. Eine Studie stellte zum Beispiel fest, dass Versicherungsvertreter eher Geschäfte abschlossen, wenn sie dem Kunden in Alter, Ausbildung und Einkommen ähnlich waren. Dieser Zusammenhang ließ sich auch für die Kategorien politische Einstellung und Religionszugehörigkeit und selbst für körperliche Merkmale wie Größe nachweisen. Eine andere Studie, die in einem Musikgeschäft durchgeführt wurde, bestätigt das. Wenn ein Kunde mit Musikkassetten an die Kasse kam, machte die Verkäuferin Bemerkungen über ihre Erfahrungen mit diesen Kassetten. In der Hälfte der Fälle sagte sie dem Kunden, sie würde solche Art Musik nicht hören. In der anderen Hälfte erzählte sie dem Kunden, sie besäße die gleichen Kassetten und würde sie häufig hören. Dann fragte sie den Kunden, ob er eine Reinigungskassette für sein Kassettendeck kaufen wolle. Von den 60 Kunden, denen gesagt wurde, die Verkäuferin höre andere Musik, kauften nur 20 eine Reinigungskassette. Von den 60, denen gesagt wurde, sie höre die gleiche Art Musik, kauften 33 die Reinigungskassette.[4]

## *Implikationen*

Das Homophilie-Prinzip hat zwei grundlegende Implikationen. Die erste ist, dass einander ähnliche Personen zur Clusterbildung neigen (siehe Prinzip Nr. 3). Die zweite ist, dass mit zunehmender Ähnlichkeit zwischen Ihren Mitarbeitern und Ihren Kunden die Kommunikation zwischen ihnen leichter wird. Nintendo nutzte diesen Zusammenhang, als das Unternehmen Videospielfans als »Spieleberater« engagierte. Diese Berater, normalerweise nur ein paar Jahre älter als die Kinder, die sie berieten, waren die Richtigen, um das Feedback der Kinder zu verstehen und Begeisterung für neue Spiele zu wecken. Das Homophilie-Prinzip schlägt sich auch in der Art von Leuten nieder, die sich bei einem Unternehmen bewerben. »Sie werden feststellen, dass in einem Laufschuh-Unternehmen viele Leute das sind, was wir Laufsüchtige nennen, die gerne zehn Kilometer laufen und mit Läufern zusammen sind«, meint Helen Rockey, eine ehemalige Führungskraft bei Nike und Brooks.[5]

## Prinzip Nr. 3: Personen, die einander ähnlich sind, bilden Cluster

Warum fahren Hell's Angels in Rudeln? Warum spielen Mädchen des zweiten Schuljahrs miteinander? Weil Menschen dazu neigen, mit anderen zu verkehren, die ihnen ähnlich sind. Das Ergebnis sind Cluster – Gruppen von Personen, die in einigen Aspekten Ähnlichkeiten aufweisen und folglich häufig miteinander kommunizieren. Millionen einzigartiger Cluster bilden sich auf der Grundlage von Faktoren wie Alter, Geschlecht, Ausbildung, Beruf, gesellschaftliche Schicht, Interessengebiet, Geografie und ethnische Herkunft.[6]

Cluster und Cliquen sind in der Tat so verbreitet, dass wir überrascht sind, wenn wir sie nicht sehen. Eine Studie über soziale Netzwerke in einem Gefängnis zum Beispiel stellte fest, dass diese sich immer gemäß der Rasse, geografischen Herkunft und Art des Delikts, das die Insassen begangen hatten, bildeten. Russ Bernard, einer der Forscher, sagt: »In den Hunderten von Gruppen, die wir untersucht haben, waren die Cliquen immer nachvollziehbar.« Sie stießen auf eine Ausnahme: drei Männer, die ein enges Netzwerk bildeten, obwohl sie anscheinend nichts gemeinsam hatten. Während die Forscher und das Gefängnispersonal über diesen Spezialfall nachdachten, flüchteten die drei Gefangenen zusammen. Übereinstimmende Ziele können also ebenfalls Leute aneinander binden.[7]

Cluster können Produkte gemeinsam übernehmen. Im Restaurant Buck's in Woodside, Kalifornien, einem der Frühstücksorte im Silicon Valley, kann man auf fast jedem Tisch Palm-Kleinrechner sehen. Eines Morgens im Dezember 1998 kam CNN zu Buck's, um einen Film über den Palm zu drehen. Als ein Reporter jeden, der das Gerät besaß, darum bat, die Hand (oder den Palm) zu heben, konnte man die Macht der Clusterbildung sehen. »Überall waren PalmPilots«, erinnert sich Steve Jurvetson, ein Risikokapitalgeber, der Zeuge der Szene war.

»Als sie fragten ›Wie viele von Ihnen haben Windows-CE-Geräte?‹, erhob sich eine einzige Hand.« (Palm-Geräte benutzen das Windows-CE-Betriebssystem nicht.)[8]

Solche Cluster kann man überall finden. Bei der Vermarktung von EndNote an den wissenschaftlichen Markt stieß unser Unternehmen oft auf Universitätsabteilungen, die als »Alles Macintosh« oder »Alles PC« definiert waren. Softwarenutzung folgte dem gleichen Muster: Man konnte ein Cluster von WordPerfect-Nutzern in einem Gebäude einer Universität finden und ein Cluster von Microsoft-Word-Nutzern in einem anderen. Everett Rogers und Lawrence Kincaid beobachteten das gleiche Phänomen, als sie die Annahme von Familienplanungsmethoden in Korea untersuchten. Die koreanische Regierung förderte drei Arten der Familienplanung: die Antibabypille, Vasektomie und Intrauterinpessare (IUP). Bei der Untersuchung von 25 Dörfern stellten Rogers und Kincaid fest, dass ganze Dörfer dazu tendierten, eine bestimmte Methode zu übernehmen. Die Forscher bezeichneten daher einige Dörfer als »Pillen-Dörfer«, andere als »IUP-Dörfer« und eines als »das Vasektomie-Dorf«. Die Erklärung dieser Cluster war einfach: Nachdem eine Frau, die ein lokales Network-Hub war, eine Methode gewählt hatte, begann sie überall von den Vorteilen zu erzählen und beeinflusste dadurch die übrigen Dorfbewohnerinnen.[9]

## *Implikationen*

Die gute Nachricht für Unternehmen ist, dass Konkurrenten, wenn Ihr Produkt zum Standard in einem Cluster geworden ist, es sehr schwer haben, Sie aus dieser Position zu verdrängen. Ein Verstärkungseffekt tritt dann ein, wenn Netzwerkmitglieder sich gegenseitig von dem Produkt erzählen und Ihr Unternehmen zu Mitgliedern des Netzwerks eine Beziehung herstellt. Natürlich ist es eine schlechte Nachricht, wenn es das Produkt Ihres Konkurrenten ist, das übernommen wurde.

Eine andere Implikation dieses Prinzips ist, dass manchmal ein Produkt so eng mit einem bestimmten Cluster in Verbindung gebracht wird, dass Leute in anderen Clustern es nur zögernd übernehmen. Anfang der siebziger Jahre wurden in den USA Birkenstock-Sandalen in Clustern alternativen Lebensstils getragen, sodass dies quasi zu einer politischen Äußerung wurde. Das Unternehmen brauchte Jahre, um Durchschnittskunden davon zu überzeugen, die Sandalen und Schuhe zu tragen.

## Prinzip Nr. 4: Buzz verbreitet sich durch gemeinsame Knoten

Wir gehören zu mehr als einem Cluster oder einer Clique, und das ist eine Art, in der sich Buzz ausbreitet. Zum Verständnis dieser Idee müssen wir das Konzept der »kleinen Welt« oder der »sechs Schritte der Trennung« untersuchen, die Theorie, dass zwei beliebige Personen durch nicht mehr als sechs andere Personen miteinander verbunden sind. Man sollte sich hier nicht auf die Zahl sechs versteifen. Worauf es ankommt, ist, dass Experimente gezeigt haben, dass jede Person durch eine *begrenzte Anzahl* von Schritten erreicht werden kann. Der Hauptgrund dafür ist, dass niemand von uns genau die gleichen Leute kennt. Wir sind gewöhnlich durch ein Cluster mit unserer Familie verbunden, durch ein anderes mit den Arbeitskollegen und durch ein drittes mit unseren Freunden vom College. So bilden mehrere Cluster ein größeres Netzwerk und verbinden schließlich Personen, die zu verschiedenen Clustern gehören.

Der Sozialpsychologe Stanley Milgram war einer der ersten, der untersuchte, wie die Menschen miteinander in Verbindung stehen. Milgram bat Leute in Wichita (Kansas) und Omaha (Nebraska) einen Umschlag an eine Zielperson, die Frau eines Theologiestudenten in Cambridge (Massachusetts), weiterzugeben. Jeder Teilnehmer an dem Experiment erhielt einen Umschlag und eine Kurzbeschreibung der Zielperson (wo sie wohnte, was sie tat und so weiter). Falls ein Teilnehmer sie persönlich kannte, durfte er ihr den Umschlag per Post schicken oder direkt übergeben. (Niemand tat es.) Andernfalls wurde der Teilnehmer gebeten, ihn an jemanden weiterzugeben, von dem er glaubte, er würde die Zielperson kennen oder den Umschlag näher zu ihr bringen können. Vier Tage nach Beginn des Experiments hielt jemand die Zielperson auf einer Straße in Cambridge an, übergab ihr einen Umschlag und sagte: »Alice, das ist für dich.« Dieser Umschlag kam von einem Farmer in Kansas, der ihn dem Geistlichen der Episkopalkirche seiner Heimatstadt gegeben hatte; dieser reichte ihn an

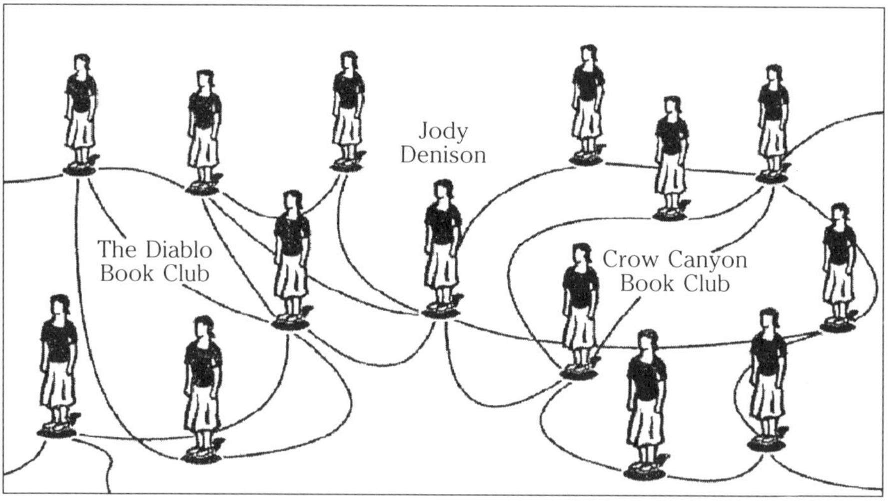


Wie Jody Denison Informationen über das Buch *Cold Mountain* zu verbreiten half.

einen Lehrer am Theologischen Seminar der Episkopalkirche in Cambridge weiter, der ihn schließlich Alice überbrachte. Die Mehrzahl der Umschläge in diesem und anderen Experimenten machte eine längere Reise. In einer Studie zum Beispiel, in der Leute gebeten wurden, einen Umschlag von Omaha (Nebraska) an jemanden in Sharon (Massachusetts) weiterzuleiten, waren im Durchschnitt fünf Zwischenpersonen notwendig, um den Umschlag der Zielperson zu übergeben.[10]

Um zu sehen, wie das Kleine-Welt-Phänomen bei der Verbreitung von Buzz hilft, schauen wir uns einen Ausschnitt eines solchen Netzwerks an. Bei der Verfolgung des Buzz über das Buch *Cold Mountain* (den ich im nächsten Kapitel behandeln werde) begegnete ich Jody Denison, die im Gebiet der San-Francisco-Bucht wohnt. Sie liebt Bücher und ist Mitglied zweier Buchklubs. Sie hörte von *Cold Mountain* durch Mitglieder des einen Klubs, dem Diablo Book Club, und erzählte ihren Freunden im anderen Klub, dem Crow Canyon Book Club, davon. Im Prinzip diente sie als Verbindungsglied zwischen beiden Clustern. »Ich weiß, dass die Informationen von dort an Töchter, Schwiegertöchter und Freunde weitergegeben wurden«, berichtet Jody.

Auch wenn es zutrifft, dass sich Buzz durch gemeinsame Bekannte verbreitet, haben Marketer über diesen Prozess nur eine sehr begrenzte Kontrolle. Nehmen wir an, zwischen Ihnen und mir bestehe folgende Verbindung: Ihr Arzt ging mit jemandem zur Schule, der bei einem Forschungsvorhaben mit einem Kollegen meines Zahnarztes zusammenarbeitete. Hätten Sie etwas über dieses Buch durch unsere gemeinsamen Bekannten erfahren? Ich bezweifle es. Wenn man zum ersten Mal von dem Konzept der sechs Schritte der Trennung hört, klingt es nicht gerade nach einer Trennung, aber es ist eine. »Wenn wir von fünf Mittelspersonen sprechen, reden wir von einer enormen psychologischen Distanz zwischen dem Start- und dem Zielpunkt«, schrieb Milgram 1967. »Wir sollten uns die fünf Punkte nicht als fünf Personen auseinander, sondern ›fünf Bekanntenkreise‹ auseinander, fünf ›Strukturen‹ auseinander vorstellen. Das verhilft zur richtigen Perspektive.«

## Prinzip Nr. 5:
## Informationen bleiben in Clustern stecken

Einmal versprach ich einer neuen EndNote-Kundin, ihr unsere Software kurz vorzuführen und bei der Installation auf ihrem Computer zu helfen. Am vereinbarten Tag kam ich in ihr Büro und installierte rasch die Software auf ihrem Mac. In der Universität, in der sie arbeitete, gab es bereits Hunderte von Nutzern unseres Programms, weshalb ich etwas überrascht war, als sie fragte, ob noch jemand dort EndNote benutze. Sie war ebenfalls überrascht, als sie erfuhr, es seien Hunderte. Das Rätsel löste sich, als wir uns weiter unterhielten. Sie war Chirurgin und hatte meist mit klinischer Arbeit zu tun und nicht mit Grundlagenforschung. Die Mehrzahl der Nutzer von EndNote an dieser Universität aber waren zu der Zeit promovierte Leute, die nur Grundlagenforschung betrieben. Zwischen beiden Gruppen bestand offenbar eine große Distanz.

Schaut man sich das Diagramm eines Netzwerks an, fallen einem zuerst die Verbindungen auf. Aber manchmal lernt man genauso viel, wenn man auf ihr Fehlen achtet. Nehmen wir zum Beispiel an, Sie

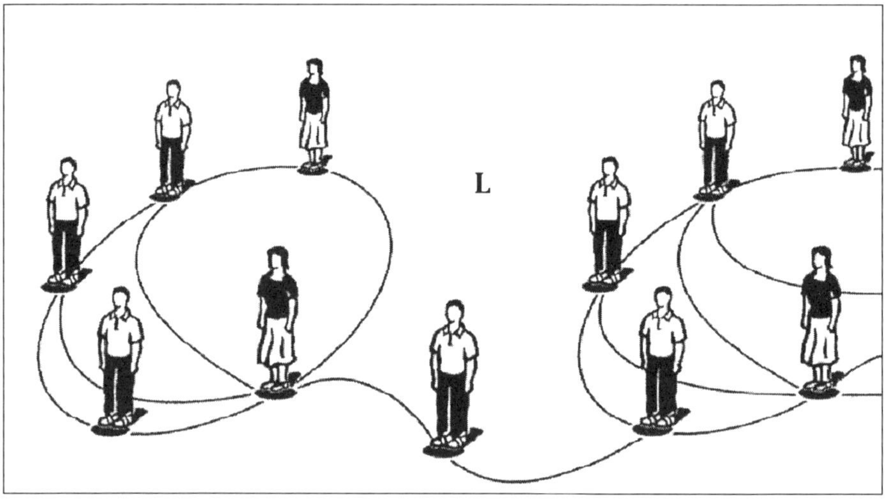


Obwohl miteinander verbunden, sind diese Personen in zwei Clustern organisiert, die durch ein »strukturelles Loch« (L) voneinander getrennt sind.

müssten alle Personen in der obigen Abbildung über Ihr Produkt informieren. Obwohl alle irgendwie miteinander verbunden sind, gibt es zwei separate Cluster, die durch den leeren Raum um den Buchstaben ›L‹ (für »Loch«) getrennt sind. Ronald Burt von der Universität Chicago bezeichnet diese Lücke als »strukturelles Loch« – als »Trennung zwischen nicht sehr zahlreichen Kontakten«. Es ist wichtig zu erkennen, dass oft auf beiden Seiten eines strukturellen Lochs verschiedene Informationen zirkulieren. Die Chirurgin, mit der ich über EndNote redete, wusste sicher von den Doktoren an ihrem Institut und hat vielleicht gelegentlich mit ihnen zu tun gehabt. Den größten Teil ihrer täglichen Kontakte hatte sie jedoch zu anderen Chirurgen.[11]

## *Implikationen*

Es ist wichtig, die Lücken zwischen verschiedenen Clustern zu erkennen und Möglichkeiten zu finden, Leute auf beiden Seiten struktureller Löcher über Ihr Produkt zu informieren. In der Realität wird diese schöne Theorie natürlich dadurch kompliziert, dass niemand über eine Zeichnung dieser sozialen Netzwerke verfügt. Alles, was man sieht, sind Personen. Dennoch können der Versuch, diese Lücken zu identifizieren, und allein das Wissen, dass sie existieren, sehr wertvoll sein.[12]

## Prinzip Nr. 6: Network-Hubs und »Verbindungspersonen« erzeugen »Abkürzungen«

Stellen Sie sich eine Frau vor, die eine Urlaubsreise von Kalifornien nach Deutschland macht. Sie ist in einem Kurort und nimmt Yoga-Unterricht. Eines Morgens fragt sie ihre Yoga-Lehrerin nach einer bestimmten Marke skandinavischer Holzsandalen, die ihrer Meinung nach gut für ihre Füße wären. Die Yoga-Lehrerin erzählt ihr von einer anderen Art Sandalen, mit einer Korksohle anstatt einer aus Holz. Die Frau findet die Sandalen, kauft sie und stellt fest, dass sie genau das sind, was sie gesucht hat. Nach ihrer Rückkehr nach Amerika erzählt sie anderen von den Vorzügen dieser Sandalen.[13]

Obwohl niemand diese Verbindung geplant hatte, war diese Abkürzung ein bedeutendes Ereignis in der Geschichte des deutschen Herstellers der Birkenstock-Sandalen. Die Frau, die die Reise nach Deutschland machte, ist Margot Fraser. Sie wurde nicht nur eine zufriedene Kundin, sondern auch die Alleinvertriebsberechtigte des Unternehmens für die Vereinigten Staaten, mit einem geschätzten Umsatz von 50 Millionen Dollar. Margot Frasers Verbindung zu dieser Yoga-Lehrerin ist ein Beispiel für eine spontane Abkürzung, die zwei Cluster miteinander verknüpfte und die Verbreitung eines Produkts beschleunigte.

Abkürzungen, die Cluster miteinander in Beziehung setzen, könnten laut Duncan J. Watts und Steven H. Strogatz, die zur Analyse dieses Geschehens Computersimulationen benutzt haben, das Kleine-Welt-Phänomen erklären. »Die große Überraschung ist, dass nur sehr wenige Abkürzungen zwischen Knoten und Clustern nötig sind, um eine große in eine kleine Welt zu verwandeln«, erzählte Watts der *New York Times*. Nur eine Person war notwendig, um zwei Cluster in Deutschland und Kalifornien zu verbinden und die Verbreitung von Birkenstock-Schuhen dramatisch zu beschleunigen. Ohne diese Art Abkürzungen würden die Netzwerke Informationen bedeutend langsamer weitergeben.[14]

Die Verbindung zwischen Margot Fraser und ihrer deutschen Yoga-Lehrerin beschleunigte die Adoptionsrate der Birkenstock-Sandalen in den USA.

Margot Fraser diente als »Verbindungsperson«, die eine Abkürzung zwischen Clustern herstellte. Verbindungspersonen haben nicht unbedingt direkten Kontakt zu zahlreichen Personen. Was sie von Network-Hubs unterscheidet, ist, dass sie zwei oder mehr Cluster miteinander verbinden können. Margot Fraser stammt aus Deutschland, daher war sie sehr gut geeignet, um in diesem Fall als Verbindungsperson zu dienen – sie spricht beide Sprachen und ist mit beiden Kulturen vertraut. Verbindungspersonen wie Fraser, die Welten überbrücken, sind in der besten Position, Abkürzungen herbeizuführen.

Ein anderes Beispiel für Personen, die dazu neigen, Abkürzungen zu erzeugen, sind Risikokapitalgeber. Zur Verbreitung von Informationen über ein Produkt an neu gegründete Unternehmen in Silicon Valley sollte man versuchen, die Beachtung lokaler Risikokapitalgeber zu finden. Sie arbeiten mit zahlreichen Start-ups zusammen und dienen als Kommunikationskanal zwischen diesen. Eine Botschaft, die sie für wertvoll halten, wird rasch den Weg zu ihren Kontakten finden.[15]

### *Implikationen*

Die erste Implikation dieses Prinzips ist, dass Unternehmen bewusst Abkürzungen herbeiführen können, indem sie Mitarbeiter mit Personen in weit entfernten Netzwerken verbinden. Dadurch beschleunigen sie den natürlichen Diffusionsprozess. Diese Idee werde ich in Kapitel 8 ausführlicher behandeln. Die andere Implikation ist, dass Unternehmen Personen identifizieren können, die das größte Potenzial besitzen, Abkürzungen herzustellen. Die Autoindustrie zum Beispiel ist sich seit Jahren der Bedeutung von Steuerberatern, Immobilienmaklern und Anwälten für die Verbreitung von Informationen über ihre Autos bewusst. Diese Personen dienen aufgrund ihrer Arbeit oft als Bindeglied zwischen Cliquen und Clustern in der lokalen Gemeinschaft.

## Prinzip Nr. 7: Wir reden mit Personen in unserer Umgebung

Das Internet überschreitet zwar geografische Grenzen, aber das heißt nicht, dass diese keine Rolle mehr spielen. Selbst im neuen Zeitalter der Chatrooms und Newsgroups ist physische Nähe immer noch der Hauptfaktor für die Verbreitung des Buzz.

Mein Assistent Haim Zaltzmann bat Studenten, drei Personen zu benennen, mit denen sie über die Sängerin Lauryn Hill diskutiert hatten. Der größte Teil der Kommunikation fand mit Personen in unmittelbarer Nähe statt, aber relativ wenig mit Personen außerhalb des Campus, obwohl alle Studenten E-Mail-Adressen und Zugang zu einem Telefon hatten.

Barry Wellman und David B. Tindall von der Universität Toronto berichteten, dass die Bewohner der Stadt größtenteils Beziehungen zu Personen in oder in der Nähe des Großraums Toronto pflegten, obwohl sie auch Verbindungen zu Leuten in anderen Ländern hatten. Thomas J. Allen vom Massachusetts Institute of Technology (MIT), der die Kommunikation zwischen Beschäftigten in sieben F&E-Labors untersuchte, maß die Fußwege zwischen jedem der Techniker in diesen Labors und bat sie, mehrere Monate lang aufzuschreiben, mit wem sie kommunizierten. Die Ergebnisse zeigten, dass mit zunehmender Nähe die Leute mit größerer Wahrscheinlichkeit miteinander redeten. Obwohl diese beiden Studien vor der Internetära durchgeführt wurden, wäre ich sehr überrascht, wenn sich dieser fundamentale Aspekt menschlichen Verhaltens geändert haben sollte. Es ist einfach so bequem und natürlich, mit denen am meisten zu reden, die sich in unserer Umgebung befinden.[16]

Wenn Sie darüber nachdenken, ist das vollkommen sinnvoll. Die meisten Leute sind mit Personen, die ihnen ähnlich sind, zusammen - perfekten Kandidaten für ein Gespräch. Außerdem ist es immer noch viel einfacher, zu reden, als eine E-Mail zu tippen. Und schließlich vollzieht sich ein großer Teil des Geredes über Produkte beiläufig. (Erinnern Sie sich daran, dass unser Reden teilweise durch den Pflegeinstinkt motiviert ist.) Auch wenn das Internet es den Leuten ermöglicht, mit jedem in der Welt Kontakt aufzunehmen – und viele tun es –, ist die physische Nähe immer noch ein ausgezeichneter Prädiktor jener Personen, an die man Informationen weitergibt.

### *Implikationen*

Genauso wie trotz Jahrzehnten nationalen Fernsehempfangs in den USA weiterhin regionale Dialekte existieren, bleiben lokale und regionale Einflüsse trotz Internet von Bedeutung. Da die Leute mit den Personen in ihrer Umgebung reden, ist es für die Vermarktung eines Produkts oder einer Dienstleistung wichtig, in jeder Region präsent zu sein. Daher konzentrierte sich das traditionelle Marketing auf Postleitzahlengebiete und Database-Marketing, und physische Verkaufsstellen sind für die Verbreitung von Informationen weiterhin von Bedeutung. Die Netzwerke werden von der sozialen Schwerkraft immer noch (und ich glaube, auch in Zukunft) vom Boden um uns herum angezogen.[17]

## Prinzip Nr. 8: Schwache Verbindungen sind überraschend stark

Ende der sechziger Jahre interessierte sich Mark Granovetter, ein Harvard-Absolvent, dafür, wie die Leute von ihrem Job erfahren, und führte dazu eine Pilotstudie durch. Eine Frage, die Granovetter erforschen wollte, war, wie die Netzwerke nahe stehender Personen den Leuten bei der Arbeitsplatzsuche halfen. Er bat die Befragten, die fünf Personen zu benennen, mit denen sie die meiste Zeit verbrachten, und ein Diagramm zu zeichen, wie diese miteinander verbunden waren. Es gehörte zum gesicherten Wissen, dass die meisten Leute von anderen Personen und nicht aus Anzeigen von ihrer Stelle erfahren. Daher bat Granovetter die Befragten, jene Person zu bezeichnen, die sie an ihren letzten Arbeitsplatz empfohlen hatte. Zu seiner Überraschung war diese Person nie in dem Diagramm enger Freunde vertreten. Wenn er sie aufforderte, ihm von dem Freund zu erzählen, der sie an den Job verwiesen hatte, korrigierten sie ihn oft und sagten: »Kein Freund, ein Bekannter.«[18]

Granovetter war fasziniert. Diese Pilotstudie veranlasste ihn, 282 Akademiker, Techniker und Führungskräfte in der Bostoner Vorstadt Newton zu befragen. Er stellte fest, dass die meisten Leute – 56 Prozent – ihren Arbeitsplatz durch persönlichen Kontakt gefunden hatten, und wie in der ersten Studie war dieser Kontakt normalerweise kein enger Freund. Nur 17 Prozent von denen, die auf ihren Job durch Beziehungen gestoßen waren, hatten davon durch enge Freunde oder Familienmitglieder erfahren. Die Mehrheit wurde durch Leute außerhalb ihres unmittelbaren Netzwerks informiert – von Personen, die sie gelegentlich oder selten trafen, wie ehemalige Arbeits- oder Studienkollegen.

Dieses Phänomen, das Granovetter »die Stärke schwacher Verbindungen« nannte, reicht weit über den Arbeitsmarkt hinaus. Ihre engsten Freunde, die sich in den gleichen Gesellschaftskreisen bewegen wie Sie, sind wahrscheinlich den gleichen Informationsquellen ausgesetzt wie Sie. Sie versorgen Sie daher normalerweise kaum mit Neuigkeiten. Andererseits hören Leute außerhalb dieser Gruppe wahrscheinlich Dinge, von denen Sie nichts erfahren. Auf diese Weise sind schwache Verbindungen zu entfernten Bekannten höchst geeignet, neue Informationen zu übermitteln.

Als Elon und Kimbal Musk für ihr neues Unternehmen Kapital aufzutreiben versuchten, redeten sie mit anderen jungen Unternehmern in Silicon Valley und auch mit Risikokapitalgebern. Diese Unterredungen, stellten sie fest, führten gewöhnlich zu nichts. »Wir hatten eine gute Geschichte, ein gutes Produkt, ein gutes Team. Alles war bereit, aber wir konnten sie nicht dazu bringen, uns zuzuhören. Also sagten wir uns, wir machen's selbst, und versuchten Leute in der Community zu finden, die uns Geld gaben.« Sie redeten mit jedem, der zuhören wollte, und verließen die sich anbietenden Netzwerke von Unternehmern und Computerfans.

Es war die Vermieterin der Gründer, die sie schließlich mit einem Investor in Kontakt brachte, der einen Teil des Startkapitals beisteuerte. Sie war die schwache Verbindung. Einige Monate später brachte einer der Verkäufer Elons und Kimbals die beiden mit Risikokapitalgebern zusammen, »die uns alle unbedingt Geld geben wollten«. Das Geschäft wurde innerhalb von zwei Wochen abgeschlossen und das Web-Unternehmen Zip2 war im Entstehen, mit einem Startkapital von mehreren Millionen Dollar für die Finanzierung der Entwicklungsmaßnahmen. »Manche von den Leuten, von denen man glaubt, sie könnten einem nicht helfen, kennen Leute, die einem auf eine Weise helfen können, wie man es nicht für möglich hält«, meint Kimbal Musk.[19]

### *Implikationen*

Da Leute mit ihnen ähnlichen Personen, die wahrscheinlich die gleichen Informationsquellen haben, Netzwerke bilden, sind Leute *außerhalb* dieser Netzwerke wichtig, um neue Informationen zu liefern. Die Implikation für Geschäftsleute ist klar: Hören Sie nicht nur auf Ihr enges Netzwerk – es wird Ihnen nur das wiederholen, was Sie bereits wissen. Diversifizieren Sie Ihre Verbindungen.[20]

## Prinzip Nr. 9: Das Internet nährt schwache Verbindungen

Es ist leicht, schwache Verbindungen im Internet aufrechtzuerhalten, oder zumindest leichter als per Telefon. Jemanden anzurufen ist etwas aufdringlich. Der Person eine freundliche E-Mail zu schicken ist ein einfacher Weg, ohne allzu große Verpflichtung in Kontakt zu bleiben. Man kann im Net auch rasch neue Verbindungen herstellen und diese dazu benutzen, Informationen zu sammeln. Barry Wellman und Milena Gulia von der Universität Toronto behaupten, es gebe »viele

Beweise für den Nutzen, neue Informationen von schwachen Verbindungen im Net zu erhalten«. Zahlreiche Leute in Newsgroups und Online-Foren unterhalten entweder schwache Verbindungen oder kennen sich überhaupt nicht. »Unsere schwachen Verbindungen werden sich mit dem Internet enorm ausbreiten«, sagt Valdis Krebs, ein Experte für soziale Netzwerke. »Ich kann Hunderte und Tausende dieser Verbindungen haben, weil ihre Aufrechterhaltung nicht viel Zeit und Energie benötigt.«[21]

Diese explosionsartige Ausbreitung schwacher Verbindungen sollte uns jedoch nicht zu der Schlussfolgerung verleiten, dass das Internet bald alle Bewohner des Planeten miteinander verbindet. Unser eigenes Betriebssystem, das Gehirn, kann nur eine bestimmte Anzahl Verbindungen auf einmal bewältigen. Wir können (und wollen wahrscheinlich auch nicht) Beziehungen zu einer unbegrenzten Anzahl von Personen unterhalten. Ein Beweis dafür ist, dass wir trotz der Tatsache, dass viele von uns unter Millionen anderer Menschen in Metropolen leben, »immer noch nur ungefähr so viele Leute kennen wie unsere Vorfahren, die die Ebenen des amerikanischen Mittelwestens oder die Savannen Ostafrikas durchwanderten«, wie es der Psychologe Robin Dunbar formuliert.[22]

Es ist schwierig zu bestimmen, wie viele Verbindungen jeder von uns bewältigen kann. Genauso schwierig ist es herauszufinden, wie viele wir tatsächlich unterhalten. Wissenschaftler haben drei Ebenen von Verbindungen definiert und quantifiziert: Auf der intimsten scheint ihre durchschnittliche Zahl elf bis zwölf zu sein. Diese Größe taucht beständig auf, wenn Leute um die Namen jener Personen gebeten werden, deren Tod sie schrecklich finden würden. Zu der nächsten Ebene zählen Personen, bei denen man sich wohl fühlt – Leute, »denen man sich ohne weiteres uneingeladen auf einen Drink anschließen würde, wenn man ihnen zufällig in einer Bar begegnet«, wie Dunbar es ausdrückt. Dunbar meint, dass »die Zahl 150 die größte Anzahl von Personen zu bezeichnen scheint, mit denen wir eine echte soziale Beziehung haben können«. Zur dritten Ebene gehören Bekannte, Leute, die man kennt, denen man aber nicht zu nahe steht. Deren Durchschnittszahl scheint zwischen 500 und 1500 zu liegen. Dabei gibt es Anzeichen für eine direkte Korrelation zwischen dem Einkommen und der Anzahl der Bekannten, die man hat.[23]

### *Implikationen*

Die Zunahme der schwachen Verbindungen im Internet kann erklären, warum sich Informationen heute viel schneller verbreiten. Das Internet erzeugt Millionen von Abkürzungen mittels schwacher Verbindungen über Cluster hinweg. Es gibt viele Informationen, die keinen Telefonanruf an entfernte Freunde rechtfertigen, die man aber in einer E-Mail an mehrere Bekannte schicken würde.

Die Tatsache, dass die Anzahl der Verbindungen, die man unterhalten kann, begrenzt ist, bedeutet, dass es weiterhin Cluster geben wird. Weil wir nur eine bestimmte Anzahl von Verbindungen bewältigen können und wir lieber welche mit Personen unterhalten, die uns ähnlich sind, werden wir uns weiterhin um Leute gruppieren, die so sind wie wir.

## Prinzip Nr. 10: Netzwerke überspannen Märkte

Bill McGowan, Gründer von MCI sagte einmal: »Egal, welchen guten Service wir unseren nationalen Firmenkunden liefern, wenn ein Topmanager nach Hause geht, ist er auch nur ein gewöhnlicher Verbraucher. Wir können entweder einen Firmenkunden verlieren oder in diese Gefahr geraten, weil ein Privatkunde keine klare Verbindung zu seiner Mutter bekommt.« McGowan erkannte eine einfache Tatsache: Ein Topmanager, der MCI in seinem Unternehmen – dem betrieblichen Markt – benutzt, will auch zu Hause – dem Heimmarkt – einen guten Service. Die Leute gehören zu mehr als einem Markt und sind mit Personen verbunden, die Teil eines weiteren Marktes sind. Nehmen wir Joe als Beispiel, der bei CompUSA eine neue Software für seinen Heimcomputer kauft. Im Büro hat er noch einen PC, und seine Tochter Jane hat einen weiteren PC im College. Die Computerindustrie hat schon immer die Welt in drei verschiedene Märkte aufgeteilt: den Heimmarkt, den betrieblichen Markt und den Ausbildungsmarkt. Aber Joe spielt in allen drei Märkten eine Rolle – und er ist nicht der Einzige.[24]

Es ist wichtig, hier erneut eine Netzwerk-Sichtweise anzunehmen. Märkte werden oft durch Kategorien definiert. Marketer konzentrieren sich zum Beispiel auf Männer zwischen 21 und 26 Jahren als Zielgruppe. Aber sie müssen auch daran denken, dass diese Männer Verbindungen zu Frauen im Alter von 21 bis 26 haben sowie am Arbeitsplatz Verbindungen zu Männern und Frauen zwischen 21 und 65.

Wenn wir zu unserem Bild von den unsichtbaren Netzwerken zurückkehren, kann man diese als die Grundlage ansehen: Sie bestehen aus Personen, die miteinander verbunden sind. Stellen Sie sich eine Marktkategorie als ein Transparent vor, das über die Netzwerke gelegt wird. Auf dieser Folie machen Sie um die Personen einen Kreis, die sich im Markt für ein bestimmtes Produkt befinden.

### *Implikationen*

Sie wissen nie, wie Personen in einer Marktkategorie mit Personen in anderen Kategorien in Verbindung stehen. Botschaften, die Sie an eine Gruppe von Leuten richten, können leicht ihren Weg zu anderen Leuten finden. Folglich können Geschichten über Erfahrungen mit schlechtem Service in Ihrem »Niedrigpreis«-Segment zu Ihren »Hochpreis«-Kunden gelangen.

## Das Paradox des aktiven Netzwerks

Wie alle anderen Leute gehören Marketer zu bestimmten Clustern und sind räumlich oder geistig von anderen Clustern entfernt. Falls sie nicht bewusst über ihre eigenen gesellschaftlichen Horizonte hinausblicken, bleiben Netzwerke oft für sie unsichtbar. Wir neigen dazu, jenen Netzwerken Aufmerksamkeit zu schenken, in denen sich »gerade etwas tut«, das heißt den aktiven Clustern, in denen wir viele Produkte verkaufen, und diejenigen zu ignorieren, in denen unser Produkt nicht verbreitet ist. Vor allem erfolgreiche Manager werden häufig von Rückmeldungen aus den aktiven Netzwerken und Branchenkreisen überflutet. Das erzeugt bei ihnen die Illusion, alle Netzwerke seien abgedeckt, was an dem liegt, was ich das »Paradox des aktiven Netzwerks« nenne: Je erfolgreicher ein Unternehmen ist, desto wahrscheinlicher wird es von Nachrichten aus seinen bestehenden Netzwerken überflutet. Seine Manager können folglich die inaktiven Netzwerke nicht immer erkennen.

Zum Beispiel waren Anfang der achtziger Jahre Hersteller von Festplatten völlig damit beschäftigt, den Netzwerken von Großrechnerherstellern die Acht-Zoll-

Festplatten zu verkaufen. Sie übersahen neu entstehende Netzwerke von PC-Herstellern, die 5,25-Zoll-Laufwerke suchten. Das gleiche wiederholte sich ein paar Jahre später, als die Computerindustrie allmählich von 5,25-Zoll-Laufwerken zu 3,5-Zoll-Laufwerken überging. Clayton Christensen, der dieses Phänomen in seinem Buch *The Innovator's Dilemma* beschreibt, weist darauf hin, dass dies einigen Festplattenherstellern bei dem Übergang zu noch kleineren Laufwerken noch einmal passierte. Sie fertigten Prototypen der kleineren Festplatten, konnten aber keine Käufer finden. Christensen erzählt von einem Besuch beim CEO eines großen Festplattenherstellers zu jener Zeit. Der CEO zeigte auf einen Prototyp im Regal und erzählte dem Harvard-Professor, dieser sei die vierte Generation eines 1,8-Zoll-Laufwerks, aber sie hätten keinen einzigen verkauft. Christensen zitierte Marktforschungsergebnisse, die auf ein recht großes Marktpotenzial hindeuteten, aber der CEO bestand darauf, dass es dafür keinen Markt gebe: »Wir haben dieses Laufwerk 18 Monate lang in unserem Katalog gehabt. Jeder weiß, dass wir es haben, aber niemand will es.«[25]

Etwa einen Monat später lernte Christensen jemanden kennen, der vorher an einem Kartierungs- und Navigationssystem für Honda gearbeitet hatte. Christensen war neugierig, wie sie die Daten für dieses System speicherten, und ihm wurde gesagt, sie benutzten ein 1,8-Zoll-Laufwerk.

»Wo kaufen Sie das?«, fragte Christensen. »Es ist irgendwie komisch«, antwortete die Person. »Man kriegt es bei keinem der großen Laufwerkshersteller. Wir haben es von einem kleinen neuen Unternehmen in Colorado bekommen.«

Christensen beschreibt den CEO des Laufwerkherstellers als einen der cleversten Manager, dem er je begegnet sei. Doch als dieser sagte, »Jeder weiß, dass wir es haben, aber niemand will es«, war klar, dass selbst dieser Manager sich in die Irre führen ließ. Er war zu sehr damit beschäftigt, sich auf das Netzwerk der Computerhersteller zu konzentrieren (der traditionellen Kunden für Festplatten). So nahm er die Existenz anderer Netzwerke nicht wahr und veranschaulichte so auf hervorragende Weise das Paradox des aktiven Netzwerks.

Es ist schwierig, sich davon zu befreien, weil wir mit Problemen in den aktiven Netzwerken beschäftigt sind und unseren Unterstützern helfen. Es ist auch deshalb schwierig, weil wir eine angenehme Umgebung verlassen, mit der wir vertraut sind, und uns in eine andere begeben müssen, die uns fremd ist. Aber wenn das Paradox des aktiven Netzwerks den Unternehmen bewusst ist, werden sie erkennen, dass wir unbedingt unsere natürliche Neigung, uns in den bequemen Gefilden aufzuhalten, bekämpfen müssen. Nur wenn wir uns in eine Vielzahl von Netzwerken begeben, können wir ein Gespür dafür bekommen, was jenseits unseres unmittelbaren Bezugsrahmens passiert.

Es gibt einen gemeinsamen Faden, der viele der genannten Prinzipien durchzieht, und das ist die Spannnung zwischen den Netzwerken: zwischen den nahe gelegenen, die man sehen kann, und den weit entfernten, unsichtbaren; zwischen den Netzwerken von jenen, die uns ähnlich sind, und den Netzwerken aus Leuten, die anders sind; zwischen den starken Verbindungen zu denen, die uns nicht viel erzählen, was wir nicht schon wissen, und den schwachen Verbindungen zu jenen, die uns mit neuen Informationen versorgen; zwischen den lokalen Netzwerken und dem Internet.

Wenn ich über unsichtbare Netzwerke nachdenke, jene dünnen leuchtenden Linien, die sechs Milliarden Menschen miteinander verbinden, dann sehe ich sie über der Erde schweben. Vor Tausenden von Jahren, als die einzigen Verbindungen zwischen den Menschen von Angesicht zu Angesicht hergestellt wurden, konnte man diese blauen Linien in den Erdboden einzeichnen. Der erste Mensch, der auf den Rücken eines Pferdes sprang, hob die Netzwerke in die Höhe – genauso wie die Menschen, die zu segeln, Auto zu fahren und zu fliegen begannen. Jeder technologische Durchbruch ermöglichte es den Menschen, Verbindungen zu knüpfen, die nicht an den räumlichen Ursprung gebunden waren. Der Telegraf, das Auto, das Telefon, das Internet haben die Netzwerke noch weiter in die Höhe gezogen bis zu einem Punkt, an dem räumliche Gegebenheiten keine so große Rolle mehr spielen wie noch vor einigen Jahren.

Aber während einige Kräfte die Netzwerke nach oben ziehen, ziehen andere sie weiterhin zum Boden zurück: der menschliche Wunsch nach physischer Verbindung, Nationalismus, ethnische Abgrenzung, unser Wunsch, in der Nähe von Menschen zu sein, die uns ähnlich sind, die Kapazität unseres Gehirns, nur eine begrenzte Anzahl von Verbindungen bewältigen zu können – all diese Kräfte sind stärker als jede Technologie. Das Internet gibt zwar Leuten die Möglichkeit, mit anderen jenseits des Ozeans über Themen gemeinsamen Interesses zu reden. Und die Leute mögen das. Aber wir gehen auch gerne in die örtliche Kirche, auf Bauernmärkte und in Buchhandlungen und mögen die Tuchfühlung mit anderen. Folglich schweben die Netzwerke, wie ein Stück Metall zwischen zwei Magneten, etwas über dem Erdboden.

Was bedeutet das alles für Sie als Marketer? Es bedeutet, dass Ihre Kunden, falls Sie ein Konversationsprodukt verkaufen, sehr wahrscheinlich darüber reden. Einige reden mit ihren Nachbarn, Arbeitskollegen und Freunden – gutes altes Marketing durch Mundpropaganda. Andere kommunizieren über das Internet mit Leuten in anderen Ländern oder Kontinenten. Und diese Kombination aus lokalen und globalen Netzwerken ist es, die Buzz jetzt so wichtig macht. Das Verständnis dieser Prinzipien kann Ihnen Hinweise geben, was Sie tun können, um diesen Buzz zu stimulieren. Und das wird in den folgenden Kapiteln behandelt.

# 6
# Wie sich Buzz ausbreitet

»Eine Melodie ging von Fiddler zu Fiddler,
und jeder fügte etwas hinzu und ließ etwas weg.«
Charles Frazier, *Cold Mountain*

Jetzt, da Sie die Struktur der Netzwerke - das Autobahnsystem, wenn Sie so wollen – verstanden haben, ist es Zeit, sich einmal anzuschauen, wie Buzz – der Verkehr – sich in diesem System ausbreitet. Dafür werde ich den Buzz über ein bestimmtes Produkt, den Roman *Cold Mountain* (dt.: *Unterwegs nach Cold Mountain*), untersuchen, der überraschend zu einem Superbestseller wurde. Es ist natürlich unmöglich, den gesamten Buzz über ein solches Buch darzustellen, da Millionen von Kommentaren von Gehirn zu Gehirn gesprungen sind. Aber die Analyse der Geschichte des Buches *Cold Mountain* wird es uns ermöglichen, einen Blick auf die unsichtbaren Netzwerke zu werfen und mit Hilfe dieses Schnappschusses herauszufinden, wie sich Buzz ausbreitet.

Ein Punkt muss noch erwähnt werden, bevor wir anfangen: Buzz ist kein Wasser, und es fließt nicht wie Wasser. Dennoch ist es sehr verlockend (auch ich gebe der Versuchung manchmal nach), zur Beschreibung des Prozesses Wasser als Metapher zu benutzen. Als der französische Soziologe Gabriel Tarde darstellte, wie sich zur Jahrhundertwende in Frankreich Mode ausbreitete, benutzte er die Metapher eines Wasserturms. Eine bestimmte Mode, glaubte er, entstand in den obersten Gesellschaftsschichten und floss dann durch einen »Wasserfall der Nachahmung« nach unten: Zuerst übernahmen Frauen der Oberschicht die neue Mode, Mittelschicht-Frauen sahen sie und übernahmen sie ebenfalls und so weiter. Andere Wissenschaftler, die den Prozess über viele Jahre beobachteten, verwandten Ausdrücke wie »Herabsickern« *(trickle-down)* oder »Zwei-Stufen«-Modell. Diese Konzepte sind nicht unbedingt falsch – ich glaube, sie beschreiben wichtige Komponenten des Prozesses –, aber diese Ausdrücke suggerieren sofort, dass irgendwie die Quelle wichtiger sei als das empfangende Ende. Wenn man dieser Sichtweise folgt, müsste man folglich meinen, eine Französin, die nach der neuen Mode gekleidet ist, stehe über einer, die sich nicht so kleidet. Ein Journalist, der über einen neuen Computer schreibt, stehe über dem Leser, der das neue Gerät noch nicht kennt. Der Verleger eines Buches sei wichtiger als die Buchhandlung, die ihrerseits über dem Kunden stehe. Die Wassermetapher suggeriert auch, Informationen würden nur in einer Richtung fließen, wobei ignoriert wird, dass es oft einen Dialog gibt zwischen den Leuten, die Informationen über ein Produkt verbreiten, und jenen am empfangenden Ende.[1]

Obwohl ich anerkenne, dass in der Art und Weise, wie sich Informationen in den Netzwerken ausbreiten, immer eine Art Hierarchie existiert, ist die Ausbreitung doch nicht so hierarchisch, wie manche Leute meinen. Wenn ich gezwungen wäre, eine Wassermetapher zu benutzen, würde ich sagen, Buzz ist eher wie Grundwasser: Es kann in alle Richtungen sickern – nach unten, zur Seite oder sogar nach oben. Aber ich würde lieber bei dem Konzept bleiben, das ich bisher benutzt habe: die Perspektive der unsichtbaren Netzwerke, jener sechs Milliarden Knoten, die über den ganzen Planeten verteilt sind. Irgendwann wird irgendwo in den riesigen Netzwerken im Gehirn einer Person oder manchmal mehrerer Leute – einem Knoten oder einem kleinen Cluster – eine Idee ausgebrütet. Und sie beginnt sich von dort auszubreiten.

## Wo fing alles an?

Die Geschichte, die zum Rückgrat des Buches *Cold Mountain* wurde, hörte Autor Charles Frazier zum ersten Mal Ende der achtziger Jahre von seinem Vater, einem pensionierten Highschool-Rektor in Franklin, North Carolina. Dieser erforschte zu der Zeit gerade die Familiengeschichte. Er erzählte seinem Sohn von einem Urgroßonkel, einem Soldaten der Konföderierten namens W. P. Inman, der während der Erholung von seinen Kampfwunden desertierte. »Es ist, wie wenn jemand sagt: ›Hier ist eine kurze Skizze für ein Buch; was hältst du davon?‹«, erzählte Frazier Jahre später der *Washington Post*. Frazier konnte nicht viel mehr über diesen Urgroßonkel herausfinden, aber die Idee hatte sich in seinem Kopf festgesetzt. Im Verlauf der nächsten sieben Jahre entwickelte er diese sehr dünne Skizze zu einem 449-Seiten-Roman.

Wann verlässt eine Idee das Gehirn ihres Schöpfers und beginnt in den unsichtbaren Netzwerken zu reisen? Im Falle Fraziers hätte es wahrscheinlich sehr lange gedauert, wäre seine Frau Katherine nicht gewesen, die drohte, einen Teil des Manuskripts zu Kaye Gibbons zu schmuggeln, einer lokalen Bestsellerautorin, die die Fraziers über ihre Kinder kannten. Frazier willigte schließlich ein, sich von etwa 100 Seiten zu trennen, und Gibbons war von seinem Werk beeindruckt. Sie verwies ihn an Leigh Feldman, eine Literaturagentin in New York, die mit Liz Darhansoff, Gibbons' Agentin, zusammenarbeitet. Feldman erinnert sich daran, drei außerordentliche Kapitel erhalten zu haben. »Ich schrieb ihm, dass sie mir sehr gefielen.« Monate später erhielt sie einen großen Teil des Manuskripts.

Feldman zeigte das Manuskript mehreren Lektoren von Buchverlagen und auch einer Freundin, Elizabeth Schmitz, die bei Grove/Atlantic, einem mittelgroßen unabhängigen Verlag, Leiterin der Abteilung Nebenrechte war. Ihre Aufgabe war es, über Auslands- und Inlandsrechte zu verhandeln. Sie hatte bis dahin noch kein Buch lektoriert, aber sie verliebte sich in *Cold Mountain*.

Wir haben noch nicht von Leidenschaft und Energie gesprochen. Doch genau diese Kräfte begannen sich hinter *Cold Mountain* zu formieren. »Ich ging in das Büro meines Chefs, Morgan Entrekin, und sagte: ›Das ist das Unglaublichste, das ich je gelesen habe, seit ich für Sie arbeite‹«, erinnert sich Elisabeth Schmitz. »Ich weiß, Sie haben heute Abend zu Hause eine Weihnachtsfeier, und ich weiß, dass Sie gewöhnlich die ganze Nacht aufbleiben, aber Sie müssen das hier heute Nacht lesen.« Entrekin las das Manuskript in jener Nacht. Er rief Elisabeth Schmitz am nächsten Morgen sofort an und fragte: »Was müssen wir tun, um es zu bekommen?« Ein paar Tage später besaß Grove/Atlantic die Weltrechte an dem Roman.

In einer Branche kann zu einem bestimmten Zeitpunkt nur eine bestimmte Menge Buzz erzeugt werden, und jeder weiß das. Daher stoßen die meisten neuen Produkte und Ideen, wenn sie sich selbst überlassen sind, auf Abneigung oder Indifferenz in ihren Branchen. Es gibt keinen Buzz. Die Branche erhebt ihren Kopf, murmelt vor sich hin und wendet sich wieder ihrem normalen Geschäft zu. Zuerst war

*Cold Mountain* keine Ausnahme. »Niemand verschwendete einen Gedanken daran. Es war irgendein Südstaatenroman eines debütierenden Autors«, meint Feldman. Deshalb waren erhebliche Anstrengungen nötig, um das zu ändern.[2]

## Wie die ersten Personen außerhalb der Branche von dem Buch erfuhren

Wir springen etwa 18 Monate nach vorn, zu dem Zeitpunkt, als das Buch tatsächlich veröffentlicht wurde. Die erste Auflage betrug 26 000 Exemplare. Das Buch verkaufte sich von Anfang an gut. »Es kam innerhalb von sechs Wochen auf die Bestsellerliste, und nicht wegen eines großen Medienrummels. Es lag an Mundpropaganda und altmodischem Buchverkauf«, berichtet Morgan Entrekin, President von Grove/Atlantic.

Mike Jordan, Professor für Sozialpsychologie an der Francis Marion University (in der Nähe von Florence in South Carolina), las zuerst im *Charlotte Observer* in einer Vorrezension über das Buch. Er war von ihr fasziniert und bat seine örtliche Buchhandlung Booksamillion, ihn anzurufen, sobald das Buch lieferbar war. Als er und seine Frau das Buch gelesen hatten, waren sie so begeistert, dass sie drei weitere Exemplare kauften und sie ihren Eltern und einem guten Freund schenkten. Außer dass er Leuten von dem Buch erzählte, platzierte Jordan eine Rezension bei Amazon.com, nahm an einer Podiumsdiskussion über das Buch teil, die vom lokalen Fernsehsender gesendet wurde, und benannte, obwohl er kein Literaturprofessor ist, *Cold Mountain* als Wahlthema für ein studentisches Projekt. Sechs Studenten wählten das Buch, und »alle außer einem fanden es gut, gaben es weiter und redeten mit anderen Leuten darüber«, sagt er. Wenn man die Aktivitäten eines Network-Hubs wie Jordan sieht, erkennt man langsam, wie einflussreich einzelne Hubs bei der Förderung eines Produkts, das ihnen gefällt, sein können.

Forscher, die sich mit Kommunikation beschäftigen, sehen in dem, was in Jordans Fall geschah, ein Beispiel für das so genannte »Zwei-Stufen«-Modell: Informationen fließen von Massenmedien zu Network-Hubs und von dort zur übrigen Bevölkerung. Ich sprach mit mehreren Network-Hubs, die auf diese Weise von dem Buch erfuhren. Lynne Jenkins las zuerst in *Southern Living* darüber. »Es klang wie etwas, das mir gefallen würde, weil meine Familie aus der Gegend stammt«, sagt sie. Wie Jordan ging sie sofort in eine Buchhandlung, aber sie hatten das Buch noch nicht vorrätig. Als sie es schließlich fand, blätterte sie es im Laden durch, und ihr gefiel Fraziers Stil. »Er verwendet ein Menge altmodischer Ausdrücke, wie meiner Erinnerung nach meine Großmutter sie benutzte, eine eindeutig regionale Sprache und Slang für verschiedene Dinge in der Küche, verschiedene Kräuter …« Jenkins kaufte das Buch und mochte es sehr. Sie schätzt, dass sie etwa zehn Personen davon erzählt hat. Außerdem schenkte sie das Buch einer Verwandten, die in der Gegend wohnt, wo der Roman spielt. Auch sie platzierte eine Rezension bei Amazon.com.[3]

## Buzz verbreitet sich in alle Richtungen

Auch wenn das Zwei-Stufen-Modell teilweise beschreibt, wie sich Buzz ausbreitet, folgt es doch keinem eindeutigen Muster. Informationen über Produkte verbreiten sich nicht nur von den Medien zu Meinungsführern und von ihnen zum Rest der Bevölkerung. Jo Alice Canterbury zum Beispiel, eine Leserin aus der Gegend der San-Francisco-Bucht, hörte durch eine Freundin, nicht aus den Medien, von *Cold Mountain*. Sie erzählte mindestens 50 Leuten von dem Buch. Als Erstes empfahl sie es ihrem Mann. Das ist ein wichtiges Nebengleis in Familien – viele Frauen meinten, *Cold Mountain* sei ein Buch, das sie an ihre Ehemänner weitergeben könnten. Canterbury erinnert sich auch daran, Familienmitgliedern und Freunden in New Orleans, Arkansas, Texas, Colorado und Washington davon erzählt zu haben. Als Stewardess, die dreimal im Monat den Pazifik überquert, ergriff sie Dutzende Male die Gelegenheit, Passagieren von dem Buch zu erzählen.[4]

Einige Leser hörten von *Cold Mountain* von Freunden, die keine Network-Hubs sind, nur Leute, die einem oder zwei Freunden von einem Buch erzählen. Andere hörten von ihm durch Buchhändler. Und in einem Fall von »umgekehrtem Fluss« begeisterten sich Verkäufer eines Buchladens erst, nachdem sie die Reaktionen früher Leser gehört hatten. Dieser umgekehrte Fluss ereignete sich auch auf einer anderen Ebene des Vertriebswegs: Patricia Kelly, eine Vertreterin von Publishers Group West/PGW (dem Unternehmen, das *Cold Mountain* an Buchläden auslieferte), sagte, sie sei von dem Buch fasziniert gewesen, nachdem sie mit mehreren unabhängigen Buchhändlern gesprochen hatte, die bereits Druckfahnen vom Verlag erhalten hatten.[5]

Eine Menge Informationen über das Buch wurde über das Internet verbreitet. Beim letzten Mal, als ich zählte, waren bei Amazon.com mehr als 900 Rezensionen registriert. Es ist nicht mehr die Rezension in der *New York Times*, die alle zum Reden bringt. Und die glühenden Kritiken der Medien führen bei den heutigen skeptischen Verbrauchern nicht sofort zu begeisterten Reaktionen, worauf ein Leser hinwies: »Wenn Rezensenten von einem fast perfekten Buch zu reden anfangen, ist man bestimmt enttäuscht. Ich war es nicht.« Ein anderer Leser erzählte, er habe *Cold Mountain* in einem Buchladen gefunden, ohne mit jemandem gesprochen zu haben: »Ich schlug die Zeit tot, weil ich auf einen Zug wartete, und nahm das Buch von einem vorderen Verkaufstisch in einer Bahnhofsbuchhandlung. Ich beurteile Bücher nach der Qualität des Schreibstils. Ich hatte nie von Frazier gehört (wie hätte ich auch?), aber ich konnte sofort erkennen, dass die Prosa begnadet war. Ich kaufe fast nie Romane als gebundene Ausgabe, aber ich war so von den ersten paar Seiten eingenommen, dass ich es mitnahm. Es gibt keinen Marketingersatz für gutes Schreiben.«

Der letzte Punkt ist wichtig und wird bei der Untersuchung des Buzz nicht immer berücksichtigt. Der Informationsfluss über ein Produkt kann nicht von dessen Qualität getrennt werden. *Cold Mountain* reiste in den unsichtbaren Netzwerken und interagierte direkt mit jedem Leser. Während des Lesens von 449 Seiten geschieht etwas zwischen einem Leser und einem Buch, das bestimmt, ob der Leser darüber reden wird, mit wie vielen und mit welcher Begeisterung. Wie ich im nächsten Kapitel darlege, sind »ansteckende Eigenschaften«, die dem Produkt wesenseigen sind – einschließlich des Ausmaßes, zu dem die Erwartungen erfüllt oder übertroffen werden –, die wichtigsten Faktoren bei der Bestimmung, wie viel Buzz ein Produkt erhält.

## Was führte zur Verbreitung der Informationen?

Ich könnte natürlich die Diskussion hier beenden und Buzz ganz auf die Qualität des Buches zurückführen. Aber wir kennen alle hervorragende Bücher, die *keine* Bestseller wurden. Die literarische Qualität kann bei einem Buch nur teilweise Buzz erklären. Was ist es dann, das die Leute über dieses Buch reden ließ, von all den Büchern, über die sie hätten reden können?

### *Energie*

Die erste Beobachtung ist, dass nicht alles von selbst geschah. Es steckt eine beträchtliche Menge an Energie hinter dem Buch. Die Kommentare, die in den Netzwerken kursierten, waren energiegeladen. Die Leute bei Grove, dem Verlag, und PGW, dem Vertrieb, glaubten an dieses Buch und empfahlen es aufs Wärmste. Kim Wylie, Senior Vice-President bei PGW, zum Beispiel war eine von den Leuten, die schon früh von *Cold Mountain* »angesteckt« wurden. Sie wurde zu einer der stärksten Kräfte hinter dem Buch und erzählte jedem in ihrer Umgebung davon, einschließlich Einkäufern der Buchhandelskette Barnes & Noble und anderen Firmenkunden, die sie managt. Jeder bei PGW begann darüber zu reden, als immer mehr Vertreter das Buch lasen. Diese erzählten einem Netzwerk unabhängiger Buchläden davon, die ihrerseits das Buch unterstützten, indem sie ihm besondere Aufmerksamkeit schenkten: Sie erzählten Kunden von ihm, stellten es in ihren Rundbriefen vor und legten es an prominenter Stelle im Laden aus.

Jenseits bloßer Leidenschaft geht es bei Energie um Zeit und Geld, die in ein Produkt gesteckt werden. Entrekin und Schmitz gingen stundenlang mit Block und Kugelschreiber durch das Magazin in einer Barnes-&-Noble-Buchhandlung und schrieben 150 Namen von Schriftstellern aus dem ganzen Land auf, die ihrer Meinung nach Interesse haben könnten, *Cold Mountain* zu lesen. »Wir haben sie nicht ausdrücklich gebeten, uns ein Zitat zu liefern, das wir benutzen könnten. Es war eher so: ›Hier ist ein tolles Buch, wir wollen es mit Ihnen teilen‹«, erzählt Entrekin. Einige dieser Autoren begannen, innerhalb ihrer Netzwerke über das Buch zu reden.

Grove/Atlantic wusste ebenfalls, wie man den Erfolg des Buches weiter anheizt, und steckte mehr Zeit und Geld hinein. Zum Beispiel betrug die erste Auflage der Fahnenabzüge 500. Als der Verlag bemerkte, dass die Reaktion auf die Vorabexemplare außergewöhnlich war, druckte er sofort weitere 1000 Exemplare nach. Und als diese noch größeren Buzz zu erzeugen begannen, wurden noch einmal 2500 bis 3000 Abzüge gedruckt. Insgesamt schickte der Verlag mehr als 4000 Vorabexemplare an Buchhändler, Einkäufer und jeden, der bei der Verbreitung der Information helfen konnte, und erzeugte so in zahlreichen Netzwerken Buzz. »Wir glauben, die Herstellung der Fahnenabzüge mitsamt dem Zeitaufwand und den Kosten – etwas, was viele Verlage nicht machen – stellt eine sehr gute Methode dar, ein gut geschriebenes Buch zu fördern«, sagt Elisabeth Schmitz. Natürlich verteilt jeder Verlag Fahnenabzüge, aber die Anzahl, die Grove versandte – 4000 Exemplare – war besonders hoch, insbesondere für einen Roman. Da sie in mehreren Auflagen gedruckt wurden, waren die Stückkosten relativ hoch (acht bis zehn Dollar), doch Grove nahm sie bereitwillig in Kauf.

Alle, die in den Verkauf des Buches einbezogen waren, einschließlich des Autors, wandten Zeit und Energie für seine Förderung auf. Monate vor der Veröffentlichung nahm Entrekin Frazier mit, um einige Buchhändler, Einkäufer und Verkäufer zu treffen. Sobald der Verleger bemerkte, dass das Echo auf dieses Buch nicht an den Regionalismus des Südostens gebunden war, dehnte er Fraziers Tour auf andere Landesteile aus. Händler und Leser auf diese Weise zu erreichen erzeugte Tausende von Abkürzungen zu kleinen Cliquen und weit entfernten Clustern, die diese Verbreitung des Buzz und des Buches selbst ermöglichten.

Solche Energie kann ansteckend sein. Grove zeigte so viel Begeisterung für das Buch und Vertrauen, dass die übrige Branche darauf reagierte. Grove schickte sogar Fahnenabzüge an Vertreter konkurrierender Verlage, in der Überzeugung, sie würden sich für ein Buch solcher Qualität interessieren. »Die Leute unterstützen eine gute Arbeit, auch wenn sie nicht aus ihrem eigenen Unternehmen kommt. Jeder, der in einem Verlag arbeitet, liest gerne ein gutes Buch«, erklärt Entrekin.[6]

Irgendwann breitete sich die Popularität des Buches explosionsartig aus. Ein Autor, der zum ersten Mal schreibt und einen ernsthaften

Roman hervorbringt, der auf die Bestsellerliste kommt – wir alle lieben solche Erfolgsgeschichten. Eine Menge Wohlwollen umgab das Buch. »Jeder in der Verlagsbranche sagte ›Das ist es!‹«, erinnert sich Leigh Feldman. Carl Lennertz von Random House, der einen wöchentlichen Rundbrief für unabhängige Buchhändler veröffentlicht, stellte das Buch mit Begeisterung vor. Larry Kirshbaum, CEO von Warner Books, wurde zum inoffiziellen Unterstützer für *Cold Mountain.*

Entrekin ist der Erste, der die Bedeutung der Qualität des Buches für den Buzz, den es erzeugte, betont: »Man konnte das nicht bei jedem Buch machen. Es musste ein besonderes Buch sein«, sagt er. »Was man zu tun versucht, ist, das Buch in eine Lage zu bringen, von wo es alleine weiterkommt.« Niemand kann sicher sagen, was mit *Cold Mountain* geschehen wäre, wenn nicht die Energie von Entrekin, Schmitz und ihren Kollegen hinter dem Buch gesteckt hätte. Aber wir wissen, was passierte, als es so war: Allein von der gebundenen Ausgabe des Buches wurden 1,6 Millionen Exemplare verkauft, eine erstaunliche Anzahl.[7]

## *Glaubwürdigkeit*

Buzz verbreitet sich am ungehindertsten durch Kanäle, die auf Vertrauen beruhen. Kunden zahlreicher unabhängiger Buchhandlungen haben gelernt, den Verkäufern zu vertrauen. Eine Kundin aus Danville, Kalifornien, zum Beispiel erzählte mir, wie sehr sie Michael Barnard vertraue, dem Besitzer von Rakestraw, einer lokalen Buchhandlung. »Oft empfiehlt er ein Buch, und ich brauche nicht einmal den Umschlag zu lesen«, sagt sie. Als Barnard ihr *Cold Mountain* empfahl, genügte ihr das.

Mike Barnard seinerseits hatte zuerst durch Patricia Kelly von Publishers Group West von dem Buch gehört. »Sie sagte, auf der Frühjahrsliste sei ein Buch, das ich unbedingt beachten müsse«, erinnert er sich. Er las einen Fahnenabzug, den sie ihm gegeben hatte. Kelly erfreut sich bei ihren Klienten enormer Glaubwürdigkeit. 1999 wurde sie zur »Publishers-Weekly-Vertreterin des Jahres« ernannt. In einem Artikel, der ein Porträt von ihr brachte, sagte ein Buchhändler: »Wenn sie einem sagt, dies sei ein Buch, das sie wirklich mag, dann weiß man, das ist nicht gelogen.«[8]

Von zwei Personen hörte ich fast genau die gleichen Bemerkungen über Morgan Entrekin. Er erzählte Leuten, dies würde eines der besten Bücher, die er je veröffentlichen würde, »und so was verkündet er nicht so ohne weiteres«, betonte einer der beiden. Etwa einen Monat vor der Veröffentlichung lud Grove/Atlantic führende Buchhändler im Gebiet der San-Francisco-Bucht zu einem Essen ein. Es war das erste Mal, dass Barnard Entrekin begegnete, und er war beeindruckt – von der Art, wie er vorlas, von seinem Enthusiasmus, von seinem Engagement für einen Titel, der nichts von den Merkmalen eines Buches hatte, das zu einem Bestseller wird.

Personen, die effektiv Informationen verbreiten, sind nicht notwendigerweise laut, und man sieht sie nicht immer wild gestikulieren. Es sind Leute, denen man vertraut. Die meisten von ihnen wissen, dass Vertrauen zerbrechlich ist. Sie genießen ihre Glaubwürdigkeit, und wenn sie ein Produkt unterstützen, ist ihnen bewusst, dass sie diese Glaubwürdigkeit aufs Spiel setzen. »Ich würde das nicht für ein Buch machen, für das ich nicht so begeistert bin, weil ich es mir einfach nicht erlauben könnte«, meint Entrekin.

Es gibt einen weiteren wichtigen Punkt bezüglich Glaubwürdigkeit. Egal, wie viel Glaubwürdigkeit man besitzt, der beste Buzz kommt von Dritten – nicht vom Hersteller selbst. Auf etwas paradoxe Weise sind es oft Ihre Konkurrenten, die der Branche signalisieren, ob das, was Sie machen, der Rede wert ist. »Die wirklich interessante Sache an der Mundpropaganda ist, dass die erste Instanz, von der ein Produkt akzeptiert werden muss, die Konkurrenten sind«, meint Stewart Alsop, ein Risikokapitalgeber in Silicon Valley und ehemaliger Herausgeber von *Infoworld*. Ein neues Technologieprodukt, das von den Konkurrenten nicht anerkannt wird (durch ihre Reaktion darauf), wird sofort von der gesamten Branche abgelehnt.[9]

Im Falle von *Cold Mountain* war die Annahme positiv und kam von Verlagen, die die Rechte erwarben, das Buch in anderen Sprachen oder Formaten zu veröffentlichen. Als Grove/Atlantic vor der Veröffentlichung der gebundenen Ausgabe die Paperback-Version für 300 000 Dollar an Vintage (eine Tochter von Random House) verkaufte, war das eine klare Botschaft an die Verlagsbranche. So ein Betrag für den Debütroman eines unbekannten Autors brachte die Leute zum Reden. Außerdem hörten Buchhandelseinkäufer fortan nicht nur durch Vertreter von PGW von dem Buch, sondern auch durch Vintage-Vertreter, die die Paperback-Ausgabe Monate später verkauften.

## Wie Buzz zum Kauf wurde

Nehmen wir an, Sie haben *Cold Mountain* noch nicht gelesen. Auf einer Party treffen Sie einen Freund, den wir Alex nennen wollen, und Sie beginnen, über Bücher zu reden. Und nehmen wir an, Alex erwähnt *Cold Mountain* und sagt: »Das Buch musst du lesen.« Untersuchen wir, was als Ergebnis dieses Buzz-Moleküls geschieht.

In den ersten Sekunden wird die Bemerkung von Alex in Ihrem Gehirn einige Tests durchlaufen. Einer ist der Relevanztest: Kommen Sie für Bücher wie *Cold Mountain* infrage? Das wird die Intensität Ihres Interesses stark beeinflussen. Normalerweise sind Leute empfänglicher, wenn sie etwas von Produkten hören, von denen sie annehmen, sie wären für sie geeignet. Wenn Sie interessiert sind, werden Sie wahrscheinlich eine Frage über das Buch stellen, zum Beispiel »Wovon handelt es?« Alex könnte Ihnen erzählen, dass es während des Bürgerkriegs spielt. Sie könnten davon abgeschreckt werden und darauf hinweisen, dass Sie gewöhnlich keine Bücher über die Bürgerkriegszeit lesen. Alex würde dann rasch hervorheben, dass es kein typisches Kriegsbuch ist. Das Gespräch, das sich dann entwickelt, zeigt, was Buzz so machtvoll macht. Im Gegensatz zu Massenmedien ermöglicht Mundpropaganda Ihnen und Alex, Informationen auszutauschen, damit Sie sicher sind, dass Sie sich gegenseitig verstehen.

Glaubwürdigkeit ist der nächste Test, den die Bemerkung von Alex bestehen muss. Wie glaubwürdig Alex für Sie ist, hängt von Ihrer gemeinsamen Geschichte ab, seinem Ruf und Ihrem Gesamteindruck von ihm. Wenn er Ihnen zum Beispiel in der Vergangenheit zehn Bücher empfohlen und Ihnen jedes einzelne sehr gefallen hat, werden Sie seiner Empfehlung wahrscheinlich vertrauen.

Ein weiterer Faktor, der bestimmt, was mit dieser Bemerkung geschieht, ist die Energie hinter ihr. Wenn Alex sagen würde »*Cold Mountain* ist das beste Buch, das ich je gelesen habe. Du *musst* es lesen!«, während er sein Glas Martini hochhebt, würde mehr Energie in seiner Bemerkung stecken. Die Wahrscheinlichkeit wäre damit größer, dass Sie sie weitergeben, als wenn er bloß gesagt hätte: »Mir hat es wirklich gefallen.«

Was könnte als Nächstes geschehen? Alles Mögliche: Ein Kellner könnte mit einer Platte »Mini Sausage Rolls« vorbeikommen, oder jemand gesellt sich zu Ihnen und Sie wechseln das Thema, oder die Party ist vorbei und es ist Zeit, nach Hause zu gehen. Damit will ich sagen: Eine Bemerkung ist nur eine Bemerkung. Millionen anderer Dinge im Leben eines Kunden werden ihn von Informationen über ein Produkt ablenken. Das ist das Umfeld, in dem die Bemerkung von Alex in Ihrem Gehirn weiterleben wird – umgeben von ständigen Ablenkungen.

Obwohl es denkbar ist, dass Sie sofort am nächsten Morgen in einen Buchladen gehen und das Buch kaufen, ist es auch möglich, dass Sie die Bemerkung für später speichern oder völlig aus Ihrem Gedächtnis verschwinden lassen.

Bis jetzt haben wir angenommen, dass Sie und Alex das Gespräch in einem luftleeren Raum führen. Wir haben die Netzwerke um Sie herum ignoriert. Aber Ihre Entscheidung wird nicht nur von Alex beeinflusst, sondern auch von anderen in Ihrem sozialen Netzwerk. Um diesen Effekt zu untersuchen, lassen Sie mich für einen Moment abschweifen und Ihnen von etwas erzählen, was ich an einem glühend heißen Tag in einer kleinen italienischen Stadt gesehen habe: Es war unerträglich heiß. Meine Frau und ich gingen eine Straße hinunter, als wir eine junge Frau bemerkten, die einen Plastiksessel von einem nahen Café weggeholt und so hingestellt hatte, dass sie vor einem Torbogen saß. Ein Mann sah sie, stellte ein paar Augenblicke später einen weiteren Sessel dorthin und setzte sich neben die Frau. Beide sagten kein Wort, nur ein Seufzer kam von der jungen Frau. Es dauerte nicht lange, bis eine ältere Frau auch einen Sessel nahm und sich dazusetzte. Nun saßen die drei dort. Zu neugierig, um weiterzugehen, stellten wir uns hinter sie und spürten die kühle Brise, die durch die Öffnung zwischen zwei Häusern kam.

Die gleiche Folge von Ereignissen findet in jeder kleinen Gruppe statt, die einer neuen Idee oder einem neuen Produkt gegenübersteht. Es gibt immer Leute, denen die Idee einfällt oder die sie rasch übernehmen. Dann gibt es jene, die folgen, und schließlich die, die hinterherhinken (wie jene, die im Café sitzen blieben). »Manche Leute übernehmen etwas Neues, wenn nur wenige in ihrem Netzwerk das tun, und andere Leute warten, bis die Mehrheit es übernommen hat«, meint Tom Valente von der Johns-Hopkins-Universität.

Um zu *Cold Mountain* zurückzukehren: Neben der Glaubwürdigkeit von Alex, der Energie seines Kommentars und der Frage, ob Sie für ein solches Buch infrage kommen oder nicht, hängt Ihr Verhalten großenteils auch von Ihrer Adoptionsschwelle ab und davon, wie viele Leute in *Ihrem* Netzwerk bereits das Buch gekauft und gelesen haben. Wenn genug Personen in Ihrem Netzwerk das Buch gelesen haben, damit Sie Ihre Schwelle überschreiten, werden sie ihnen wahrscheinlich folgen.[10]

Nehmen wir an, Sie haben das Buch gekauft. Während des Lesens bilden Sie sich eine Meinung darüber. Die Qualität des Produkts ist entscheidend. Ob Sie anderen Leuten gegenüber Kommentare abgeben werden oder nicht, hängt zum großen Teil von *Ihrer* Beurteilung des Buches ab. Das ist das Schöne an dem Mundpropaganda-Phänomen: Jeder Knoten im Netzwerk, der beschließt, ein Produkt auszuprobieren, führt seine eigene Qualitätskontrolle durch und entscheidet aufgrund der Ergebnisse, ob er oder sie darüber spricht. Sie können als Marketer einen Kunden nicht dazu zwingen, etwas Positives über Ihr Produkt zu sagen, genauso wie Sie niemandem befehlen können, Sie zu lieben. Auch wenn sie die Worte sagen, werden sie sie nicht ernst meinen. Buzz ist authentisch, weil er nicht erzwungen ist.

## Wie Risiko Buzz beeinflusst

Nehmen wir an, Sie sind Kardiologe und überlegen, ob Sie ein neues Gerät für den Einsatz in der Herzchirurgie anschaffen sollen. Hier steht mehr auf dem Spiel, als wenn jemand *Cold Mountain* kauft. Das Schlimmste, was passieren kann, wenn Sie ein schlechtes Buch erwischen, ist, dass Sie sich langweilen und ein paar Dollar verlieren. Wenn Sie jedoch das falsche medizinische Gerät kaufen, könnten Sie einen Ihrer Patienten töten.

Das erhöhte Risiko beeinflusst die Verbreitung des Buzz. In riskanten Situationen wenden sich die Leute an Mega-Hubs um Hilfe. Als Leser mögen Sie sich vielleicht nicht viel um das kümmern, was ein angesehener Kritiker, der für die *New York Times Book Review* schreibt, von *Cold Mountain* hält. Als Kardiologe kümmern Sie sich jedoch sehr darum, was der angesehenste Professor im besten medizinischen Zentrum des Landes über das Gerät sagt, das Sie am Donnerstag im Operationssaal benutzen wollen.

Bei der Planung einer Marketingstrategie für ein neues Produkt sollten Sie darüber nachdenken, ob der Informationsfluss in Ihrer Branche gewöhnlich stark auf Mega-Hubs ausgerichtet ist. Ist Ihr Produkt mit Risiko verbunden? Ist es hoch innovativ in einer weitgehend konservativen Branche? Ist es die Art Produkt, die von einer kleinen Anzahl nach vorn denkender Personen übernommen wird und erst später von einem größeren Personenkreis? Oder wird es von den Leuten um die Netzwerke herum gleichzeitig übernommen?

Je größer im Zusammenhang mit einer Kaufentscheidung die monetären oder psychologischen Risiken für den Verbraucher sind, desto mehr passen die klassischen Produktannahmemuster. Wissenschaftler, die die Diffusion von Innovationen studieren, teilen die Bevölkerung traditionell in fünf Adoptiererkategorien: Innovatoren, Frühadoptierer, frühe Mehrheit, späte Mehrheit und Nachzügler.

Zuerst werden einige Innovatoren, die bereitwillig Risiken eingehen, eine Innovation übernehmen. Zu dieser Gruppe gehören gewöhnlich etwa 2,5 Prozent der Bevölkerung. Ihnen folgen die Frühadoptierer, eine Gruppe, für die man normalerweise 13,5 Prozent veranschlagt. Dann beginnt die erste Hauptgruppe, die frühe Mehrheit (34 Prozent), die Innovation zu übernehmen, gefolgt von der späten Mehrheit (ebenfalls 34 Prozent). Schließlich machen sich die Nachzügler (16 Prozent) die Innovation zu Eigen. Dieses Modell basiert auf der bereits erwähnten klassischen Studie von Ryan und Gross, die untersuchten, wie sich eine Innovation unter Farmern in Iowa ausbreitete. Seit 1962 wird es ausführlich von Everett Rogers in den vier Auflagen seines Klassikers *Diffusion of Innovations* beschrieben. Anfang der neunziger Jahre machte Geoffrey Moore Technologie-Marketer auf dieses Modell aufmerksam und meinte, es gebe eine Kluft zwischen den Frühadoptierern, die an Technologie interessiert seien, und der frühen Mehrheit, die eine pragmatischere Einstellung zur Technologie habe.[11]

Das Modell wurde entworfen, um die tatsächliche Übernahme einer Neuerung und nicht den Buzz über sie zu beschreiben. Buzz verbreitet sich zwar auf ähnliche Weise, aber es gibt bestimmte Unterschiede, die es wert sind, hervorgehoben zu werden. Da das Risiko, von einer Innovation zu hören, viel geringer ist, als sie zu übernehmen, verbreitet sich Buzz rascher als die Übernahme. Bei Frühadoptierern können wir eine kleinere Lücke zwischen Kenntnisnahme und Übernahme erwarten, während bei späteren Adoptierern der Zeitraum zwischen dem Zeitpunkt, an dem sie von einem Produkt erfahren, und dem, wenn sie es kaufen, etwas länger sein kann.

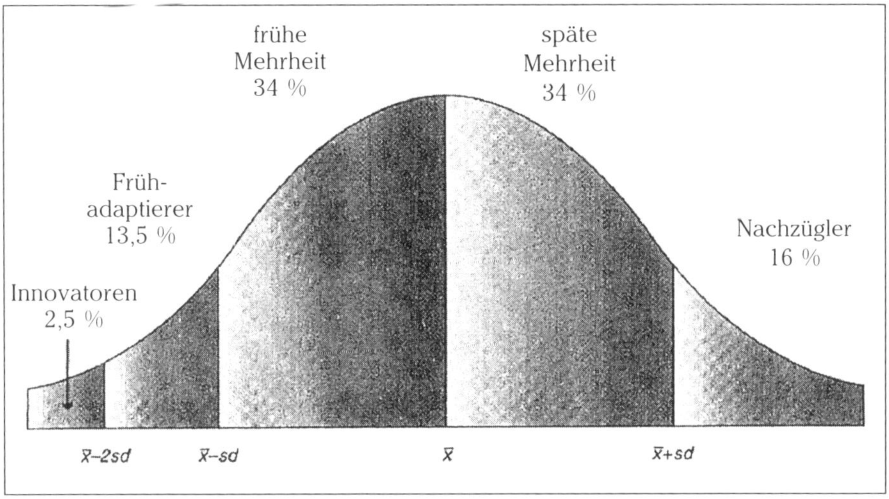


Adoptiererkategorien. Entnommen aus Everett M. Rogers, *Diffusion of Innovations*, 4. Aufl., New York 1995. Mit Erlaubnis des Autors leicht modifiziert.

Unternehmen wie Hotmail, das den Adoptionsprozess revolutionierte, reduzierten das Risiko auf nahezu null. Der Service war kostenlos, sodass kein monetäres Risiko bestand. Hotmail war auch äußerst einfach zu nutzen – man benötigte nur einen Internet-Zugang und 45 Sekunden zum Starten –, sodass auch das Risiko der Zeitverschwendung minimal war. Das bedeutete, dass sogar jemand, der normalerweise wartet, bis andere etwas ausprobiert haben, bereit war, sich sofort darauf zu stürzen.

Bei hohem Risiko können wir eine langsame Ausbreitung der Adoption erwarten, die in Einflusszentren beginnt. Eine für eine Aufgabe entscheidende Software wird wahrscheinlich mit größerer Vorsicht übernommen als eine persönliche E-Mail-Adresse. Die Verbraucher benötigen gewöhnlich ihre Zeit und überlassen es zuerst Innovatoren, Produkte zu übernehmen, und lernen aus deren Fehlern. Das gilt für die meisten Produkte, die für die Durchführung einer Arbeit wesentlich sind.

Auch andere Produkte werden aus der Risikoperspektive beurteilt. Zum Beispiel beeinflusst das Risiko, lächerlich auszusehen, welche Kleidung Leute zu tragen bereit sind. Die meisten Artikel, die Einfluss auf die persönliche Erscheinung haben, werden sorgfältig geprüft. Die Übernahme eines neuen Typs Sonnenbrille in einem sichtlich ausgefallenen Stil ist etwas, was Leute, die sich wie die Mehrheit kleiden, nur nach erheblicher Ermunterung tun werden. Falls Sie Sonnenbrillen herstellen, sollten Sie dafür sorgen, dass im Rampenlicht stehende, einflussreiche Leute, deren Gespür für Stil respektiert wird, Ihr Produkt tragen. Luxottica, ein großer Hersteller und Vertreiber von Sonnenbrillen, zu dem Marken wie Yves Saint Laurent und Giorgio Armani gehören, bemüht sich, seine hypermodernen Modelle in Filmen unterzubringen. Das Unternehmen sieht Berühmtheiten als Innovatoren an, die bei der Vermittlung des neuen Looks an die Frühadoptierer und von ihnen zu Mainstreamgruppen eine führende Rolle spielen können. »Wenn jemand sie [die Sonnenbrille] in Filmen trägt, gelangt sie gleich zu Frühadoptierern, zur frühen Mehrheit, späten Mehrheit und wird schließlich zu einem akzeptierten Ding und Teil konservativen Stils und konservativer Mode«, erklärt Steve Hollander, Vice-President für Marketing bei Luxottica.

## Verstehen, wie sich Buzz ausbreitet

Der Informationsfluss ist in jedem Markt, bei jedem Produkt und jeder Nische einzigartig. Wie verbreiten sich Informationen unter *Ihren* Kunden? Marktforschungsstudien legen oft den Schwerpunkt auf Überzeugungen und Einstellungen von Personen. Sie sagen Ihnen zum Beispiel, dass 23 Prozent Ihrer Kunden Männer über 40 sind, 63 Prozent von Ihrer Konkurrenz wissen und für 32 Prozent Schnelligkeit das wesentliche Produktmerkmal ist.[12] Das ist sicher wichtig. Aber wie interagieren diese Personen untereinander? Wer beeinflusst sie? Mit wie vielen anderen Kunden stehen sie in Verbindung? Was sagen sie denen? Die Ausbreitung des Buzz wird gewöhnlich vernachlässigt, weil sie nicht immer einfach zu verfolgen ist. Um zu lernen, wie man bei der Erzeugung des Buzz nachhilft, sollten Sie Fragen beantworten können wie:

- Durch wen erfahren Ihre Klienten oder Kunden normalerweise von Ihren Produkten?
- Was sagen die Leute, wenn sie Ihre Produkte empfehlen?
- Wie schnell verbreiten sich Informationen über Ihre Produkte im Vergleich zu anderen Produkten?
- Wer sind die Network-Hubs?
- Wo stoßen die Informationen auf ein Hindernis?
- Auf wie viele Informationsquellen stützt sich ein Kunde? Welche sind wichtiger?

- Welche anderen Arten von Informationen verbreiten sich über die gleichen Netzwerke?

Wahrscheinlich untersucht Ihre Marktforschungsabteilung bereits einige dieser Fragen, und Sie haben möglicherweise Annahmen für Antworten auf andere Fragen. Aber wäre es nicht wichtig, sicherzugehen?

Es ist entscheidend, dass Sie erkennen, dass Buzz über ein Produkt sich nie auf so einfache Weise verbreitet, wie es das Zweistufen-Modell nahe legt – vom Unternehmen zu den Medien und Mega-Hubs und von diesen zur Öffentlichkeit. Dennoch wurde dieses Modell im Laufe der Jahre von zahllosen Unternehmen munter übernommen. Man kann leicht erkennen, warum. Es ist verführerisch, sich den Kommunikationsprozess zwischen einem Unternehmen und potenziellen Kunden als einen linearen Prozess vorzustellen: Man schickt eine Presseverlautbarung an einflussreiche Medien, trifft deren Vertreter auf Cocktailpartys, und die machen dann die Arbeit für Sie. Eine andere Version dieses Modells nimmt an, dass der Vertriebskanal die Hauptsache ist: Sie bräuchten nur die letzten Neuigkeiten an Ihre Großhändler zu faxen, und diese würden sich beeilen, sie den Händlern mitzuteilen, die sie ihrerseits, natürlich mit Begeisterung, an ihre Kunden weitergäben. In der Realität sind Netzwerke jedoch weder linear noch berechenbar. Die Leute reden auf unvorhersehbare Weise miteinander. Zum Beispiel könnte ein Mega-Hub im Flughafen neben einem Kunden sitzen, der ihm oder ihr erzählt, wie miserabel Ihr Kundendienst ist. Ein anderer Kunde surft im Internet und findet eine Diskussionsgruppe, in der Kunde B Ihr Unternehmen wärmstens empfiehlt. Tatsache ist, dass Händler oft von Kunden über neue Produkte hören, nicht umgekehrt. Der Trickle-Down-Effekt sieht auf dem Papier wunderschön aus, aber Netzwerke sind keine Organigramme.

Warum ist das für Marketer von Bedeutung? Weil es zwei Fallen gibt, in die Unternehmen geraten können. Die erste besteht darin zu meinen, Buzz zu erzeugen habe nur mit Network-Hubs zu tun. Wenn Sie sich ausschließlich auf das Zwei-Stufen-Modell stützen, können Sie zu der gefährlichen Schlussfolgerung gelangen, direkte Kommunikation mit Ihren Kunden sei nicht wichtig. Die zweite potenzielle Falle besteht in der zu engen Interpretation des Begriffs »Network-Hub«. Fast alle Unternehmen versuchen, sich an Network-Hubs zu wenden. Aber es besteht ein großer Unterschied darin, ob man sich um eine Elitegruppe von 40 Personen bemüht oder um eine breitere, weniger sichtbare Gruppe von 4000. Zahlen machen eine Menge aus, wenn man Informationen verbreiten will. Viele Experten stimmen darin überein, dass der Anteil der Meinungsführer an der Bevölkerung zwischen zehn und 15 Prozent beträgt. Der Marketing-Guru im Silicon Valley Regis McKenna, Wegbereiter des Modells »Beeinfluss die Beeinflusser«, schrieb: »Wenn ein Unternehmen die kritischen zehn Prozent erreichen kann, wird es indirekt alle anderen beeinflussen. Die Botschaft wird wie ein Schneeball wachsen, der den Hang hinunterrollt, wenn die kritischen zehn Prozent die Informationen an andere weitergeben.« Aber in der Praxis haben Marketer manchmal nur eine Hand voll »Beeinflusser« als Zielgruppe, nicht die vollen zehn Prozent.[13]

Die Verbreitung von Buzz ist komplex. Die Leute verlassen sich nicht nur auf *eine* Informationsquelle, egal, ob das ihre Freunde, die Medien oder Hersteller sind. Sie greifen auf alle zurück. Wie diese verschiedenen Quellen miteinander kommunizieren, ist noch unklar. Aber die Tatsache, dass solche Informationsquellen etwas rätselhaft sind, sollte uns nicht daran hindern, das zu nutzen, was wir wissen, um die Netzwerke anzuregen. Und das führt zum zweiten Teil des Buches.

## Branchen-Buzz versus Kunden-Buzz

Unternehmen machen den verbreiteten Fehler, darauf zu achten, was in Branchenkreisen gesagt wird, und anzunehmen, man bekomme dadurch alles mit, was von Belang sei. Das trifft nicht zu. Branchen-Buzz und Kunden-Buzz sind zwei verschiedene Dinge. Beide sind wichtig. Branchen-Buzz tendiert dazu, sich auf die Zukunft zu konzentrieren. Ein Gerücht, das Sie beim Essen mit einem Branchenanalysten hören, kann sich in sechs Monaten als Tatsache herausstellen. Kunden-Buzz richtet sich auf die Gegenwart: Kommentare, die Sie im Internet gesehen oder auf der Straße gehört haben, können Ihnen sagen, was die Leute jetzt von Ihrem Produkt halten. Sie sollten auf beides hören.

Wieso sind die beiden Arten des Buzz unterschiedlich? Der erste Grund liegt im Niveau der Beteiligung. Obwohl Verbraucher bei bestimmten Produktarten sehr stark einbezogen sein können, erreicht das Beteiligungsniveau gewöhnlich nicht das von Branchennetzwerken, wo für jeden eine Menge auf dem Spiel steht

– Geld, die Karriere, das Ego, Träume. Der zweite Grund besteht in der räumlichen Konzentration. Während Kunden häufig über die ganze Welt verstreut sind, neigen Branchen zur Clusterbildung. Silicon Valley, Detroit, New York City und Hollywood sind berühmte Beispiele für Branchencluster, aber das Phänomen ist viel universeller. »Cluster sind ein verblüffendes Merkmal praktisch jeder nationalen, regionalen, staatlichen und sogar metropolitanen Wirtschaft, insbesondere in wirtschaftlich fortgeschritteneren Ländern«, stellt Michael Porter von der Harvard Business School fest.[14]

All das erklärt, warum Branchen-Buzz so frenetisch sein kann. Wenn Sie den Branchen-Buzz in Silicon Valley hören wollen, gehen Sie zu Il Fornaio in Palo Alto oder zu Buck's in Woodside frühstücken. Sie werden buchstäblich das Summen des Buzz von Dutzenden von Männern und Frauen hören, die alle gleichzeitig über verschiedene Aspekte der gleichen Branche reden. Erzählen Sie jemandem an einem Tisch, Microsoft wolle das Unternehmen X kaufen, und Sie können sicher sein, dass innerhalb von einigen Minuten die meisten Leute im Restaurant es wissen. Nach einer Stunde wird sich die Information über Handys und per E-Mail im restlichen Valley verbreitet haben, wo sich etwa 7000 Technologieunternehmen in einem Korridor von 80 Kilometern konzentrieren. Aber was die Leute im Il Fornaio oder bei Buck's in Aufregung versetzt, könnte von Verbrauchern mit einem Gähnen beantwortet werden.

Lassen Sie mich das Beispiel der Geräte mit beschreibbarem Bildschirm benutzen. Wenn Sie Ende der achtziger Jahre ein solches Produkt hatten, war Ihr Unternehmen *das* Gespräch des Valley. Wenn Sie jedoch darauf geachtet hätten, was Verbraucher dazu sagten, hätten Sie sehr wenig Buzz gehört, und die wenigen Kommentare, die die Runde machten, waren nicht unbedingt positiv. Das Gleiche passierte in den neunziger Jahren mit der Push-Technologie, die auf Kunden zugeschnittene Informationen direkt in die Computer der Leute einspeisen sollte. Unternehmen, die mit diesem Konzept zu tun hatten, erhielten ohrenbetäubenden Buzz innerhalb der Hightech-Industrie, aber sehr wenig von Kunden.

Wenn in Ihrer Branche viel über Ihre Produkte geredet wird, ist das gut. Aber wenn zu einem bestimmten Zeitpunkt dieser Branchen-Buzz nicht zu einem Kunden-Buzz wird, könnten Sie ein Problem haben. Letzten Endes sind *Kunden* die Personen, die Ihre Produkte Freunden empfehlen müssen.

# Teil II
# Erfolg in den Netzwerken

## 7
## *Ansteckende Produkte*

Ich bin kein Autonarr, aber als ich zum ersten Mal den BMW-Z3-Roadster sah, war ich wie betäubt. Ich bezweifle, ob jemand, der zum ersten Mal dieses Auto sieht, kommentarlos daran vorbeigehen kann. »Ich beobachtete den Fahrer eines Grand-Cherokee-Jeeps, wie er auf den Gehweg fuhr, während er nach dem Z3 schielte«, erzählte Fred Kern, der einen der ersten Z3 besaß.[1] Irgendwann war Kern so müde, immer wieder die gleichen Fragen über das Auto beantworten zu müssen, dass er schon daran dachte, ein Schild anzubringen:

- Ja, es ist das Auto aus dem Film.
- 28 750 Dollar, aber mit den Ledersitzen kostete es mehr – rund 32 000 Dollar.
- Etwa vier Monate.

Manche Produkte bringen die Leute einfach zum Reden, und der Z3 ist so ein Produkt. Das Gerede wurde durch eine clevere Einführungskampagne verstärkt, die ich in einem späteren Kapitel behandeln will (dazu gehörte der »Auftritt« in dem Film *GoldenEye*). Aber in erster Linie ist es das fantastische Design des Autos, das so viel Buzz erzeugte.

Dieses Kapitel legt den Schwerpunkt auf Produkte – jene Produkte, die das haben, was zu gutem Buzz notwendig ist, echtem, langfristigem Buzz, der zu Absatz führt. Das ist das A und O jeder Buzz-Kampagne. Ich nenne diese Produkte »ansteckende Produkte«. Sie besitzen die Neigung, sich selbst zu verbreiten und Gespräche in Gang zu setzen. Der beste Buzz kommt nicht von cleverer PR oder Werbung, sondern vielmehr von Eigenschaften, die dem Produkt innewohnen. Ansteckende Produkte können in sechs Kategorien eingeteilt werden.

## Produkte, die eine emotionale Reaktion hervorrufen

Als ich aus dem Kino kam, nachdem ich den Film *Psycho* gesehen hatte, konnte ich tagelang nicht aufhören, über ihn zu reden. Meinen Teenagerfreunden ging es genauso. Warum? Weil wir Angst hatten. Das Gleiche geschah bei *The Blair Witch Project*. Der Film wurde zwar auch clever vermarktet, aber Buzz wurde ganz überwiegend von der Angst stimuliert, die der Film bei den Zuschauern erzeugte. Das war vor allem in den ersten Wochen nach dem Kinostart der Fall, als manche Leute immer noch glaubten, das, was sie auf der Leinwand sahen, seien echte Filmaufnahmen, die drei Studenten, die in den Wäldern Marylands verschwunden waren, gemacht hätten.

Angst ist natürlich ein Gefühl, das positiven Buzz nur bei sehr wenigen Produkten wie Horrorfilmen erzeugt. Bei den meisten Produkten und Dienstleistungen ist es gewöhnlich das Gefühl der Begeisterung und Freude, das man verspürt, wenn die Erwartungen übertroffen werden. Nehmen wir das Beispiel des PalmPilot. Als er eingeführt wurde, erwarteten die Leute in der Hightech-Industrie nicht viel von Personal Digital Assistants (PDAs), einer Produktkategorie, die nach einer langen Geschichte der Fehlschläge im Prinzip für tot gehalten wurde. Das PalmPilot-Team versuchte nicht, diese geringe Erwartung zu verändern. Das steht in starkem Gegensatz zu der Einführung des Momenta, die ich in Kapitel 2 beschrieben habe. Für den Momenta wurde Monate vor seiner Einführung Werbung gemacht, für den PalmPilot nicht. Der Momenta hatte einen Aufsehen erregenden Stand auf der Comdex, der Palm wurde auf der Demo eingeführt, einer kleinen Show mit einflussreichen Branchenleuten, auf der einem Publikum von mehreren hundert Leuten neue Produkte vorgestellt werden.

»Es war kein großes Unternehmen, das da ankam und sagte: ›Wir haben dieses Ding erfunden, es ist Ehrfurcht erregend, und Sie sollten es besser mögen«‹, sagt Ed Colligan, ehemaliger Vice-President für Marketing bei Palm Computing. Diese Bescheidenheit, verbunden mit einem ausgezeichneten Produkt, rief bei den Leuten echte Begeisterung hervor. »Als ich den PalmPilot sah, war das einer dieser Aha-Momente«, erinnert sich Andy Reinhardt, damals bei *PC World* für Nachrichten verantwortlich. »Es war fantastisch!«[2]

Colligan klingt, als ob er sich entschuldige, wenn er Palms positiven Buzz erklärt. »Das Produkt funktioniert halt, wissen Sie. Ich weiß, das hört sich banal an, aber es gab sonst eine Menge fundamentaler Fehler bei allem, was wir machten.« Die erste Erfahrung eines Kunden mit einem Produkt ist für Buzz entscheidend. »Wir sind so an schreckliche Erfahrungen gewöhnt, dass wir, wenn wir eine gute Erfahrung machen, es unseren Freunden erzählen«, meint Patricia Seybold, President der Patricia Seybold Group und Autorin des Bestsellers *Customers.com*.[3]

Das war teilweise auch der Grund, der EndNote zu einem ansteckenden Produkt gemacht hat. Kunden haben sehr oft gesagt: »Es war in weniger als zehn Minuten installiert und lief«, oder »Es funktionierte wirklich beim ersten Mal!« Diese Leute erzählten ihren Freunden von der Software, manchmal wenige Minuten nach ihrer Installation. Sie sprachen mit anderen darüber, weil sie angenehm überrascht waren.

## Produkte, die selbst Werbung für sich machen

Eine andere Art ansteckender Produkte ist eines, das visuellen Buzz erzeugt. Stellen Sie sich vor, wir haben das Jahr 1889. Sie gehen an einem Samstagmorgen im Park spazieren und bemerken plötzlich einen Mann, der einen Kasten vor dem Bauch hält, der auf seine Frau und zwei Kinder gerichtet ist, und diese bittet zu lächeln. Sie sind schrecklich neugierig und wollen herausfinden, was er macht. Ein paar Leute versammeln sich in der Nähe, und Sie bekommen mit, dass dieser Kasten Kodak-Kamera genannt wird. Es ist fast so, als ob die Kamera die Familie dieses Mannes benutzt, um sich in der Öffentlichkeit vorzuführen. In den folgenden Wochen werden sich einige der Leute, die den Mann im Park beobachteten, ihre eigene Kodak-

Kamera kaufen, und sie werden dann gesehen, wie sie sie öffentlich zeigen.

Auf diese Weise verbreiten sich zahlreiche neue Produkte. Denken Sie daran, als Sie zum ersten Mal einen Koffer mit Rädern gesehen haben. Er machte selbst für sich Werbung, als er in Flughäfen überall in der Welt hinter Mitgliedern von Flugzeugbesatzungen herrollte. Dann, als auch Passagiere ihn zu benutzen begannen, löste er Tausende von Gesprächen aus wie »Soll das wirklich ein Koffer sein?« »Ich habe gehört, er wurde von einem pensionierten Piloten erfunden.« »Wo bekommt man die?« Modische Produkte verbreiten sich großenteils auf ähnliche Weise. Mehr als die Hälfte der Antwortenden, die vom Marktforschungsunternehmen Yankelovich gebeten wurden, ihre Informationsquellen für neue Modestile zu nennen, gaben an, sie würden sich durch Beobachten dessen, was andere tragen, über Mode informieren.[4]

Soziales Lernen dieser Art spielt bei Buzz unter jüngeren Konsumenten eine bedeutende Rolle. Barry Schwartz, Besitzer dreier Spielwarengeschäfte im Staat New York, beschreibt, wie Buzz über Beanie Babys in seiner Gegend aufkam. Er sah die Plüschtiere zum ersten Mal auf einer Messe und stellte Mitte 1994 einige davon in seinen Läden aus. Ein Sohn eines der Beschäftigten des Ladens begeisterte sich für ein Beanie-Baby-Schwein. Das Kind nahm es mit nach Hause und stieg am nächsten Morgen mit dem Schwein in der Hemdtasche in den Bus. »Woher hasse dat?«, wollten die anderen Kinder im Bus sofort wissen. »An diesem Nachmittag hatten wir vielleicht 36 Stück auf Lager. Sie gingen alle weg. Am nächsten Tag führten wir bereits eine Warteliste. In den ersten sechs Wochen haben wir 1500 Stück verkauft.«

Was bedeutet das für Ihr Unternehmen? Bewusstsein für diesen Effekt in der Designphase ist wichtig: Wenn Sie eine neue digitale Kamera entwerfen, und sie sieht wie eine traditionelle Filmkamera aus, verschenken Sie eine Gelegenheit, Diskussionen zu entfachen. Wenn Sie das Design der Kamera so gestalten, dass sie *anders* aussieht, helfen Sie dem Produkt, Gespräche in Gang zu setzen und so selbst Werbung für sich zu machen. Genau das ist es, was die Leute von Apple beabsichtigten, als sie den iMac entwarfen. Sie wollten, dass er anders aussieht als jeder andere Computer.

Farbe ist ein anderes wirksames Mittel, das Produkte dabei unterstützt, für sich zu werben. Auffällig blaue Beutel in Hauseinfahrten sagen den Leuten, dass ihre Nachbarn die *New York Times* lesen. Ein transparenter Beutel hätte das nicht geschafft. Vielleicht um auf diesen visuellen Buzz in der Gegend der San-Francisco-Bucht zu antworten, begann *The San Francisco Chronicle* 1998, die Zeitung in gelben Beuteln auszuliefern. Auch sehr auffällig.

## Produkte, die Spuren hinterlassen

Eine andere Möglichkeit, dass ansteckende Produkte sich selbst propagieren, besteht darin, Spuren zu hinterlassen. Das gilt vor allem für Produkte, die es ihren Benutzern ermöglichen, sich auszudrücken. In der Anfangszeit des Desktop-Publishing verbreitete sich mit dem eigentlichen Werk die Botschaft »Ich hab PhotoShop benutzt« oder »Ich hab Illustrator benutzt« oder allgemeiner »Ich hab meinen Mac benutzt.« Der gleiche Effekt unterstützte die Ausbreitung der Kodak-Kamera. Sie profitierte nicht nur von ihrer Sichtbarkeit als Objekt, auch ihre Produkte – Fotos auf Kodak-Papier – waren besonders dazu geeignet, Freunden und der Familie gezeigt zu werden.

Ein weiteres Produkt, das sich in jüngster Zeit auf diese Weise verbreitet hat, ist »Kühlschrank-Poesie«. Dave Kapell hat sie erfunden, um sich das Schreiben zu erleichtern – er schnitt Wörter aus, klebte sie auf Magneten und brachte sie auf seinem Kühlschrank an. »Als Freunde vorbeikamen, versammelten sie sich um den Kühlschrank, spielten damit und hinterließen bizarre Botschaften, und schließlich meinten welche: ›He, Du solltest das verkaufen‹«, erzählt Kapell. Er stellte ein paar Bastelsätze her, nahm sie auf Kunstgewerbemessen mit und stellte fest, dass in den Wohnungen seiner Kunden das Gleiche passierte wie bei ihm zu Hause: Leute sahen die Wörter bei Freunden auf den Kühlschränken, spielten mit den Magneten und hinterließen ihre Sprüche. »In den ersten paar Jahren war es ziemlich viel Mundpropaganda, durch die sich das Produkt verkauft hat«, sagt er. Zur Beschleunigung des Prozesses engagierte Kapell Vertreter und drang in traditionelle Distributionskanäle ein, wo sein Produkt für mehr Augen sichtbar wurde. Aber es gibt immer noch viele Leute, die ihm erzählen, sie hätten es zuerst bei jemandem zu Hause gesehen. Bislang wurden mehr als eine Million Sätze verkauft.[5]

Diese Wirkung ist jedoch nicht auf Produkte beschränkt, die Kreativität ermöglichen. Als die ersten Laserdrucker herauskamen, hinterließen sie eine lange Spur von Berichten und Briefen, die einfach professioneller aussahen als die auf Matrixdruckern fabrizierten. Diese Ausdrucke machten für die Drucker, auf denen sie hergestellt wurden, auf zwei Arten Werbung: Sie etablierten stillschweigend einen neuen Standard für geschäftliche Dokumente und lösten zuweilen Diskussionen über Druckverfahren aus.

## Produkte, die nützlicher werden, wenn mehr Personen sie benutzen

Manche ansteckenden Produkte belohnen Sie, wenn Sie von ihnen reden. Nehmen wir an, Sie sind in einem Hotel und wissen nicht mehr, wie Sie sich amüsieren sollen. Als Sie durch den Fitnessraum gehen, finden Sie eine Tischtennisplatte, aber Sie haben niemanden, mit dem Sie spielen könnten. Eine Tischtennisplatte ist ziemlich nutzlos, wenn Sie keinen Partner haben, also gehen Sie durch das Hotel und erzählen überall von der Tischtennisplatte. Sie tun das nicht, weil Sie ein so guter Mensch sind (der Sie sind), sondern weil Sie dadurch die Chance erhöhen, Ihr Ziel zu erreichen: zu spielen. Diese Notwendigkeit der Partnerschaft ist die Grundlage der Netzwerkeffekte, die ich in Kapitel 3 beschrieben habe. Telefon, Fax und E-Mail sind Beispiele für Produkte, deren Wert steigt, je mehr Leute sie benutzen, wie bei der Mehrzahl der Kommunikationsmittel. Wenn Sie die einzige Person auf der Welt sind, die eine E-Mail-Adresse hat, ist ihre Nützlichkeit gleich null. Wenn Sie eine zweite Person mit einer E-Mail-Adresse finden, gewinnt ihre eigene etwas an Wert – Sie können zumindest mit dieser Person Kontakt aufnehmen. Wenn jeder E-Mail hat, ist ihr Nutzen maximiert, da Sie jeden damit erreichen können.

Auf diese Weise hat sich die ICQ-Software verbreitet. Die Idee für diesen Kommunikationsdienst (die einigen Berichten zufolge 1996 während eines Tischtennisspiels aufkam) war von dem Wunsch der Internetnutzer inspiriert zu wissen, welche ihrer Freunde gleichzeitig online sind. Sobald ein Nutzer das erfährt, lässt ihn dieser Service mit einem Partner in Echtzeit schwätzen. Wenn Sie nun die einzige Person in Ihrem sozialen Netzwerk sind, die eine solche Software besitzt, können Sie nicht viel damit anfangen. Wenn Sie jedoch Ihre Freunde ermuntern, sie ebenfalls herunterzuladen, ist sie viel nützlicher für Sie. Mirabilis, das kleine israelische Unternehmen, das die Software produziert, berichtete, dass von der Einführung im November 1996 bis zum Verkauf des Unternehmens im Sommer 1998 an America Online über zehn Millionen Personen ICQ heruntergeladen haben.

Ein anderer Service, der sich auf ähnliche Art verbreitet, ist Accompany.com, ein Gruppeneinkaufsservice, der es Verbrauchern ermöglicht, sich online zusammenzutun, um Mengenrabatt von Herstellern zu erhalten. Wenn Sie über diesen Service eine Digitalkamera kaufen wollen und Sie wissen, dass der Preis noch einmal um 40 Dollar sinken wird, wenn weitere Personen mitmachen, werden Sie wahrscheinlich Ihren Freunden von diesem Service erzählen. Auch dieser ist wertvoller für Sie, wenn mehr Leute ihn nutzen.

## Produkte, die kompatibel sind

Wissenschaftler haben die Theorie aufgestellt, dass es in unseren Köpfen möglicherweise eine »bereits vorhandene Struktur« gibt, die bestimmt, welche Botschaften wir akzeptieren und weitergeben werden.[6] Die Menschen sind offener für Ideen, die mit ihren Überzeugungen übereinstimmen, und daher verbreiten sich solche Ideen rascher. Ein Grund für den intensiven Buzz über den PalmPilot war, dass er Erwartungen entsprach, die viele Leute hatten. »Wir haben alle fertige Listen im Kopf«, sagte ein Kunde zur Erklärung, warum er den PalmPilot gekauft hatte. »Ich hatte in meinem Gehirn eine mentale Liste von Dingen, die ein Informationsorganisierer leisten sollte, und dann, als ich ihn sah, machte es ›klick‹.« Dieser Kunde erzählte Dutzenden von Leuten vom PalmPilot.

Ihr Produkt muss auch mit der Art und Weise vereinbar sein, in der potenzielle Nutzer bereits bestimmte Dinge erledigen. Mehrere zuvor entwickelte Geräte haben das ignoriert. Aber das Palm-Team war sich bewusst, dass die ersten Leute, die voraussichtlich einen PDA benutzen würden, schon einen PC und eine Methode besaßen, um darauf ihre Kontakte und Terminplanung auf dem Laufenden zu halten. Kompatibilität bekam daher Priorität. Auch andere Geräte ermöglichten den Anschluss an einen PC, doch der PalmPilot war bereits als PC-

Gerät entwickelt worden – als Erweiterung Ihres PC: Ein Knopfdruck synchronisiert die Daten auf dem Palm und Ihrem Computer.

Unvereinbarkeit behindert Buzz an der Ausbreitung. Wir hatten EndNote zuerst für das Macintosh-Betriebssystem eingeführt. Wir machten gewöhnlich auf wissenschaftlichen Versammlungen Werbung für unsere Software, wo wir öfter das folgende Gespräch zwischen Kunden mithörten, die an unserem Stand stehen geblieben waren:

Kunde A: »He, Joe, das musst du dir unbedingt ansehen. Eine unglaubliche Software.«

Kunde B: *(bemerkt das Apple-Logo auf unserem Computer)* »Gibt's das auch für DOS?«

Kunde A: »Hmmm ... Ich glaub nicht.«

Ende der Geschichte. Das Interesse von Kunde B war an dieser Stelle meist gestorben.

Wir haben uns natürlich ihre Namen notiert und ihnen versprochen, wir würden sie informieren, wenn wir eine DOS- und Windows-Version entwickeln würden (was wir später auch taten). Aber beachten Sie, wie Nichtvereinbarkeit Buzz daran hindern kann, sich auszubreiten. Die Begeisterung war zwar da, aber das Produkt war für Kunde B nicht geeignet, und folglich würde er die Information nicht weitergeben.

Kompatibilität ist häufig eine Frage kultureller Traditionen und dessen, was in einer bestimmten Gemeinschaft gesellschaftlich akzeptabel ist. Um die Gesundheit der Bewohner von Las Molinas, einem kleinen Dorf in Peru, zu verbessern, versuchte die Regierung, Frauen im Dorf in allgemeinen Hygieneregeln auszubilden. Sie ermunterte die Dorfbewohner, ihr Trinkwasser abzukochen. Trotz der zweijährigen Kampagne weigerte sich jedoch die Mehrheit von ihnen, die Praxis zu übernehmen, weil sie ihren grundlegenden Überzeugungen betreffend Essen und Trinken widersprach. Everett Rogers, der dieses Beispiel in *Diffusion of Innovations* anführt, hebt hervor, dass »die Kompatibilität einer Innovation, wie sie von Mitgliedern eines sozialen Systems wahrgenommen wird, in positiver Beziehung steht zu ihrer Übernahmerate«[7].

## Produkte, die »den Rest erledigen«

Fotoapparate wurden in den zwanziger Jahren des 19. Jahrhunderts erfunden. Warum hat es etwa 60 Jahre gedauert, bis sie populär wurden? Die Antwort liegt meiner Meinung nach in dem Slogan, den Kodak benutzte, um seine Kamera von 1889 einzuführen: »Sie drücken auf den Knopf – wir erledigen den Rest.« Buzz über Produkte, über die sich diese Behauptung aufstellen lässt, weil sie sie auch einlösen können, verbreitet sich rasch. Als Kameras erfunden wurden, war ihre Bedienung sehr kompliziert. Dann reduzierte George Eastman sie auf drei Schritte: die Kordel ziehen [für den Verschlussaufzug], die Frontplatte wegnehmen [für die Blendeneinstellung; Anm. d. Übers.] und auf den Auslöser drücken. Eastman erkannte auch, dass er einen einfachen Entwicklungsprozess anbieten musste, wenn er einen Massenmarkt anziehen wollte. Daher war die Kodak-Kamera mit einem Film für 100 Aufnahmen geladen, und wenn der Film voll war, schickte der Kunde die ganze Kamera zur Entwicklung an das Unternehmen. Eastman entmystifizierte den Prozess für Tausende von Leuten, die etwas von Fotografie wussten, sie aber bis dahin für eine komplizierte Angelegenheit für professionelle Fotografen und ernsthafte Hobbyisten gehalten hatten. Eastman erkannte auch, wie wichtig es war, die Unkompliziertheit der Erfindung hervorzuheben. Um die Betriebsanleitung zu schreiben, engagierte er einen Werbefachmann aus New York, aber am Ende schrieb er sie selbst (in weniger als fünf Stunden), weil laut Eastman der Werbemanager die Einfachheit der Kamera »völlig ignorierte«. Mitte der neunziger Jahre des 19. Jahrhunderts, nur wenige Jahre nach der Einführung, waren 100 000 Kameras verkauft worden. »Die große Mode verbreitet sich fürchterlich«, schrieb *The Chicago Tribune* über die neue Kamera.[8]

Technologieprodukte sind nicht die einzigen Produkte, die Dinge auf attraktive Weise vereinfachen. Nehmen wir zum Beispiel das Buch *In Search of Excellence* (dt.: *Auf der Suche nach Spitzenleistungen*). Was die Kodak-Kamera für die Fotografie tat, tat dieses Buch für die Managementtheorie: Es entmystifizierte sie. Umfangreiche Forschung ging in das Buch ein, aber die Ergebnisse wurden zu ein paar einfachen Merkmalen verarbeitet, die Spitzenunternehmen gemeinsam haben. Die Autoren erteilten grundlegende Ratschläge wie »Bleib bei deinen Leisten« oder »Sei deinen Kunden nah« und machten es den Leuten leicht, ihren Freunden von dem Buch zu erzählen.[9]

Produkte, die leicht zu benutzen sind, verbreiten sich schneller, weil Verbraucher sich nach Einfachheit sehnen. Buzz über diese Produkte verbreitet sich dann ebenfalls rascher. Der Grund dafür ist folgender: Wenn Verbraucher ihren Freunden erzählen, wie sie ein Produkt benutzen, könnte jeder zusätzliche Schritt, den sie beschreiben, Verwirrung stiften und die Weitergabe von Informationen über das Produkt blockieren. Wenn ein Verbraucher nur einen einzigen Schritt erklären muss, hat er mit größerer Wahrscheinlichkeit ein perfektes »Verkaufsargument«, als wenn er sieben Schritte erklären müsste.

## Buzz und Erfüllung der Erwartungen

Ich möchte noch einmal zum Anfang des Kapitels zurückgehen und etwas mehr über die emotionalen Reaktionen von Leuten auf Produkte sprechen. Diese Reaktion wird zum großen Teil von ihren Erwartungen beeinflusst.

Wenn Sie Buzz stimulieren, wecken Sie Erwartungen. Wenn Sie zu große Erwartungen wecken, ohne sie erfüllen zu können, rufen Sie Enttäuschung hervor. Der Schlüssel zur Erzeugung eines positiven Buzz ist Erfüllung der Erwartungen. Am besten hält man sich an die einfache Regel: Immer die Erwartungen übertreffen. Nichterfüllung der Kundenerwartungen führt zu negativem Buzz.

Wenn Sie ein Produkt haben, von dem Sie wissen, es ist ein echter Knüller, können Sie es sich leisten, die Erwartungen hochzuschrauben. Für den BMW-Z3-Roadster wurde Monate vor seiner Einführung Werbung gemacht. Aber das Design des Autos war so verblüffend, dass die Kundenerwartungen erfüllt und oft übertroffen wurden. Wenn Sie für ein Produkt werben, das nur »sehr gut« ist, seien Sie vorsichtig. Wenn Sie jemandem voraussagen, ein bestimmter Film werde die lustigste Komödie sein, die er je gesehen hätte, und er lacht nur 25 Prozent der Zeit, fühlt er sich betrogen. Wenn seine Erwartungen mäßig sind und er genauso viel lacht, wird er erfreut sein.

Eine andere Möglichkeit, Erwartungen zu übertreffen, besteht darin, den Preis niedriger anzusetzen, als die Kunden vermuten. Junge

Paare, die 1964 eingeladen wurden, den Ford Mustang vor seiner Einführung zu sehen, verliebten sich in das Auto. Aber sie reagierten zurückhaltend, weil sie meinten, es würde wahrscheinlich ihre finanziellen Möglichkeiten übersteigen. Als sie erfuhren, der Mustang würde nur etwa 2500 Dollar kosten, wollten sie ihn unbedingt haben.[10] Etwas Ähnliches passierte mit dem PalmPilot. Mehrere Leute erzählten mir, wie sie sich in ihn verliebt hätten, als ein Freund ihnen ein Gerät zeigte. Dann, als sie den Preis hörten – »ein Preis, den man auf einer Spesenrechnung unterbringen konnte«, wie es jemand ausdrückte –, *mussten* sie ihn haben. Und danach erzählten sie ihren Freunden, wie nützlich er für sie sei.

# 8
# Beschleunigung der natürlichen Ansteckung

Bäume haben ein interessantes Marketingproblem. Sie müssen ihre Samen weit ausstreuen, damit sie nicht mit ihren Sprösslingen um Licht, Wasser und Nahrung konkurrieren. Aber das Problem ist, dass sie an einem Ort verwurzelt sind. Wenn Sie je von Ihren Eltern für eine Woche Hausarrest bekommen haben, kennen Sie das Gefühl.

Also mussten Bäume andere Methoden entwickeln, ihre Samen zu verbreiten. Bei einer von ihnen sind Verführung und Trampen im Spiel. Der Baumsamen entwickelt sich in einer grünen und nicht sehr attraktiven Frucht, einer Nuss oder einem Zapfen; wenn der Samen reifer wird, reift auch die Frucht, was sie anziehender, süßer, farbiger und saftiger macht. Hier beginnt die Verführung: Tiere sehen die farbenprächtige Frucht, probieren sie und nehmen sie zum Fressen mit. Unterwegs verstreuen sie den Samen, manchmal Kilometer vom Baum entfernt.[1]

Die Natur hat sich eine clevere Strategie ausgedacht. Aber was bei Bäumen zum Erfolg führt, funktioniert nicht im Wirtschaftsleben. Dafür gibt es einen offensichtlichen Grund: Unternehmen operieren in einer wettbewerbsintensiven Umgebung, wo ihr Überleben oft von ihrer Dominanz abhängt. Die von Bäumen verfolgte Strategie ist zu begrenzt. Dennoch übernehmen manche Unternehmen sie aus Nachlässigkeit. Sie entwickeln schöne »Früchte« und warten darauf, dass Kunden kommen, sie finden und mit sich nehmen. Sie glauben, ein gutes Produkt zu haben oder einen guten Service anzubieten sei alles, was nötig ist. Diese Unternehmen nutzen einen bedeutenden Vorteil nicht, den wir Menschen den Bäumen voraushaben: Wir können ans andere Ende des Waldes gehen und den Samen selbst aussäen.

Zwei Dinge sind notwendig, um erfolgreich Buzz zu erzeugen. Das Erste ist, wie im letzten Kapitel behandelt, ein ansteckendes Produkt. Aber das allein reicht nicht aus. Unternehmen, die guten Buzz erhalten, *beschleunigen* außerdem die natürliche Ansteckung.

Von dem Spiel *Trivial Pursuit* wurden 1984 20 Millionen Exempla-

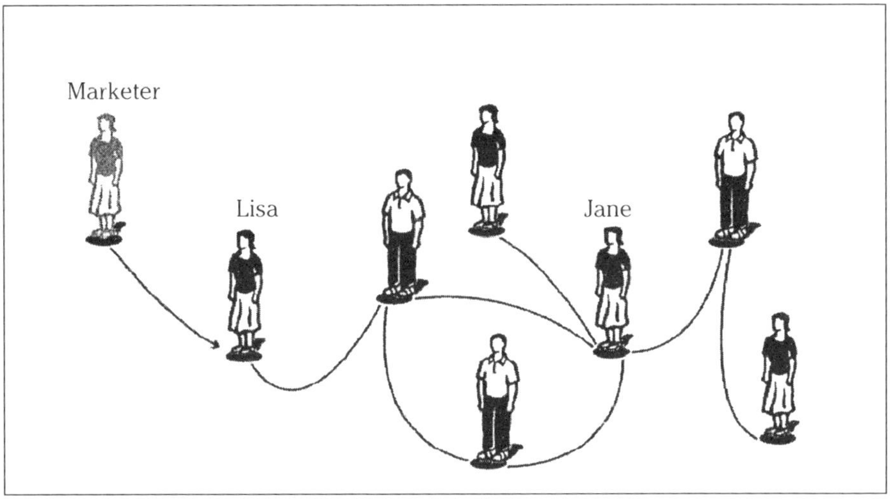


Lisa ist zwar erreichbar, aber sie hat nicht die beste Position, um Informationen zu verbreiten.

re verkauft. Ansteckung spielte bei dem Buzz über das Produkt eine bedeutende Rolle. Leute, die das Spiel spielten, mussten unbedingt ihre Kenntnis unnützen Wissens anderen gegenüber am Arbeitsplatz, in der Schule oder zu Hause demonstrieren. Aber Informationen über das Produkt verbreiteten sich nicht allein durch Ansteckung. Buzz wurde durch zahlreiche Aktivitäten des Unternehmens beschleunigt. Zum Beispiel schickte es Exemplare des Spiels an berühmte Personen, die in Fragen genannt werden. Das half, Buzz (und »Trivia«-Partys) in Hollywood in Gang zu setzen. Monatelang veranstalteten mehr als 100 Radiostationen Sendungen mit Fragen aus dem Spiel und verschenkten Spiele an Hörer. Das trug zur Erzeugung von Buzz in zahlreichen Clustern im ganzen Land bei, da Gewinner des Spiels Freunde zum Spielen einluden.

Ich nenne diese Art der Beschleunigung »Leapfrogging« (Bockspringen). Anstatt sich auf Kunde A zu verlassen, dass er es B erzählt, der es C erzählt, der es D erzählt (Sie sehen, wie langsam Mundpropaganda sein kann), wissen clevere Marketer, dass Mundpropaganda nahezu immer angekurbelt werden muss. Sie tun etwas, damit sich die Informationen rascher verbreiten.

Sehen wir uns ein einfaches Beispiel des Leapfrogging in Aktion

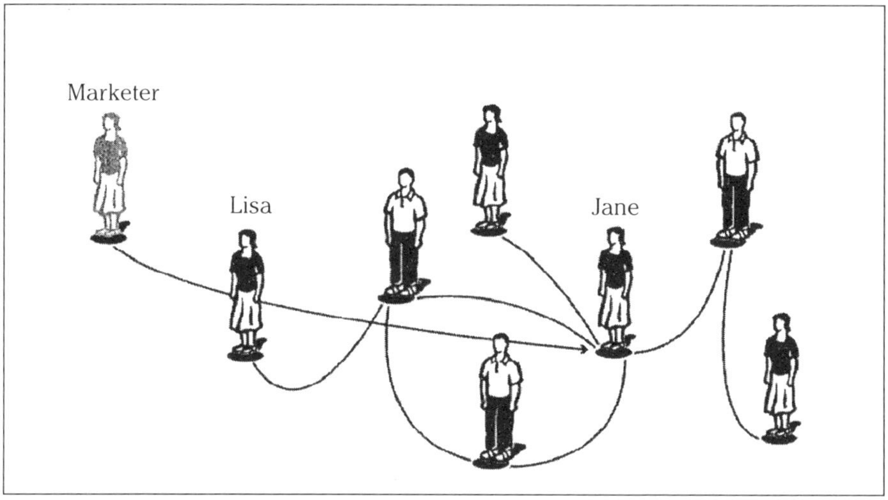

Jane hat einen viel besseren Standort, um in diesem Netzwerk Informationen weiterzugeben.

an. In der ersten Abbildung möchte ein Marketer Informationen über ein neues Produkt an sieben Kunden weitergeben. Nehmen wir an, dass begrenzte Mittel ihr nur mit einem Kunden zu kommunizieren erlauben. Wenn sie sich darauf verließe, dass das Produkt sich von selbst ausbreitet, würde sie an die nächste Person herantreten, an jemanden, zu dem sie bereits eine Verbindung hat – in diesem Fall Lisa –, und würde erwarten, dass sie die Botschaft an andere übermittelt.

Aber beachten Sie, dass es von Lisa zu der am weitesten entfernten Person in dem Netzwerk vier Schritte sind und dass nur eine Person einen Schritt von ihr entfernt ist. Die Botschaft wird auf ihrem Weg zu anderen Leuten in dieser Gruppe fast garantiert blockiert oder verzerrt. Selbst wenn sie nicht stecken bleibt, wird sie sich sehr langsam ausbreiten.

Ein Marketer, der die natürliche Ansteckung beschleunigt, wird versuchen, jemanden wie Jane zu orten und anzusprechen, die mehr im Zentrum der Gruppe steht. Jetzt sind *vier* Personen nur einen Schritt von Jane entfernt, und keine ist durch mehr als zwei Schritte von ihr getrennt. Die Botschaft wird ihren Bestimmungsort wahrscheinlich mit minimaler Verzerrung und viel schneller erreichen.

## Das Warum des Leapfrogging

Auch wenn unser einfaches Lisa-Jane-Beispiel die Kernidee hinter Leapfrogging illustriert, ist das nur die Andeutung seines Potenzials, einem Produkt auf die Sprünge zu helfen. Beim Start eines neuen Produkts weiß außer einigen Insidern niemand von seiner Existenz. Buzz ist gleich null. Es besteht eine enorme Lücke zwischen den wenigen Personen, die innerhalb des Unternehmens von dem Produkt wissen, und dem Rest der Welt. Um es bekannter zu machen, beginnen die Schöpfer des Produkts oder der Dienstleistung Informationen darüber in anderen Bereichen der Netzwerke auszustreuen. Das ist eine kritische Zeit im Leben eines Produkts. Für das Unternehmen ist es in dieser Phase entscheidend, mindestens eine Person zu haben, die davon besessen ist, die Informationen zu verbreiten. Es klingt fast zu offensichtlich, aber viele neue Produkte werden zum Fehlschlag, weil es im richtigen Moment keine besessene Person gibt, eine Person, die nicht zulässt, dass das Unternehmen sich wie ein Baum verhält, und die selbst die Samen des Buzz überall im Wald verteilt.

Sehen wir uns ein Beispiel aus der Frühzeit von Federal Express an. In der Nacht des 12. März 1973 versammelten sich Beschäftigte des jungen Unternehmens in der Nähe der neuen Sortieranlage in Memphis, Tennessee, und warteten auf die Falcon-Flugzeuge des Unternehmens, die aus elf Städten ankommen sollten, beladen mit Paketen, die sortiert werden mussten. Eine Nacht, die voller Erwartungen begann und in bitterer Enttäuschung endete: Als die Flugzeuge eintrafen und die Türen geöffnet wurden, fanden die Angestellten nur sechs Pakete, von denen eines Fred Smith, der Firmengründer, geschickt hatte. »Die Leute hatten noch nichts von uns gehört«, erzählte ein Mitarbeiter Robert A. Sigafoos, der diese Szene in seinem Buch über FedEx *Absolutely, Positively Overnight!* beschreibt. Genauso wie in dieser Nacht nur sechs Pakete im FedEx-Netzwerk unterwegs waren, kursierten zu der Zeit auch nur ein paar Kommentare über FedEx unter potenziellen Kunden. Eine Lektion, die das Unternehmen aus dieser Erfahrung mitnahm, war, dass es ein größeres Netzwerk von Städten abdecken musste, um seinen Service attraktiver zu machen. Die zweite Lektion war, dass es in der Verbreitung von Informationen über seinen Service aggressiver werden musste.[2]

Ted Sartoian war einer von jenen bei FedEx, die das bewerkstelligten. Bevor er im September 1973 von Federal Express als Verkaufsleiter engagiert wurde, war er Verkäufer bei UPS. Das Geschäft ging immer noch ziemlich schlecht – es reichte kaum, um die Flugzeugflotte zu unterhalten, die FedEx aufbaute. Sartoian erinnert sich daran, dass pro Nacht 300 Pakete aus Chicago versandt wurden. Selbst heute noch, über 25 Jahre später, entrüstet er sich über diese niedrige Zahl. »300 Pakete aus Chicago – das ist widerlich«, schrie er fast am Telefon.

Sartoians Methode bestand darin, mit einem Verkaufsteam von acht bis neun Personen in jede Stadt zu gehen und eine mehrwöchige intensive Werbeaktion durchzuführen. »Wir stellten eine Gruppe Leute zusammen und nahmen uns eine Stadt wie Chicago vor«, entsinnt er sich. »Wir saßen einen Abend oder einen Tag vorher zusammen und teilten die Stadt auf, jeder erhielt ein Gebiet, dann gingen wir herum und machten Werbung. Wir arbeiteten hart und sprachen so viele Leute wie möglich an. Wir gingen sogar von Tür zu Tür. Es war sehr schwierig.« Die Leute wussten natürlich nicht, was Federal Express war, und mussten von dem Konzept erst überzeugt werden. Sartoian und seine Gruppe ließen sich manchmal ein Musterpaket eines potenziellen Kunden geben und versandten es kostenlos. Am nächsten Tag kamen sie mit dem Namen des Kunden zurück, der Tausende von Meilen entfernt den Empfang des Pakets bestätigt hatte. »Das war ein tolles Verkaufsinstrument«, meint Sartoian. Auf diese Weise ist Federal Express in neue Städte, neue Branchen, neue Netzwerke gesprungen. »Wir gingen dahin und machten mit acht oder neun Jungs vier, fünf Wochen lang eine Blitzverkaufskampagne in der Stadt, und jetzt bekommen wir plötzlich Tausende Pakete am Tag anstatt 300.« Sartoian war nicht der Erste, der eine Blitzkampagne durchführte. Aber auf Originalität kommt es nicht an. Es kommt darauf an, dass Sie diese neu geknüpften Verbindungen irgendwie in die Netzwerke einführen müssen, um ausreichenden Schwung für die Verbreitung der Informationen zu erhalten. Ohne diese Verbindungen ist es denkbar, dass mit der Zeit fast jedes Büro in Amerika einen Brief von FedEx erhalten und so von dessen Existenz erfahren hätte. Aber das ist nur eine akademische Hypothese. In der Realität, mit Konkurrenten und Liquiditätsproblemen, muss ein Unternehmen rasch vom Boden wegkommen. Um Buzz in Gang zu setzen, ist gewöhnlich ein gewaltiger Anstoß erforderlich – über die natürliche Ansteckung hinaus.

## *Es ist eine Möglichkeit, in neue Cluster einzudringen*

Neue Produkte verbreiten sich oft in bestimmten Netzwerken, gelangen aber nicht in andere. In einer klassischen Untersuchung von 1954 analysierte William H. Whyte jr. mit Hilfe von Luftaufnahmen, wie sich in mehreren Vierteln Philadelphias Klimaanlagen verbreiteten. Als die Häuser mit neuer Klimaanlage in eine Karte eingetragen wurden, zeigten sich deutliche Cluster. In einem Block konnte es 18 Klimaanlagen geben und im Block gegenüber nur drei. Diese Clusterbildung war das Ergebnis kleiner Mundpropaganda-Netzwerke unter Nachbarn. Whyte untersuchte 4948 Häuser. In dem Diagramm kann man 40 Reihenhäuser sehen. Jene mit Klimaanlage sind mit einem X gekennzeichnet. In der oberen Reihe, wo neun Nachbarn es übernommen haben, verbreitete sich das Gerät eindeutig mit größerem Erfolg als in der unteren, wo nur ein Nachbar eine Klimaanlage besitzt.[3]

| | | | | | | | | | | | | | | | | | | | |
|---|---|---|---|---|---|---|---|---|---|---|---|---|---|---|---|---|---|---|---|
| | | X | X | X | X | X | X | | | | X | | | | | | X | X | |
| | | | | | | X | | | | | | | | | | | | | |

Wären Sie damals ein Klimaanlagenhändler in Philadelphia gewesen, hätten Sie darauf warten können, dass sich die Kunde über das Gerät von selbst verbreitet. Die Alternative wäre Leapfrogging gewesen, indem Sie an eine Reihe von Türen in der am wenigsten aktiven zweiten Reihe geklopft und die Bewohner überredet hätten, die ersten mit Klimaanlage in ihrem Block zu sein. Es hätte den Übernahmeprozess beschleunigt und sichergestellt, dass Sie, und nicht Ihre Konkurrenten, der Händler sein würden, der in diesen Clustern verkauft.

Auf der Makroebene kann Leapfrogging dazu beitragen, dass ein Produkt in neue Gesellschaftsschichten eindringt. Nehmen wir Hamburger als Beispiel. Wir sehen sie heute als selbstverständlichen Bestandteil des amerikanischen Lebens an, aber in den zwanziger Jahren wurden Hamburger hauptsächlich von Männern der Arbeiterklasse verzehrt; sie standen nicht auf dem Speiseplan amerikanischer Familien. Von vielen Leuten wurden sie vielmehr als Gesundheitsrisiko angesehen. Billy Ingram, Gründer von White Castle, der ersten Fast-Food-Kette, beschloss, das zu ändern. White Castle wurde 1921 in Wichita, Kansas, gegründet. In den zwanziger Jahren expandierte die Kette in weitere Städte. Als während der Depression der dreißiger Jahre das Einkommen der Arbeiter sank, erkannte Ingram, dass Wachstum Eindringen in neue soziale Netzwerke bedeutete. Um Mittelschichtfrauen davon zu überzeugen, Hamburger auf den Familienspeisezettel zu setzen, engagierte Ingram als offizielle »White-Castle-Hostess« Ella Louise Agniel. Unter dem Pseudonym Julia Joyce (das elegant und vertrauenswürdig klang) erschien sie häufig in Frauenklubs und bei Wohltätigkeitsorganisationen in Städten, wo es White-Castle-Restaurants gab. Sie informierte ihre Zuhörerinnen über die hohen Standards des Unternehmens und den Nährwert der Hamburger. Und immer nahm sie Beutel mit Hamburgern zum Probieren mit. Sie lud die Zuhörerinnen auch zu einem Besuch der Küche eines nahe gelegenen White-Castle-Restaurants ein, sodass sie selbst sehen konnten, wie das Essen zubereitet wurde. »Der Schlüssel zu Joyces Erfolg war ihre unermüdliche Entschlossenheit und Energie. Sie sprach oft vor mehreren Klubs an einem Tag, zusätzlich zu verschiedenen Führungen in Castle-Restaurants«, erzählt David Hogan, der White Castles Geschichte untersuchte. Indem Joyce/Agniel bei jeder Versammlung die Einstellung einiger Frauen gegenüber Hamburgern änderte, pflanzte sie den Samen des Gesinnungswandels in die Gruppe. Bei den folgenden Treffen erzählten die »bekehrten« Frauen von den Reaktionen ihrer Familien auf Hamburger. Und sie machten sie in anderen sozialen Netzwerken bekannt, wodurch das Essen in breiteren Kreisen legitimiert wurde. Etwa 1940 hatte White Castle sein Ziel erreicht. »Der Fast-Food-Hamburger hatte seine negativen Assoziationen größtenteils abgeschüttelt und wurde schließlich von Konsumenten aller Klassen akzeptiert«, schreibt Hogan.[4]

## Das Wie des Leapfrogging

Unternehmen, die den Prozess der natürlichen Ansteckung beschleunigen, um Buzz rascher zu verbreiten, gehen über altbekannte Weisheiten und nahe liegende Marketingschritte hinaus. Sie meiden häufig formale Netzwerke. Ein traditionell denkendes Unternehmen könnte etwas von dem Leitsatz »Geh nah an deine Kunden« hören und an die Vertriebskanäle denken – ein vertrautes Netzwerk. Die Absatzwege sind sicherlich wichtig, und wie wir im Fall von *Cold Mountain* gesehen haben, können sie helfen, Buzz zu erzeugen. Aber erfolgreiche Unternehmen stützen sich nicht allein auf sie, weil viele potenzielle Kunden in keiner direkten Verbindung zu ihnen stehen. Kunden mögen gelegentlich ein Geschäft aufsuchen, aber ob sie vom Händler Informationen über Produkte erhalten, ist nicht sicher. Erfolgreiche Unternehmen springen auch in informelle Netzwerke.

Nehmen wir an, Sie wollen ein neues Spiel für Erwachsene namens *Pictionary* einführen. Sie wollen das Produkt in den Regalen der Geschäfte haben, damit die Leute es sehen können. Aber um Buzz über ein Produkt wie *Pictionary* zu erzeugen, müssen Sie darüber hinausgehen. Sie müssen die Leute dort erreichen, wo sie sich aufhalten. Die Hersteller von *Pictionary* taten mit der Hilfe von Linda Pezzano (die auch hinter der Einführungskampagne von *Trivial Pursuit* steckte) genau das. »Wir engagierten Schauspieler, die sich wie Künstler verkleideten, und setzten sie mit Staffeleien und Flipcharts an belebte Plätze; sie verwickelten Leute in das Spiel und verteilten gleichzeitig Muster des Spiels«, erinnert sich Linda Pezzano. In Parks, Einkaufszentren und anderen belebten Orten wurden Demonstrationen veranstaltet. Das Ergebnis war, dass im erfolgreichsten Jahr über 15 Millionen Spiele verkauft wurden.[5]

Unternehmen, die die Ausbreitung des Buzz beschleunigen, gehen auch über die am ehesten erwarteten Kommunikationskanäle hinaus. Cisco Systems zum Beispiel hat Netzwerkadministratoren als Kunden, die praktisch online leben. Daher würde man erwarten, dass Cisco Online-Methoden benutzt, um Informationen über sein Produkt zu verbreiten. Das tut das Unternehmen auch, es beschränkt sich jedoch nicht auf die Online-Welt. Es organisiert mehr als 1000 Seminare pro Jahr, um potenzielle Kunden persönlich zu treffen, es führt Netzwerkveranstaltungen für gegenwärtige Kunden durch und nimmt an Dutzenden von Messen teil. Viele Beziehungen zu Kunden beginnen über direkten Kontakt. Das Internet wird lediglich zur Aufrechterhaltung dieser Beziehungen benutzt.[6] Bill Raduchel, Chefstratege einer anderen Hightech-Firma, Sun Microsystems, drückt es so aus: »Die Technologie, die am besten das Web ergänzt, ist eine 747.« Mit anderen Worten, klammern Sie sich nicht an die neuesten elektronischen

Kommunikationsmittel. Manchmal muss man in ein Flugzeug steigen und Leute persönlich sehen.

## Andere Methoden zur Beschleunigung der natürlichen Ansteckung

Neben dem aktiven Leapfrogging sorgen Unternehmen, die Buzz beschleunigen, auch dafür, jene Bedingungen herzustellen, die Abkürzungen wahrscheinlicher machen. Eine Möglichkeit besteht darin, ein Umfeld zu schaffen, in dem Kunden Leute aus entfernten Netzwerken treffen können, die keine Kunden sind. Nehmen wir an, Ihr Unternehmen verkauft E-Commerce-Lösungen. Wenn Sie eine Reihe von Seminaren zu dem Thema für Nichtkunden organisieren und dann begeisterte Nutzer einladen, damit diese erzählen, wie sie Ihr Produkt einsetzen, erzeugt das perfekte Bedingungen dafür, dass Buzz von Cluster zu Cluster springt. Auch das Internet bietet gute Gelegenheiten, die Interaktion zwischen Kunden und Nichtkunden zu stimulieren. Viele Unternehmen haben Foren im Net ins Leben gerufen, wo sich Nutzer und Nichtnutzer treffen, Erfahrungen austauschen und Möglichkeiten diskutieren können, wie man das Produkt nutzen kann.

Ein anderes Vorgehen ist, sich in den »dichten Gebieten« der Netzwerke aufzuhalten. In den Netzwerken gibt es viel Willkürlichkeit. Abkürzungen ergeben sich oft zufällig, und Sie erhöhen die Chance, dass diese Abkürzungen *Ihnen* passieren, wenn Sie dort sind, vor allem in den dichtesten Gebieten der Netzwerke wie Messen und anderen Branchenveranstaltungen. Es sind bereits alle da – Sie müssen nur dafür sorgen, dass sie über *Ihr* Produkt reden. Erfahrene PR-Leute wissen, wie man auf einer Cocktailparty Abkürzungen herbeiführt. Ein guter PR-Fachmann kann auf einer Branchenveranstaltung Person A charmant beim Arm nehmen und sie quer durch den Saal zu Person B führen und so persönlich eine Abkürzung bewerkstelligen.

Es können auch Praktiken der Personalrekrutierung angewandt werden, um in bestimmten sozialen Netzwerken die Ansteckung zu beschleunigen. Unternehmen, die junge Mitarbeiter einstellen, haben eine größere Chance, in Netzwerke Jugendlicher einzudringen. Unternehmen, die Personal lateinamerikanischer Abstammung einstellen, kommen leichter in Netzwerke Spanisch sprechender Personen hinein. Die Union Bank of California ist zum Teil auf diese Weise gewachsen. »Wenn Sie in eine Zweigstelle in einem Latino-Viertel gehen, sehen Sie viele Angestellte, die Latinos sind«, erzählte Vice-Chairman Rick Hartnack dem Magazin *Fortune*. Die Einstellung von Personen unterschiedlicher Herkunft – 54 Prozent der Angestellten der Union Bank sind Minderheiten – hat es der Bank ermöglicht, ihre Botschaft in eine Vielzahl von Netzwerken zu übermitteln, eine Strategie, die sich anscheinend auf dem Aktienmarkt bezahlt gemacht hat: Die Aktien der Bank »sind in den letzten fünf Jahren im Durchschnitt um 34 Prozent pro Jahr gestiegen«, gab *Fortune* 1999 bekannt.[7]

Leapfrogging ist nicht einfach, aber um Buzz zu erzeugen, müssen Sie fast immer in unvertraute Netzwerke springen. Jim Callahan von The Dohring Company, einem Marktforschungsunternehmen für die Autoindustrie, sagt: »Es besteht die falsche Vorstellung, dass ein Händler, der einen guten Kundendienst hat, automatisch positive Mundpropaganda bekommt. Wir haben festgestellt, dass die Händler, die bewusste Anstrengungen zur Förderung der Mundpropaganda unternehmen, jene sind, die am erfolgreichsten Mundpropaganda erhalten.«[8]

Der dritte Teil dieses Buches beschreibt Leapfrogging und andere Strategien und Taktiken (wie Virus-Marketing und Publicity-Veranstaltungen), die den natürlichen Prozess der Mundpropaganda beschleunigen sollen. Die Methoden variieren und werden sich auch weiterhin ändern, wenn neue Technologien auftauchen. Aber was auch immer die benutzte Methode ist, Sie können sicher sein, dass fast hinter jedem positiven Buzz jemand steckt, der verstanden hat, dass Erfolg nicht nur von einem ansteckenden Produkt kommt, sondern auch von der raschen Verbreitung günstiger Urteile über das Produkt weit in die verschiedensten Netzwerke hinein. Dadurch sichert man sich die Aufmerksamkeit potenzieller Kunden, bevor es die Konkurrenz tut.

## Falsche Vorstellungen über Buzz

Um Buzz zu erzeugen und effektiv zu nutzen, sollten Sie eine realistische Sichtweise des Phänomens haben und es nicht glorifizieren. Zum Beispiel meinen manche Mundpropaganda-Enthusiasten, dass man, wenn man positiven Buzz erhält, keine Marketingaktivitäten mehr durchführen müsse. Das kann ein großer Fehler sein. Vertrieb, Werbung, Verkaufsförderung und andere traditionelle Marketingmaßnahmen können den guten Willen, der Ihr Produkt umgibt, in Umsatz verwandeln. Guter Buzz ist das Beste, das Sie sich wünschen können, aber er ist nur eine Komponente Ihres Marketingmix. Hier sind drei weitere falsche Vorstellungen, zu denen eine übermäßig begeisterte Sichtweise führen kann.

## »Buzz verbreitet sich wie ein Lauffeuer«

Das trifft nur in seltenen Fällen zu. Große Neuigkeiten können sich rasch ausbreiten, aber die meisten Informationen über Produkte sind nicht weltbewegend und verbreiten sich daher möglicherweise in einem schmerzvoll langsamen Tempo. Mehrere Faktoren verlangsamen Buzz. Erstens gibt es immer jemanden, der verhindern will, dass Informationen über Ihr Produkt die Runde machen. Buzz handelt von neuen Dingen, und neue Dinge bedrohen immer jemanden. Zweitens werden, wie NBC und CNN, auch die unsichtbaren Netzwerke mit Botschaften verstopft, sodass Kunden zwar immer noch für Mitteilungen von ihren Freunden empfänglich sind, sich aber nicht mehr an alle erinnern und sicher nicht auf alle reagieren.

Ein weiterer Faktor, der Buzz verlangsamt, ist, dass die Leute in Clustern leben. Buzz kann sich in Kreisen innerhalb eines Clusters ausbreiten, gelangt aber nur langsam über die Grenzen dieser Netzwerke. Außerdem sind die Leute in den Clustern selektiv in dem, was sie ihren Freunden weitergeben. Sie fungieren nicht nur als Network-Hubs, sondern auch als Filter. Die Leute klicken in ihrem E-Mail-Programm nicht automatisch auf die Forward-Taste (obwohl es manchmal so scheint). Wenn jeder Kunde zwei weiteren von Ihrem Produkt erzählen würde, könnten Sie in nur 30 Schritten mehr als eine Milliarde Personen erreichen, aber das ist hypothetisch. Nicht jeder Kunde sagt es zwei anderen weiter. Manche tun es, aber viele nicht.

## »Buzz ist Wahrheit«

Für manche Leute ist Buzz die einzige wahre Sache. Sie glauben, die Basis reagiere auf die Propaganda der Unternehmen, frei von allen egoistischen Überlegungen. Tatsache ist, dass manche Fakten, die in den unsichtbaren Netzwerken zirkulieren, wahr sind und manche nicht. Nur zwei Beispiele: 1999 machte das Gerücht die Runde, die Miller-Brauerei würde an Internetnutzer kostenlos Sechserpacks Bier verteilen. Anfang der neunziger Jahre mussten sich die Hersteller von Tropical Fantasy mit dem Gerücht herumschlagen, ihr Soft Drink würde heimlich vom Ku-Klux-Klan hergestellt und mache afroamerikanische Männer steril. Beide falschen Gerüchte zeigen, dass nicht alle Kommentare, die in den Netzwerken kursieren, wahr sind.[9]

Am anderen Ende des Spektrums findet man Personen, die glauben, dass etwas, weil man es nur gehört, nicht gelesen hat, falsch sein müsse. Dieser Ansicht zufolge ist Mundpropaganda definitionsgemäß minderwertig. Das ist natürlich das Spiegelbild der gleichen falschen Vorstellung. Tatsache ist, dass Buzz nur Gerede ist. Manche Kommentare, die durch die unsichtbaren Netzwerke reisen, sind wahr und manche nicht.

## »Alles, was man braucht, ist ein gutes Produkt«

Zur Ausbreitung des Buzz benötigt man zwei Dinge: ein ansteckendes Produkt, das einen inhärenten Wert besitzt, der die Leute zum Reden bringt, und jemanden hinter den Kulissen, der die natürliche Ansteckung beschleunigt. Es gibt natürlich Fälle, in denen ein tolles Produkt oder eine hervorragende Dienstleistung ausreicht, aber diese Fälle treten typischerweise dann ein, wenn die Kapazität begrenzt ist: Ein Restaurant mit 30 Tischen kann sich allein auf Mundpropaganda verlassen, wenn sie intensiv genug ist, um die Tische besetzt zu halten. Aber das trifft nicht zu für Märkte, in denen es keine solchen Kapazitätsbegrenzungen gibt und Unternehmen rasch handeln müssen, um ihre Produkte als De-facto-Standard zu etablieren. Technologiemärkte zum Beispiel sind fast wie Präsidentschaftswahlkämpfe, wo es keinen Preis für den zweiten Platz gibt. Der Gewinner bekommt alles. Auf diesen Märkten muss die natürliche Verbreitung der Mundpropaganda beschleunigt werden. Ein gutes Produkt ist da nicht ausreichend.

# Teil IIII
# Anregen des Buzz

## 9
## *Zusammenarbeit mit Network-Hubs*

Mitte der achtziger Jahre diskutierten kanadische Ärzte über die Anwendung des Kaiserschnitts. Es war klar, dass diese Operation häufig nicht notwendig war, was unnötige Risiken und Ausgaben zur Folge hatte. Der Verband der Geburtshelfer und Gynäkologen Kanadas gab Richtlinien heraus, die unzweideutig eine niedrigere Rate der Kaiserschnittgeburten empfahlen. Er erklärte, die Tatsache, dass eine Frau diese Operation bereits einmal hatte über sich ergehen lassen müssen, sei kein Grund dafür, erneut zum Skalpell zu greifen. Die Mehrzahl der Ärzte – 94 Prozent, um genau zu sein – räumten ein, diese Richtlinien zu kennen, und 56 Prozent gaben an, darüber mit einem Kollegen diskutiert zu haben. Aber als Forscher die monatlichen Entlassungsdaten der Krankenhäuser überprüften, um zu sehen, ob aufgrund der neuen Richtlinien die Anzahl der Kaiserschnittoperationen gesunken wäre, lautete die Antwort nein.

Es lag nicht daran, dass die Ärzte nicht mit den Richtlinien einverstanden gewesen wären – 85 Prozent behaupteten, ihnen zuzustimmen. Viele Ärzte sagten sogar, sie hätten ihre Praxis geändert. »Ich glaube, sie hatten wirklich den Eindruck, ihr Verhalten geändert zu haben«, kommentiert Jonathan Lomas, ein Forscher, der den Fall untersuchte. »Aber in Wirklichkeit hatten sie es nicht.«[1]

Lomas und seine Kollegen interessierte dieses Phänomen. Sie beschlossen, nach dem effektivsten Weg zu suchen, diese Ärzte zu beeinflussen. Sie probierten mehrere Methoden aus und stellten schließlich fest, dass in diesem Fall das beste Verfahren der Verhaltensänderung darin bestand, mit lokalen Meinungsführern zusammenzuarbeiten.

Der erste Schritt bestand in der Identifizierung der Network-Hubs. Dafür schickten die Forscher Fragebogen an Ärzte in jedem Krankenhaus und baten sie, Kollegen auf ihrem Fachgebiet zu benennen, die das Profil eines Meinungsführers besaßen. Als diese identifiziert waren, wurden sie eingeladen, an einem Workshop teilzunehmen, auf dem die Richtlinien noch einmal begründet wurden. In den Wochen nach dem Workshop baten die Forscher die Ärzte, etwas »Marketing« zu betreiben. Sie ermunterten jeden Arzt, einen persönlichen Brief mit Material aus dem Workshop an seine Kollegen zu schicken, mit einem weiteren Brief nachzuhaken, eine Versammlung mit einem Experten auf diesem Gebiet durchzuführen und allgemein mit Kollegen über das Problem zu sprechen. Die Ergebnisse waren beeindruckend: 74 Prozent der Ärzte in Krankenhäusern mit derart geschulten Network-Hubs gaben Frauen die Möglichkeit, die normale Geburt zu wählen, im Vergleich zu 51 beziehungsweise 56 Prozent in Gruppen, wo andere Strategien getestet wurden. In einer Gruppe verschickten die Forscher einfach die Richtlinien noch einmal. In der anderen Gruppe wurde der Rückgang der Kaiserschnittoperationen bei Diskussionen auf Versammlungen des medizinischen Personals und durch umfassende Prüfverfahren gefördert.

Ob Sie eine Idee, ein Produkt oder eine Dienstleistung verbreiten, Sie haben immer die Wahl: Sie können entweder breit streuen oder gezielt Kontakt aufnehmen. Breit streuen bedeutet massive Briefaktionen oder Kauf von Medienzeit und Aufbereitung Ihrer Botschaft, sodass sie simultan an alle Knoten im Netzwerk übermittelt werden kann. Gezielte Kontaktaufnahme bedeutet Ingangsetzen eines Dialogs mit bestimmten Personen in dem Netzwerk, das Sie beeinflussen wollen. Dieses Kapitel beschreibt das letztere Vorgehen: wie man Network-Hubs identifiziert, mit ihnen Kontakt aufnimmt und sie dazu bringt, Ihnen zu helfen.

## Wo findet man Network-Hubs?

Als in den vierziger Jahren das Konzept der Meinungsführer aufkam, waren die Marketer begeistert. Die Vorstellung, dass es da draußen Meinungsführer gab, bereit, Informationen an die übrige Bevölkerung zu übermitteln, war sehr attraktiv. »Wenn wir diese Leute nur identifizieren könnten«, dachten die Marketer. Sie erkannten jedoch rasch, dass es keine einfache Methode gab, diese einflussreichen Personen zu ermitteln. Seit Jahren bemühen sich Wissenschaftler nun, die magische Formel zu entdecken, wie man solche Leute findet, aber mit nur begrenztem Erfolg. Dennoch identifizieren clevere Unternehmen Network-Hubs jeden Tag und profitieren erheblich davon. Ein realistisches Herangehen an das Problem setzt zunächst die Einsicht voraus, dass man nicht in der Lage sein wird, *alle* Network-Hubs ausfindig zu machen. Wenn man das akzeptiert hat, gibt es vier Methoden, um möglichst viele solcher einflussreichen Personen zu finden:

1. Network-Hubs sich selbst identifizieren lassen,
2. Kategorien von Network-Hubs festlegen,
3. Network-Hubs an Ort und Stelle erkennen,
4. Network-Hubs durch Erhebungen feststellen.

Ungeachtet der Methode oder Methoden, die Sie benutzen wollen, halten Sie immer nach Personen Ausschau, die die in Kapitel 4 angeführten Merkmale von Network-Hubs zeigen: Sie übernehmen Ideen, Produkte und so weiter (zumindest relativ) früh, sind kontaktfreudig, reisen viel, sind informationshungrig, äußern ihre Meinung und sind offen für Medien.

### *Network-Hubs sich selbst identifizieren lassen*

Eine Gruppe von Network-Hubs ist leicht zu finden – diejenigen, die von selbst zu Ihnen kommen. Es ist Ihre Aufgabe, sie zu erkennen, und Sie werden wahrscheinlich überrascht sein, wie viele Unternehmen das nicht tun. Diese Meinungsführer kommen wegen einer Sache zu Ihnen, die sie mehr lieben als alles andere – Informationen. Sie rufen an, um Fragen zu stellen, die über das hinausgehen, was ein normaler Kunde fragt. Sie bleiben vielleicht besonders lange an Ihrem Messestand stehen, um sich das neue Gerät anzuschauen, das Sie ankündigen. Sie schicken Ihnen vielleicht immer wieder E-Mails, um nachzufragen, wann das neue Produktmerkmal erhältlich ist, das der Markt erwartet. Manche Ihrer Mitarbeiter mögen sich von diesem exzessiven Interesse belästigt fühlen, aber sie müssen verstehen, dass Network-Hubs von Informationen leben. Bringen Sie jedem in Ihrem Unternehmen bei, wie man sie erkennt.

Natürlich sind nicht alle, die nach Extrainformationen suchen oder behaupten, einflussreich zu sein, wertvolle Network-Hubs. Aber oft ist die beste Politik *anzunehmen*, sie seien es. Viele Software-Unternehmen zum Beispiel versenden lieber zu viele kostenlose Prüfexemplare ihrer Software. Wie großzügig Sie sein können, hängt natürlich von den damit verbundenen Kosten und dem Nutzen ab, aber oft ist alles, was Sie investieren müssen, um eine gute Beziehung zu einem potenziellen Network-Hub aufzubauen, etwas Zeit und Aufmerksamkeit.

## *Kategorien von Network-Hubs festlegen*

Mithilfe der oben beschriebenen Methode werden Sie nur einige der Hubs finden – jene, die von sich aus zu Ihnen kommen. Network-Hubs sind zwar informationshungrig, aber was ist, wenn ihr Hunger nach Informationen von Ihren Konkurrenten gestillt wird oder sie nicht *so* hungrig sind? Sie müssen daher weitere Methoden einsetzen. Das gebräuchlichste Verfahren, um Network-Hubs zu finden, besteht in der Identifizierung einer Kategorie vielversprechender Personen – einer Gruppe, in der es möglicherweise solche Network-Hubs gibt. Zum Beispiel sind Leser von Modezeitschriften wahrscheinlich Informationsquellen für die neueste Mode. Leute, die an einer Konferenz über Computersicherheit teilnehmen, sind voraussichtlich Hubs in diesem Bereich. Das ist zwar ein wichtiges Verfahren, aber ich gehe hier nicht ausführlich darauf ein, weil es gut dokumentiert und wohl bekannt ist: Mithilfe von Branchenzeitschriften, Konferenzen und Messen kann man recht zuverlässig Meinungsführer erreichen.

Es ist auch relativ einfach, Personen zu identifizieren, die aufgrund ihres Berufs mit potenziellen Kunden in Verbindung stehen. Zum Beispiel sprechen Krankenschwestern oft mit jungen Müttern über

Ernährung. Folglich versuchen Hersteller von Babynahrung, im Gesundheitsbereich tätige Personen zu beeinflussen. In ähnlicher Weise sind in einer virtuellen Community Gastgeber von Chats gewöhnlich voller Leidenschaft für das jeweilige Thema und dienen als zentrale Informationsquelle dafür. Um derartige Kategorien zu finden, sollten Sie an Personen denken, die aufgrund ihrer Position eine überdurchschnittliche Anzahl von Verbindungen zu Leuten in jenen Netzwerken haben, die Sie zu erreichen suchen. Wenn Sie Bücher verkaufen, sollten Sie wissen, über welche Bücher die Geistlichen reden. »Ich achte darauf, was die Pastoren in den örtlichen Kirchen von den Kanzeln empfehlen«, sagt Karen Pennington von Kepler's, einer Buchhandlung in Menlo Park, Kalifornien.[2]

## *Network-Hubs an Ort und Stelle erkennen*

Die Identifizierung von Network-Hubs nach Kategorien ermöglicht es uns normalerweise, Personen mit Titeln zu finden – Lehrer, Krankenschwestern, Ärzte. Solche Leute sind wichtig, aber sie sind nicht immer die Network-Hubs an der Basis, die wir suchen.

Um diese zu finden, müssen Sie vor Ort gehen. Wie kann man sie erkennen? »Es ist sofort klar. Man braucht nur fünf Minuten mit so jemandem zusammen zu sein, egal, ob man ihn online trifft oder auf einer Party«, meint Stacy Horn, Gründerin von Echo, einer Online-Community in New York City. Als Horn mit Echo anfing, benutzte sie diese Methode, um Network-Hubs zu ermitteln, die die Online-Diskussion beleben sollten. Sie sind einfach auszumachen, wenn man selbst zu der Community gehört. Dann erübrigt sich eigentlich das Suchen. »Wir wissen, wer sie sind«, meint David Unowsky von Ruminator Books, einem Buchladen in Saint Paul, Minnesota. Viele von den Network-Hubs, mit denen er in Kontakt ist, haben entweder Buchklubs oder stehen mit The Loft in Verbindung, einem großen Schreibzentrum in der Stadt.

Und was ist, wenn Sie nicht zur Community gehören? Dann sollten Sie etablierte Mitglieder bitten, Ihnen zu helfen. Rochelle Newman, die Anfang der achtziger Jahre an der Verkaufsförderung von Crisco-Öl unter lateinamerikanischen Einwanderern beteiligt war, erinnert sich, dass sie dieses Verfahren benutzt hat, um Frauen zu finden, die in lokalen Gemeinschaften bekannt sind und respektiert werden. »Man ging einfach in die Gemeinschaft und begann, mit den Leuten zu reden«, sagt sie. Häufig wurden die Besitzer des Ladens an der Ecke – der Bodega – einbezogen, um bei ihrer Identifizierung zu helfen. Wenn man den Namen einer Frau mehrfach erwähnt hörte, wusste man, dass sie ein Network-Hub war. Hatte man sie ausfindig gemacht, wurde sie für die Verteilung von Produktmustern, Partys à la Tupperware und besondere Promotionsmaßnahmen engagiert.[3]

Die Tatsache, dass Hubs ihre Meinung äußern, erleichtert ebenfalls, sie zu entdecken. »Es gibt immer eine Menge fortgeschrittener Nutzer, die es genießen, als Experten aufzutreten, und schon bald hört man ihnen als ›Beeinflusser‹ zu, was sie zur Unternehmensstrategie und Produktpalette zu sagen haben«, meint Jeff Tarter, Redakteur und Herausgeber von *Soft*letter*. »Diese Meinungsführer sind keine Journalisten oder Leute mit eindrucksvollen Titeln – es sind ganz normale Leute, die sich aus eigenen Verdiensten einen Ruf erwerben.« Auf dem K-12-Software-Markt sind diese Leute oft die Lehrer, die bereitwillig in Extrastunden Technologie in die Klassenzimmer bringen. »In jedem Schulgebäude gibt's einen Unterstützer«, schätzt Dean Kephart von Connors Communication, der mehreren Verlagen von Bildungssoftware hilft, unter Lehrern Buzz zu erzeugen. Und wie erkennt man sie? Es sind »die gleichen Leute, die zu den nationalen und regionalen Konferenzen gehen«. Sie halten Reden, schreiben, fahren zu Konferenzen und Messen und surfen im Internet, und sie rufen Veränderungen hervor.[4]

Halten Sie auch Ihre Augen nach »Verbindungspersonen« offen, Leuten, die potenzielle Übermittler von Informationen von Cluster zu Cluster sind. Ein Arzt, der in zwei Kliniken arbeitet, könnte Wissen über ein neues medizinisches Gerät von einer Klinik zur anderen bringen. Ein Gastprofessor in einem Laboratorium kann eingeladen werden, Software-Demoversionen zu seiner Universität mitzunehmen. Austauschstudenten, Teilzeit- oder temporär Beschäftigte, die bei mehr als einem Unternehmen arbeiten, und Dienstleister, die mit zahlreichen Unternehmen zu tun haben, sind mögliche Verbindungspersonen. Wann immer Sie jemanden hören, der sich als »auf mehreren Hochzeiten tanzend« beschreibt, könnten Sie es mit einer solchen Person zu tun haben.

Eine weitere Möglichkeit, Network-Hubs zu erkennen, besteht in der

Suche nach gesellschaftlich aktiven Personen. Wie ich in einem früheren Kapitel erörtert habe, wählt Roper Starch Worldwide seine »einflussreichen Amerikaner« auf der Grundlage bestimmter politischer und sozialer Aktivitäten aus. Diese Personen scheinen nicht nur über Lokalpolitik, sondern auch über Produkte mehr als andere zu reden. Zum Beispiel geben 32 Prozent von ihnen an, sie würden Empfehlungen bezüglich Software abgeben (gegenüber sieben Prozent der Gesamtbevölkerung), und 24 Prozent sagen, sie würden Empfehlungen über Computer-Hardware aussprechen (gegenüber sechs Prozent der Gesamtbevölkerung). Roper definiert einen »einflussreichen Amerikaner« als eine Person, die innerhalb der letzten zwölf Monate aus einer langen Liste öffentlicher, politischer oder sozialer Aktivitäten drei Dinge getan hat, zum Beispiel einen Brief an eine Zeitung schreiben, eine Rede halten oder Mitglied eines Komitees sein.[5]

Die praktischen Implikationen dessen sind klar: Wenn Personen regelmäßig in solche Aktivitäten verwickelt sind, ist das ein guter Indikator für ihre Neigung, anderen von den Produkten zu erzählen, die sie benutzen. Das bedeutet: Achten Sie nicht nur auf den Redakteur Ihres Branchenmagazins, sondern auch auf die Leser, die einen Brief an ihn schreiben. Wenn Sie Ihren Absatz auf ein neues Territorium ausdehnen wollen, halten Sie nach Personen Ausschau, die in Schulbehörden tätig sind, Gruppen leiten und ihre Meinung auf öffentlichen Foren ausdrücken.

## *Hubs durch Erhebungen feststellen*

Einige der bislang diskutierten informellen Vorgehensweisen können auch bei formellen Erhebungen benutzt werden. Diese Methoden werden in der Wirtschaft bisher nicht in großem Umfang angewandt. Sie wären jedoch dazu geeignet. Sie könnten Unternehmen eine Menge darüber beibringen, wie sich Informationen unter ihren Kunden verbreiten.

**1. Soziometrische Methoden.** Stellen Sie sich vor, Sie hätten eine Karte mit zahlreichen Netzwerken vor sich. Sie bitten alle Mitglieder eines bestimmten Netzwerks, jene Personen zu benennen, die sie um Informationen zu einem speziellen Thema bitten. Die Network-Hubs werden jene Personen sein, die die höchste Anzahl Verbindungen haben. Das ist zwar eine zuverlässige Methode, sie ist aber in der Anwendung begrenzt. Erstens müssten Sie alle (oder die meisten) Mitglieder eines Systems fragen, um eine genaue Karte zu erhalten, weshalb dieses Verfahren nicht in großem Maßstab angewandt werden kann. Zweitens geben Leute nur zögernd die Namen anderer Personen preis. In kleinem Maßstab kann diese Methode jedoch immer noch äußerst nützlich sein. Stellen Sie sich vor, Sie wären in der Lage, das Anlegen des Sicherheitsgurts unter Highschool-Schülern auf diese Weise zu fördern. Sie würden eine Erhebung in der gesamten Schule durchführen und dann jene beeinflussen, die als Network-Hubs identifiziert wurden. Dieses Verfahren kann auch dazu benutzt werden, um ein Modell der Kaufentscheidungen in solchen Netzwerken herzustellen.

Die Pharmaindustrie nutzt oft bestimmte Fachärzte als lokale Unterstützer auf bestimmten Märkten. In einer Stadt stellte ein Unternehmen fest, dass sein Medikamentenabsatz auf diesem Markt niedriger als erwartet war, obwohl es einen Topexperten als Unterstützer hatte. Comsort, eine Consulting-Firma aus Baltimore, die mit dem Fall zu tun hatte, führte Erhebungen unter Spezialisten in diesem Markt durch und erstellte ein Soziogramm des Netzwerks. Laut John W. Hawks, President von Comsort, war der Unterstützer die Nummer eins im »Technischen-Rat-suchen-Netzwerk«, aber er tauchte nicht im »Vertrauen-und-Freundschaft-Netzwerk« auf. Nach der Kartierung der Netzwerke der Spezialisten in dieser Stadt gab Comsort dem Pharmaunternehmen die Namen von vier Ärzten, die als Führer angesehen wurden und die auch Schlüsselfiguren im »Vertrauen-und-Freundschaft-Netzwerk« waren. Das Vorliegen einer Karte des Netzwerks ermöglichte es dem Unternehmen, die richtigen Leute als Zielgruppe anzusprechen.[6]

**2. Schlüsselinformanten-Verfahren.** Bei dieser Methode bitten Sie Leute, Ihnen zu sagen, wer die Network-Hubs sind. Handelsvertreter benutzen diese Methode intuitiv. Wenn ein Vertreter eines Software-Unternehmens, das in eine neue Schule geht, Lehrer nach dem Namen der Person fragt, mit der er sprechen sollte, verweisen die Lehrer den Vertreter oft an den lokalen Software-Experten. Achten Sie auf die Hinweise, die Ihre Gesprächspartner Ihnen geben. Sie könnten sagen: »Alle hier fragen George«, oder »Jane ist die Person, mit der Sie sprechen sollten, wenn Sie wollen, das etwas passiert.«

Ein Projekt, das sicheren Sex unter homosexuellen Männern zu fördern suchte, benutzte diese Methode auf formellere Art. Die Forscher nutzten die Hilfe von vier Barkeepern in einer Schwulenbar, um Network-Hubs zu identifizieren. Die Barkeeper wurden gebeten, eine Woche lang zu beobachten, wer in der Bar am häufigsten positiv begrüßt wurde. Aus den Aufzeichnungen der Barkeeper ergaben sich 36 Personen als Meinungsführer. Die Forscher machten etwa zwei Drittel von ihnen ausfindig und baten sie um Nennung weiterer einflussreicher Personen in der Schwulengemeinschaft. Auf dieser Grundlage stellten die Forscher eine Gruppe von 43 Personen zusammen (39 Männer, 4 Frauen), die eine Grundschulung in sicherem Sex erhielten. In den zwei Wochen im Anschluss an diese Schulung hatten diese Personen mehr als 350 Gespräche mit anderen Schwulen. Drei Monate nach Beginn des Programms machten die Forscher erneut eine Erhebung unter Schwulen in der Stadt (und in zwei anderen Städten, die als Kontrollgruppe dienten). In der Stadt, in der die Network-Hubs ermittelt und geschult worden waren, gab es einen Anstieg im Gebrauch von Kondomen unter Schwulen von 16 Prozent, der in den Kontrollstädten nicht gefunden wurde. In einer ähnlichen Marketingbemühung fragten Forscher Dorfbewohner in Finnland nach den zwei einflussreichsten Personen im Dorf in Gesundheitsfragen. Die Forscher schulten dann jene, die als Meinungsführer identifiziert worden waren, in Möglichkeiten der Verringerung der Risikofaktoren für Herzkrankheiten. Wieder waren die Ergebnisse beeindruckend; unter anderem nahm das Rauchen in diesen Dörfern um 28 Prozent ab.[7]

**3. Selbsteinstufungsverfahren.** Es gibt mehrere Verfahren, um zu bestimmen, in welchem Maß sich eine Person als zentral und einflussreich in einer bestimmten Produktkategorie ansieht. Weil diese Methoden auf Selbstwahrnehmung beruhen, sind sie nicht so zuverlässig wie andere. Dennoch sind sie praktisch und werden relativ häufig angewandt. Hier sind einige der Fragen aus einer Studie, die Everett Rogers unter Farmern in Ohio durchführte:

1. Haben Sie in den letzten sechs Monaten mit jemandem über neue Bewirtschaftungsmethoden gesprochen?
2. Werden Sie im Vergleich zu Ihren Freunden hinsichtlich neuer Bewirtschaftungsmethoden

(a) wahrscheinlich mehr um Rat gefragt?
(b) wahrscheinlich weniger um Rat gefragt?

3. Wenn Sie an Ihre letzte Diskussion über neue Bewirtschaftungsmethoden denken,
   (a) wurden Sie um Ihre Meinung über die neue Methode gefragt?
   (b) haben Sie jemanden gefragt?
4. Wenn Sie und Ihre Freunde neue Ideen bei Bewirtschaftungsmethoden diskutieren, welche Rolle spielen Sie dabei?
   (a) Hauptsächlich die eines Zuhörers?,
   (b) oder versuchen Sie, sie von Ihren Vorstellungen zu überzeugen?
5. Haben Sie das Gefühl, dass Sie von Ihren Nachbarn im Allgemeinen als guter Ratgeber hinsichtlich neuer Bewirtschaftungsmethoden angesehen werden?[8]

Ein anderes Verfahren, der »Persönlichkeitsstärke«-Test, wurde Anfang der achtziger Jahre entwickelt, als das Wochenmagazin *Der Spiegel* die Elite in der *Spiegel*-Leserschaft und anderen Werbeträgern herauszufinden suchte. Eine Gruppe deutscher Forscher des Instituts für Demoskopie Allensbach entwickelte unter Leitung von Elisabeth Noelle-Neumann eine Skala der Persönlichkeitsstärke mit zehn Selbstaussagen, zum Beispiel »Ich übernehme gern Verantwortung« oder »Ich kann mich gut durchsetzen.«[9] Nachfolgende Kontrolluntersuchungen zeigten, dass die Personen mit zentralen Positionen in ihren sozialen Netzwerken jene sind, die auf der Skala der Persönlichkeitsstärke weit oben rangieren.

## Wie arbeitet man mit Network-Hubs zusammen?

Der erste Schritt besteht darin, über die Network-Hubs auf dem Laufenden zu bleiben. Der Aufbau eines Systems zur Erfassung von Informationen über sie erfordert meist, jedem in Ihrer Organisation ihre Existenz bewusst zu machen. Die Datenbank, die Sie aufbauen, sollte Telefonnummern, E-Mail-Adressen, Postanschriften sowie Informationen über den Umfang und die Quelle ihres Einflusses und die Art der Netzwerke, zu denen sie gehören, enthalten.

Ferner ist der richtige Zeitpunkt, mit ihnen in Verbindung zu treten, von Bedeutung. In jedem Netzwerk gibt es eine bestimmte Anzahl von Network-Hubs und Mega-Hubs, und bei einem neuen Produkt oder einer neuen Dienstleistung ist es entscheidend, ihr Herz und ihren Verstand vor Ihren Konkurrenten zu erreichen. Häufig können Sie dies mittels »Säen« zu bewerkstelligen versuchen, einem Verfahren, das ich im nächsten Kapitel beschreibe. Um die Network-Hubs zu angeln, könnte es sich lohnen, diese in einem bestimmten Segment zu »beackern«, bevor Sie dieses Segment zum Ziel nehmen. (Das gilt natürlich nur, wenn Sie sie nicht mit einer unausgegorenen Lösung abschrecken.) Falls sie auf ein Produkt positiv reagieren, denken Sie daran, dass dessen Übernahme nur der Anfang ist. Es ist noch viel mehr zu tun. Network-Hubs sind nicht so loyal, wie Sie vielleicht hoffen; wenn etwas Besseres auftaucht, könnten sie sich diesem zuwenden.

## *Nehmen Sie zuerst Hubs als Zielgruppe*

Network-Hubs aller Ebenen sind gerne die Ersten, die etwas Neues erfahren. Die Software-Industrie hat eine lange Tradition, Hubs und Mega-Hubs Vorabversionen zu überlassen. Regis McKenna berichtet im Zusammenhang mit der Einführung von Lotus 1-2-3: »Eine Menge Leute hatte frühe Versionen. Ich auch. Viele Zeitschriftenredakteure hatten sie. Wir redeten miteinander darüber, und die Begeisterung wuchs. Wir konnten kaum erwarten, dass das Endprodukt auf den Markt kam. Als es eingeführt wurde, war 1-2-3 das am schlechtesten gehütete Geheimnis der Branche, aber auch ihr todsicherster Erfolg.«[10]

Die gleiche Art Begeisterung wurde erzeugt, als der PalmPilot zum ersten Mal auf der Demo, einer Veranstaltung der Hightech-Industrie mit ausschließlich eingeladenen Gästen, präsentiert wurde. »Jedes Mal, wenn sie ein Produktmerkmal vorstellten, schnappten die Zuschauer sozusagen nach Luft«, erinnert sich der Journalist Rafe Needleman, der dabei war. Das junge Unternehmen kombinierte die Vorführung mit einer Saattaktik, indem es den Teilnehmern das Gerät mit einem Rabatt von 50 Prozent anbot. Ed Colligan nahm 400 bis 500 Aufträge entgegen. »Diese Leute waren die Ersten, die ein Gerät erhielten, als wir auslieferten«, erzählt Colligan. »Sie waren die Crème de la Crème der Branche.«[11]

Auch wenn Experten-Hubs wichtig sind, darf man die Macht der Gesellschafts-Hubs nicht übersehen. Schallplattenunternehmen geben routinemäßig Vorabversionen an DJs, Plattenläden, Radiosender und andere anerkannte Experten-Hubs, um neue Platten zu fördern. In einem klassischen Marketingexperiment besorgten sich die Forscher jedoch die Namen *sozialer* Führer in Highschools mehrerer Städte: Klassensprecher, Mannschaftskapitäne und Cheerleader wurden eingeladen, an einem »Experten-Panel« teilzunehmen, der Rock-'n'-Roll-Schallplatten beurteilen sollte. (Die Forscher stellten später fest, dass die meisten dieser Schüler sehr wenige Platten besaßen, was bedeutet, dass sie von der Musikindustrie nicht als Experten-Hubs klassifiziert worden wären.) Die Teilnehmer erhielten mit der Post kostenlose Platten und wurden gebeten, potenzielle Hits zu identifizieren. Sie wurden dann aufgefordert, ihre Wahl mit Freunden zu diskutieren.

Joseph Mancuso, der das Experiment im *Journal of Marketing* beschrieb, berichtet: »Die Gesamtkosten des Experiments lagen unter 5000 Dollar. Mehrere Platten kamen in den Versuchsstädten unter die Top Ten. Diese Hits erreichten in keiner anderen Stadt die Top-Ten-Auswahl. So wurde eine Rock-'n'-Roll-Platte ohne Kontakt zu Radiostationen oder Plattenläden durch die Vertriebskanäle geschleust und zu einem Hit gemacht.« Der Buzz, der dadurch erzeugt wurde, dass man die Gesellschafts-Hubs diese Songs entdecken ließ, machte sie zu Hits, bevor sie irgendwo anders zu Hits wurden.[12]

## *Geben Sie ihnen etwas, worüber sie reden können*

Buzz braucht Munition. Wie oft können Sie Ihren Freunden erzählen, dass Sie jetzt einen Jeep fahren? Aber wenn Sie von einem zweitägigen Jeep-Jamboree voller Erlebnisse zurückkommen, haben Sie eine Menge zu erzählen. Was ist ein Jeep-Jamboree? Ein Wochenendtrip abseits der Straßen nur für Jeepbesitzer. Auch wenn diese Veranstaltung nicht ausschließlich für Network-Hubs gedacht ist, zieht sie sie höchstwahrscheinlich an. Die Jeep-Jamboree-Tradition geht bis auf 1953 zurück, als die ersten 55 Jeeps den Rubicon Trail auf sich nahmen und von Georgetown, Kalifornien, zum Lake Tahoe fuhren. Die 155 Passagiere und Fahrer hatten jedem zu Hause etwas zu erzählen – für den Neun-Meilen-Weg brauchten sie etwa neun Stunden! Seitdem haben Tausende von Jeeps den Rubicon überquert und sind viele andere Strecken gefahren, die von Mark A. Smith eingerichtet wurden, der als Berater des Jeep-Bereichs von DaimlerChrysler fungiert. »Ein Jamboree sorgt für Unterhaltung auf einer Cocktail-Party. Das stärkt den Jeep-Namen«, erzählte Ed Brust, ein Manager von DaimlerChrysler, der Zeitschrift *Brandweek*.[13]

## *Regen Sie sie an, ihr Wissen anderen zu vermitteln*

Reden Network-Hubs über Ihr Produkt und erzeugen Buzz, während Sie dies lesen? Manche vielleicht, aber wie viele? Wie jeder andere sind Network-Hubs sehr beschäftigt und haben ihre eigenen Prioritäten. Ihr Produkt mag ihnen gefallen, aber darüber zu reden haben sie möglicherweise nicht so große Lust. Sie in Foren hineinzubringen, wo sie reden können, ist eine Möglichkeit, Diskussionen anzuregen.

Wenn Sie es einmal geschafft haben, die Unterstützung von Network-Hubs zu erhalten, werden Sie vielleicht überrascht sein, wie viel diese zu leisten imstande sind. Jene Hubs, die die Rolle des Ratgebers in ihren Cliquen spielen, können noch mehr Anerkennung für Ihr Produkt oder Ihre Idee gewinnen, wenn sie die Informationen an andere weitergeben. Das geschieht, indem sie Ihre Botschaft verarbeiten (und manchmal leicht verändern). Network-Hubs stimmen die Botschaft auf die Sprache ihrer Cliquen ab. »Geben Sie ihnen die Informationen, und sie werden sie für Sie übersetzen«, meint Ivan Juzang, President von MEE, einem Kommunikationsunternehmen aus Philadelphia, das sich auf die Verbreitung von Informationen unter Innenstadtkindern spezialisiert hat. MEE stellt zum Beispiel Anti-Drogen-Videos her, aber nicht allein. »Sie müssen ihre Anführer herausfinden und mit einbeziehen«, sagt Juzang. Zusammen mit diesen jungen Leuten stellt MEE Filme her, die die von der Stadtjugend benutzte Sprache verwenden. Für diese Kinder ist die Standardbotschaft »Sag nein zu Drogen« bedeutungslos. Sie werden viel eher durch eine Botschaft beeinflusst, die von ihren Network-Hubs stammt.[14]

## Geben Sie ihnen Tatsachen

Machen Sie sich keine Sorgen, Sie könnten Experten-Hubs langweilen. Dell Computer Corporation stellte fest, dass sie sich bereitwillig 20 Minuten mit einer Anzeige beschäftigen und die Spezifizierungen und Merkmale durchgehen. Daher sehen Dells Anzeigen eher wie Kataloge aus. Solche Hubs lassen sich kaum von Markennamen beeinflussen, und manche Marketer glauben, dass sie deshalb weniger markentreu sind. »Diese Leute sind von Natur aus Markenagnostiker«, meint Joe Gillespie von Ziff Davis. »Sie lassen sich nicht täuschen. Sie zahlen keinen Aufschlag von 15 Prozent, nur weil ein Name auf dem Produkt steht, und genau so hat Dell sein ganzes Geld gemacht.«[15] Markenagnostiker oder nicht, Network-Hubs legen viel Gewicht auf Fakten. Sie lassen sich nicht täuschen, weil sie eine Menge Wissen erworben haben. Geben Sie ihnen mehr Fakten.

Gehen Sie nie davon aus, dass Network-Hubs bereits Ihre letzte Produktbewertung kennen. Sie könnten sie verpasst haben, oder sie haben die eine schlechte Kritik gelesen, die Ihr Unternehmen in einer anderen Publikation erhalten hat. Auch wenn viele Hubs sich gerne für unabhängige Denker halten, werden sie wie wir alle von anderen beeinflusst. Sorgen Sie dafür, dass irgendwelche Unterstützungen oder positive Kritiken, die ihr Vertrauen in ein Produkt erhöhen könnten, nicht ihrer Aufmerksamkeit entgehen. Auch wenn einige von ihnen nicht so von Popularität beeindruckt werden mögen wie andere, verstehen Network-Hubs, dass überall präsent zu sein wichtig ist. Halten Sie sie auf dem Laufenden, wenn das Produkt bestimmte Zielmarken überschreitet (»mehr als eine Million Exemplare verkauft«) oder Preise gewinnt.

## Nutzen Sie die Beziehungen nicht aus

Heidi Roizen, die im Silicon Valley zu den Personen mit den besten Verbindungen gehort, bat Walt Mossberg, den einflussreichen Kolumnisten des *Wall Street Journal*, sich mit einem Unternehmer zu treffen, mit dem sie zusammenarbeitet. Mossberg war mit einem Termin am nächsten Tag einverstanden. Als die beiden sich begegneten, drückte der Geschäftsmann sein Erstaunen über Roizens Macht aus. »Ich tue alles, was sie mir sagt«, erwiderte Mossberg. Der Grund? Weil sie ihn nicht um viel bittet. Sie hat eine gute Beziehung zu Mossberg, aber sie passt auf, dass sie diese nicht missbraucht. »Ich bin bei sechs Unternehmen Mitglied des Board, und ich habe Walt nur einmal angerufen«, sagt sie. Es ist zwecklos, jemanden wie Mossberg wegen eines Produktes zu behelligen, das ihn nicht interessiert. »Um mein Netzwerk klug zu nutzen, rufe ich jemanden nicht eher an, bis ich absolut sicher bin, dass das Produkt fertig und die Idee gut ist.«[16] Die gleiche respektvolle Einstellung sollte man auch bei regulären Network-Hubs haben. Bleiben Sie in Kontakt zu ihnen, aber übertreiben Sie es nicht. Sie sollten in dieser Hinsicht sogar noch sensibler sein, wenn Sie es mit Leuten zu tun haben, die normale Hubs sind. Mega-Hubs – die Medien, Politiker, Berühmtheiten – sind daran gewöhnt, Pressemappen, Anrufe und E-Mails zu erhalten und sehen ein, dass das zu ihrer Position gehört. Reguläre Hubs fühlen sich nicht immer wohl dabei und könnten durch zu viel Aufmerksamkeit abgeschreckt werden.

## *Sorgen Sie dafür, dass die Leute sehen, dass Hubs Ihr Produkt benutzen*

Network-Hubs mögen Ihr Produkt benutzen, aber das hat nur begrenzten Wert, solange niemand davon weiß. PowerBar führte ein besonderes Marketingkonzept ein, um diesem Problem zu begegnen, und bezog Tausende führender Sportler in das »PowerBar-Team-Elite«-Programm ein. Jeder verdient Geld, wenn sein Bild in den Medien erscheint, wie er gerade PowerBar isst oder die PowerBar-Kleidung trägt. »Mithilfe dieses Programms sehen Sie PowerBar überall«, sagt Alyssa Berman vom Marketingteam des Unternehmens.[17]

Die Luxottica Group benutzt dieses Konzept, indem sie ihre Sonnenbrillen von Mega-Hubs der Unterhaltungsindustrie tragen lässt. Als Luxottica 1988 ihre Armani-Linie einführte, hatten die meisten Sonnenbrillen auf dem Markt große Plastikgestelle. Die Armani-Brillen waren dagegen kompakt und aus Metall. »Die Leute fanden, sie sähen seltsam aus«, sagt Steve Hollander, Vice-President für Marketing des Unternehmens. Luxottica gewann ein Stellenvermittlungsbüro in Hollywood dafür, Berühmtheiten wie John Travolta, Billy Crystal und Robin Williams dazu zu veranlassen, die Sonnenbrillen in verschiedenen

Filmen aufzusetzen. »Sie tragen sie auch im Privatleben, sodass die Brillen die Publizität des Films erhalten, aber auch in den Magazinen *People*, *Variety* und auf der Straße zu sehen sind«, sagt Hollander.[18]

## Die einseitige Ausrichtung auf Mega-Hubs

Eine erfolgreiche Marketingkampagne sollte natürlich sowohl reguläre als auch Mega-Hubs als Zielgruppe anvisieren. Dennoch werden häufig nur Letztere angesprochen. Warum? Erstens, weil Mega-Hubs sichtbar sind. Topanalysten und Presseleute sind in einem bestimmten Markt leicht zu identifizieren: Man braucht nur die Fachzeitschriften zu lesen und zu sehen, wer für sie schreibt und wer zitiert wird. Der zweite Grund ist, dass es weniger Mega-Hubs gibt. Wenn Sie mehrere Dutzend Personen – manchmal noch weniger – abdecken, die zu einer Branche gehören, haben Sie es geschafft. Nehmen Sie die Computerindustrie, von der Heidi Roizen sagt: »Es ist wirklich eine kleine Gruppe. Wenn Sie sich die Branche genau ansehen, wen die Leute zitieren und welche Autoren die breiteste Leserschaft haben, kommen Sie auf eine Handvoll, 15 bis 20 Personen.« Der dritte Grund ist unsere Vorliebe für einen Durchbruch: »Komm auf die Titelseite einer bedeutenden Fachzeitschrift, und du hast es geschafft«, denken die meisten Leute.

Mega-Hubs können äußerst einflussreich sein, und ihre Unterstützung kann den Lauf eines Produkts radikal ändern. Nehmen wir Oprah Winfrey und ihren Buchklub. Sie nahm einen Titel wie *The Book of Ruth* von Jane Hamilton, von dem in den ersten sieben Jahren weniger als 50 000 Exemplare verkauft worden waren, in ihren Klub auf und machte aus ihm einen Mega-Bestseller mit über einer Million Exemplaren. Kein Wunder, dass Marketer hoch hinauswollen. Sie sollen es ja auch. Sie müssen jedoch auch an der Basis arbeiten, erstens, weil es eine Grenze in der Anzahl der Produkte gibt, die Mega-Hubs unterstützen können – Oprah wählt nur soundso viele Bücher pro Jahr aus. Zweitens können reguläre Hubs kumuliert genauso wichtig sein wie Mega-Hubs. Das Buch *Cold Mountain* zum Beispiel wurde ohne Unterstützung Oprahs oder eines anderen Mega-Hubs zum Bestseller – nur weil Tausende von Network-Hubs es in Lesegruppen, im Internet und im Buchladen empfahlen.

Das Problem ist, dass Kampagnen an der Basis viel mühseliger sind. »Es ist schwierig, Unternehmen dafür zu begeistern, mit ihren Nutzern zu reden«, sagt Jeff Tarter, Redakteur und Herausgeber von *Soft*letter.* »Und die PR-Leute verstärken schlechte Gewohnheiten, indem sie darauf bestehen, dass ›die Presse‹ für die Entwicklung eines guten Rufs eines Unternehmens enorm einflussreich sei. Vielleicht für ein paar Giganten wie Microsoft und IBM, aber wenn das Ergebnis der PR-Kampagne in sechs kleinen Geschichten besteht, die über die ganze Fachpresse verstreut sind – na, dann denke ich, wäre es eine viel produktivere Maßnahme, direkt mit den Nutzern zu reden. Natürlich ist das für das Ego des CEO nicht so gut, als wenn er in einer obskuren Fachzeitschrift zitiert wird«, meint Tarter.[19]

Kurzfristig gesehen scheint es mehr Ergebnisse hervorzubringen, Mega-Hubs als Zielgruppe anzusprechen, als sich auf reguläre Hubs zu konzentrieren. Es ist viel leichter, die Wirkung von Mega-Hubs zu quantifizieren, indem man »Hits« in den Medien zusammenzählt. Die Unterstützung durch eine Oprah Winfrey, Rosie O'Donnell oder einen Walt Mossberg könnte die Absatzzahlen Ihres Produkts in den Himmel schießen lassen. Aber die nicht angezapften, vernachlässigten regulären Hubs könnten letzten Endes genauso viel oder sogar größere Macht besitzen. Da die normalen Hubs häufig einen *zweiseitigen* Austausch mit ihren Kontakten pflegen, werden Mitglieder der Netzwerke wahrscheinlich eher darauf hören und sich daran erinnern, was diese Hubs sagen. Das ist die wahre Quelle der Stärke, die Sie durch Einsatz des Mundpropaganda-Marketings und der unsichtbaren Netzwerke anzapfen können.

## Warum soll man Hubs früh erreichen?

Network-Hubs in einer frühen Phase anzusprechen kann helfen, dass Ihr Produkt früher als sonst eine kritische Masse erreicht. Warum ist das wichtig? Weil die Übernahme eines Produkts, wenn es die kritische Masse erreicht, ausreichenden Schwung erhält, um selbsttragend zu werden.

An diesen Punkt zu kommen ist der Traum jedes Marketers. Was tun Sie dafür? Sie können natürlich einfach dasitzen und darauf warten, dass Hubs von Ihrem Produkt hören. Die Gefahr bei diesem Vorgehen ist, dass Ihnen die Energie oder das Geld ausgehen könnte, bevor die Hubs sich entschließen, Ihr Produkt auszuprobieren. Das ist besonders bei Produkten von Bedeutung, die mit einem hohen psychologischen oder monetären Risiko behaftet sind, weil Network-Hubs zögern, die Ersten zu sein, die diese Produkte übernehmen.

Erinnern Sie sich daran, dass Network-Hubs, obwohl sie in der Übernahme neuer Dinge normalerweise den anderen ihres Netzwerks ein wenig voraus sind, oft nicht die Ersten sind, die sich neue Ideen oder Produkte zu Eigen zu machen. »Sie werden häufig warten, um zu sehen, ob ihre Community ihr Übernahmeverhalten unterstützt oder nicht«, erläutert Tom Valente von der Johns-Hopkins-Universität. »Sie werden es oft nicht eher übernehmen, bis sie sicher sind, dass es für sie das Richtige ist.«

Zahlreiche Innovationen wurden zuerst an den Rändern übernommen, von Leuten, die nicht so zentral sind wie Network-Hubs. Entweder müssen sie in ihren Gemeinschaften keinen besonderen Ruf aufrechterhalten oder sie sind mit Gruppen von Personen verbunden, die riskante Entscheidungen hoch schätzen. Solche Personen werden gewöhnlich nur von wenigen anderen imitiert. Wenn sie die einzigen Adoptierer sind, verbreitet sich die Innovation nur langsam.

Daher wollen Sie, dass Network-Hubs Ihr Produkt so früh wie möglich übernehmen. Machen Sie sie darauf aufmerksam. Sprechen Sie ihre Bedenken an. Geben Sie ihnen Fakten. Versichern Sie ihnen, dass es sicher ist. Weisen Sie sie auf Hubs in anderen Netzwerken hin, die das Produkt bereits übernommen haben. Ermuntern Sie sie, mit diesen zu sprechen. Setzen Sie alles daran, sie möglichst früh zum Übernehmen zu veranlassen. Wenn sie dies tun, geben die Network-Hubs Ihrem Produkt ihren Stempel der Zustimmung und ihren Anhängern das OK nicht nur für die Übernahme, sondern auch für die Empfehlung an deren Freunde. Das erhöht wiederum die Chance, dass eine Person von zahlreichen Bekannten von einer Innovation hört.

»Wenn die Meinungsführer eine Innovation übernehmen, werden Sie wahrscheinlich eher die kritische Masse erreichen, und dann wird der Prozess selbsttragend«, erklärt Valente.[20]

# 10
# Aktives Säen

Als ich sechs Jahre alt war, war eine Abart des Versteckspiels, genannt »Clutch«, mein Lieblingsspiel. Vielleicht deshalb, weil ich das Zählen hasste. Beim Clutch-Spielen brauchte man nicht zu zählen: Ein Kind sprang auf das überstehende Ende des »clutch«, eines etwa 60 Zentimeter langen Stocks, der gegen die Bordsteinkante gelegt wurde, wodurch sieben kleinere Stöckchen wie Raketen in die Luft schossen und sich über die Straße verteilten. Das Kind, das »dran« war, musste die sieben Stöckchen einsammeln, während wir anderen wegrannten, um uns zu verstecken. Als ich in der ersten Klasse war, spielten wir ganze Nachmittage lang Clutch und hörten erst auf, wenn die Drohung unserer Mütter, wir bekämen kein Abendessen, ernst zu klingen begann.

Im Sommer nach der ersten Klasse wurde ich ins Zeltlager geschickt. Ich war das einzige Kind aus unserem Viertel, und am ersten Abend saß ich mit fünf anderen Kindern, die genauso nervös waren wie ich, am Esstisch. Ich dachte, der Austausch von Clutch-Tipps könnte das Eis zum Schmelzen bringen, und so erwähnte ich ein paar meiner besseren Tricks. Die anderen Kinder rutschten unruhig auf den Stühlen herum, während sie herauszufinden versuchten, wovon ich redete. Ich streute eine Menge Salz auf meine Pommes Frites, bevor mir klar wurde, dass keines von ihnen jemals etwas von Clutch gehört hatte, nicht einmal das Kind, das 30 Minuten von unserem Haus entfernt wohnte. Das war meine erste Begegnung mit einem wichtigen Prinzip (das ich mit sechs Jahren noch nicht so recht erkannte), das in den vorigen Kapiteln dargelegt wurde: Informationen breiten sich innerhalb eines Clusters mit Leichtigkeit aus, aber zwischen verschiedenen Clustern nicht so glatt und manchmal überhaupt nicht. Clutch war in unserer unmittelbaren Nachbarschaft recht gut bekannt, aber aus irgendeinem Grund war das Spiel in keine anderen Viertel gedrungen.

Was bedeutet das alles für Marketer? Was mit Clutch passiert ist, kann auch mit Ihrem Produkt geschehen: Während sich Informationen über Ihr Produkt innerhalb einiger Cluster erfolgreich verbreiten, gelangen sie unter Umständen nur langsam – wenn überhaupt – in andere Cluster. Nur sehr wenige Produkte breiten sich wie ein Lauffeuer aus. Die Mehrheit von ihnen benötigt Unterstützung. Und hier kommt »Säen« ins Spiel.

## Was heißt Säen?

Um ihr Produkt schneller bekannt zu machen, setzen clevere Unternehmen »Saatexemplare« ihrer Produkte an strategischen Punkten in zahlreichen Clustern ein. Ein Saatexemplar ist ein echtes Produkt oder ein repräsentatives Muster des zu fördernden Produkts (zum Beispiel eines Buches, eines Computers oder eines Software-Pakets), das Sie an »Saatkunden« verteilen. Die Art und Weise des Vorgehens variiert – das Saatexemplar kann zu vollem Preis, mit Rabatt, auf Leihbasis oder kostenlos angeboten werden. Sie können Muster verteilen, Tourneen oder Demonstrationen veranstalten, das Prinzip ist immer das gleiche: Sie verschaffen Leuten in zahlreichen Clustern direkte Erfahrung mit dem Produkt. Auf diese Weise säen Sie zur Anregung der Diskussion über das Produkt *gleichzeitig* in mehreren Netzwerken. Dadurch beschleunigen Sie den normalen Akzeptanzprozess. Anstatt auf die natürliche, aber manchmal quälend langsame Weitergabe der Informationen von einem Cluster in ein anderes zu warten, ergreifen Sie die Initiative und stellen sicher, dass dieser Transfer stattfindet.

Wie bereits erwähnt, warben die Hersteller des Spiels *Trivial Pursuit* bei seiner Einführung Anfang der achtziger Jahre über Rundfunksender in den gesamten USA. »In New York gab es beim Rundfunk einen Typen, der gerne Fragen nach unnützem Wissen stellte«, erinnert sich Linda Pezzano, damals PR-Managerin für die Einführung des Spiels. »Daher fand ich, er wäre der Richtige für eine Promotionsaktion. Dann dachte ich: ›Solche Typen muss es in jedem Markt geben.‹« Pezzano ließ einen Studenten im ganzen Land Rundfunksender anrufen, um deren lokalen Experten in unnützem Wissen zu finden. Es dauerte nicht lange, bis die Sender ihren Hörern Fragen aus dem Spiel zu stellen begannen. Mehr als 100 Rundfunkstationen beteiligten sich und verschenkten Spiele an Hörer, die die Fragen richtig beantworteten. Diese einfache Taktik hatte einen doppelten Effekt: Die Rundfunkleute verbreiteten unter Tausenden von Leuten Informationen, und diejenigen, die das Spiel gewonnen hatten, begannen jeden in ihrer Umgebung mit Fragen zu bombardieren wie »Welche Frau war für *Time* Mann des Jahres 1952?« (Königin Elisabeth II.) oder »Wie wurde vor dem Zweiten Weltkrieg der Erste Weltkrieg genannt?« (der Große Krieg) oder »Wofür steht J&B auf dem schottischen Whisky?« (Justerini & Brooks).[1]

Um das Produkt in weitere Netzwerke zu bringen, verteilten die Hersteller des Spiels Musterkarten an Orten, die während der Frühjahrsferien populär sind, organisierten *Trivial-Pursuit*-Partys in Bars und, wie ich bereits erwähnte, schickten Spiele an berühmte Personen, die in Fragen des Spiels genannt werden. »Aufgrund der Berühmtheiten-Aktion wandten sich viele Meinungsführer dem Spiel zu, und sie mochten es«, berichtet Pezzano. Die Kampagne erzeugte unvorhergesehenen Buzz in den unsichtbaren Netzwerken, und 1984 wurden fast ohne Werbung 20 Millionen Spiele verkauft.

Beachten Sie die zwei Ebenen, die die Saatkampagne zum Ziel hatte – die Medien (Rundfunkleute und Berühmtheiten) und die Leute an der Basis (Radiohörer, Studenten in den Frühjahrsferien, Leute in Bars). Beide Ebenen sind sehr wichtig, aber die Basis wird im Allgemeinen zu wenig einbezogen. Fast alle Unternehmen führen irgendwann Saatprogramme durch, die aber größtenteils an die Medien gerichtete PR-Kampagnen sind.

## Säen an der Basis

Eine gute Saatkampagne geht weit darüber hinaus, ein paar Produktmuster an einige Presseleute und »die Branchenelite« zu schicken. Zum Beispiel sollte das Säen eines Buches in mehr bestehen als Druckfahnen an ein paar Dutzend wichtige Einkäufer zu schicken. Ich spreche hier von einem anderen Maßstab. *Cold Mountain* wurde an über 4000 Einkäufer, Leser, Autoren, Rezensenten und andere einflussreiche Personen geschickt. *In Search of Excellence*, eines der erfolgreichsten Wirtschaftsbücher der achtziger Jahre, wurde an 15 000 Personen geschickt. Eine richtige Saatkampagne lässt Personen in verschiedenen Netzwerken direkte Erfahrungen mit dem Produkt machen. Als Steve Jobs Anfang der achtziger Jahre jeder Schule in Kalifornien einen Apple-Computer schenkte, tat er genau das – er säte in zahlreichen Netzwerken. Plötzlich hatte jede Schule in einem Klassenraum einen Computer stehen, der bei Schülern und Lehrern Interesse erregte, Diskussionen entfachte und für Aufregung sorgte. Sun Microsystems ging in seiner Anfangszeit auf ähnliche Weise vor. Marleen McDaniel, die zu jener Zeit für Suns akademischen Markt verantwortlich war, erklärt, wie das Unternehmen den Markt beackerte: »Ich ging zuerst zu den einflussreichsten Technischen Universitäten – Stanford, Berkeley, MIT, Carnegie Mellon, Cal-Tech.« In jeder Universität identifizierten McDaniel und ihre Mitarbeiter einen Saatkunden, normalerweise einen Professor für Computerwissenschaft. Die Überlassung einer Workstation des Unternehmens zur Benutzung half bei der Anregung von Diskussionen über Suns Hardware, zuerst innerhalb der Abteilung, dann in anderen Abteilungen und schließlich in der gesamten Universität. Mitte der achtziger Jahre erhielt Sun von der Universität Berkeley einen Auftrag über 1000 Workstations. Damals war das die größte Einzelbestellung, die das Unternehmen erhalten hat. »Und wir fingen mit nur einem Professor an«, fügt McDaniel hinzu.[2]

Der ideale Saatkunde sollte nicht schüchtern sein. Leute, die Rundfunksender anriefen, um ein *Trivial-Pursuit*-Spiel zu gewinnen, waren fast schon definitionsgemäß nicht schüchtern. Das ist ein wichtiger Punkt, denn Sie wollen, dass Ihre Saatkunden eines tun – reden. Als Chrysler 1992 seine LH-Modelle auf den Markt brachte, konzentrierte sich das Unternehmen auf Steuerberater, Ingenieure und andere Fachleute, deren Meinung bei Autokäufern Gewicht hat, als Zielpersonen. Die neuen Modelle – Dodge Intrepid, Eagle Vision und Chrysler Concorde – erhielten in Branchenzeitschriften wie *Car & Driver*, *AutoWeek* und *Motor Trend* ausgezeichnete Rezensionen, die die Modelle mit Ausdrücken wie »Weltklasse« und »Halleluja!« lobten. Um seine neuen Modelle noch bekannter zu machen, stellte Chrysler sie mehr als 6000 einflussreichen Personen in ganz Amerika für ein Wochenende zur Verfügung. Durch diese Network-Hubs war das Unternehmen in der Lage, in das Alltagsleben der Leute einzudringen und die Schallmauer zu durchbrechen. Eine Anzeige für noch ein neues Automodell mag unbeachtet bleiben (in den USA werden 600 verschiedene Modelle verkauft), aber jeder nimmt wahr, wenn sein Nachbar ein neues Auto fährt.[3]

Säen funktioniert nur bei Produkten, über die die Leute reden: Autos, Bücher, Computer, Mode und so weiter – all das, was wir als »Konversationsprodukte« bezeichnet haben. Es funktioniert nicht bei Büroklammern. Die Idee hinter dem Säen ist, dass sich ausgewählte Personen aus verschiedenen Netzwerken stärker mit diesen Produkten befassen, sodass sie mit anderen darüber reden. Manchmal erreicht man das durch Verschenken der Produkte, aber auch dadurch, dass Sie potenziellen Kunden Ihr Produkt für einen bestimmten Zeitraum zur Benutzung überlassen, oder indem Sie sie zu einer Veranstaltung in Verbindung mit dem Produkt einladen. Die Art des Säens wird nur durch Ihre Fantasie begrenzt.[4]

Das Obige schrieb ich während eines Aufenthalts am Exploratorium, einem Technik- und Wissenschaftsmuseum in San Francisco. An dem Tag, als ich es besuchte, liefen überall Kinder mit Polaroid-Kameras herum. Mitarbeiter von Polaroid verteilten sie vor dem Museum. Man hinterließ einen Ausweis und erhielt eine Kamera mit einem Film für zehn Sofortbilder. In der Cafeteria des Museums fotografierte ein Junge den Hintern eines Mädchens. Dann beobachteten er und die drei Mädchen am Tisch, wie sich das Foto entwickelte, und kicherten die ganze Zeit.

Bringen Sie eine Polaroid-Kamera in irgendein soziales Netzwerk, und Sie lösen damit garantiert Gespräche aus. Die Leute von Polaroid wissen das. Als Polaroid das Interesse an der Sofortbildfotografie unter jüngeren Leuten wiederbeleben wollte, nahm das Unternehmen seine Sofortbildkameras auf eine Tour mit. Das vor dem Exploratorium geparkte Fahrzeug war ein Gesprächsgegenstand für sich: ein langes Wohnmobil, vollständig mit einem farbenprächtigen Design bemalt, das speziell für diese Tour entworfen worden war. Das Fahrzeug hielt für eine Weile in Städten entlang der Strecke, und den Leuten, die an dem Wagen stehen blieben, wurde für ein paar Stunden eine Polaroid-Kamera geliehen. Im ersten Jahr, als Polaroid diese Tour durchführte, 1996, wurden sie gebeten, ein Foto zurückzubringen, das ihre Stadt zeigt und das vielleicht als Teil eines Kunstwerks mit dem Titel »Amerika: ein Selbstporträt aus Sofortbildern« ausgewählt werden würde. Mehr als 30 000 Polaroidfotos wurden von Leuten aus dem ganzen Land gesammelt, und das Ereignis wurde zum Gegenstand unzähliger Gespräche. 1997 benutzte das Unternehmen die Promotionsaktion, um College-Studenten während ihrer

Frühjahrsferien zu erreichen. Erwartungsgemäß wurde die Kamera zum Mittelpunkt Tausender sozialer Interaktionen auf der Straße, auf Partys und am Strand. Der Schwerpunkt der Touren in den Jahren 1998 und 1999 lag auf der Herstellung einer Zeitkapsel mit Fotos, die für zukünftige Generationen das Leben am Ende des Jahrtausends beschreiben würden.

Polaroid fand Wege, die Leute zu beteiligen, und Beteiligung führt zu Buzz. »Führte der Buzz zu Absatz?«, fragte ich Arlene Henry, Managerin für Marketing-Kommunikation bei Polaroid. »Es ist immer schwierig, das bei einer PR-Maßnahme zu verfolgen«, antwortete sie. »Es gibt so viel anderes im Markt, Anzeigen und Verkaufsförderung, und keine Möglichkeit, die Daten zu isolieren, sodass man sagen kann, diese bestimmte Aktion hat den Absatz um soundso viel Prozent erhöht.«[5] Das Unternehmen verweist jedoch auf andere relevante Zahlen: Die Kampagne von 1996 wurde 40 Millionen Mal in den Medien erwähnt, und 120 000 Kunden nahmen an ihr teil. Bei der Tour 1998 stiegen die Zahlen auf 50 Millionen beziehungsweise 250 000. Wir können nur schätzen, wie viele Gespräche von den Teilnehmern geführt wurden. Die Leute gaben normalerweise Fotos an Freunde und Verwandte weiter und behielten die Hälfte für sich.

An diesem Morgen im Exploratorium sah ich Dutzende von Gruppen Fotos machen. »Lächeln«, befahl ein Mädchen ihren fünf Freunden. Klick. Dann drängten sich alle sechs um den Apparat und schauten zu, wie das Bild erschien. Wenn diese Kinder nach Hause gehen, werden sie wahrscheinlich ihren Eltern die Fotos zeigen und vielleicht die neuen Kameras erwähnen, die dabei vorgestellt wurden – die neue Barbie und Tasmanian Devil und die kleine I-Zone-Taschenkamera (die wirklich süß ist!).

## Zahlen machen einen Unterschied

Tom Peters schreibt einen Teil des Erfolgs seines ersten Buches einer umfassenden Saatkampagne zu. Peters und sein Co-Autor Bob Waterman schrieben 1980 eine 125-seitige Zusammenfassung dessen, woraus später das klassische Management-Buch *In Search of Excellence* wurde. Sie gaben den Text nur einigen Führungskräften, die sie kannten, aber diese begannen sehr bald, das, was sie gelesen hatten, mit anderen zu diskutieren. Als sich die Nachricht über das demnächst erscheinende Buch verbreitete, schoss die Nachfrage in die Höhe, und die Autoren beschlossen, 15 000 Kopien dieser Kurzversion zu verteilen. Der Verlag war besorgt, Peters und Waterman würden zu viel verschenken. Edward Burlingame, der das Buch für Harper & Row kommissionierte, erläuterte, das Unternehmen hätte für das erste Jahr einen Absatz von 60 000 Exemplaren einkalkuliert, sodass die 15 000 Freiexemplare ein Viertel dieser Menge ausmachten. Aber Tom Peters ist überzeugt, dass diese Exemplare für die Erzeugung von Mundpropaganda und Absatz wichtig waren: »Mehrere Jahre lang haben wir uns auch um die Medienführer gekümmert, sodass positive Besprechungen innerhalb von wenigen Tagen nach Erscheinen des Buches herauskamen. Die 15 000 Angehörigen des Kontaktnetzes beeilten sich, das Original zu kaufen. Wir hätten das Buch kaum wirkungsvoller auf den Markt bringen können«, erinnert er sich in *Thriving on Chaos* (dt.: *Kreatives Chaos. Die neue Management-Praxis*). Von dem Buch *In Search of Excellence* wurden allein von der gebundenen Ausgabe anderthalb Millionen Exemplare verkauft.[6]

Weil Informationen in Clustern stecken bleiben können, ist Säen in zahlreichen Clustern entscheidend. Eines der Produkte, über die Mitte der neunziger Jahre geredet wurde, war Windows 95, und Säen spielte eine bedeutende Rolle bei diesem Buzz. Microsoft gab 450 000 Vorabexemplare aus, bevor das richtige Produkt eingeführt wurde. Säen war dabei nicht der Hauptgrund. 50 000 Exemplare wurden im Rahmen des Beta-Testprogramms verteilt, um sicherzustellen, dass das Produkt von einer großen Anzahl Nutzer auf Herz und Nieren geprüft würde. Die anderen 400 000 Exemplare wurden als Teil des Windows-95-Vorschauprogramms verteilt, das es IT-Fachleuten ermöglichte, ihren Wechsel zum neuen Betriebssystem zu planen.

Ungeachtet der Motivation hinter der Aktion platzierte Microsoft die Exemplare seiner neuen Software nur ein oder zwei Schritte der Trennung von irgendeinem PC-Nutzer entfernt: Bei damals 85 Millionen PC-Besitzern in der ganzen Welt und 450 000 Vorabexemplaren von Windows 95 kann man als sicher annehmen, dass ein PC-Nutzer, der nicht direkt jemanden kannte, der eine Vorabversion besaß, zumindest von jemandem wusste, der eine hatte. Einer von 189 PC-Nutzern verfügte über eine frühe Version des Programms.

Auf der Suche nach Beta-Testern halten Software-Unternehmen nach Nutzern aus einer Vielzahl beruflicher Hintergründe Ausschau, die ihre Computer in zahlreichen Konfigurationen einsetzen, und genau das ist es, was diese Aktion zu solch einer effektiven Saatmaßnahme werden ließ. Um die Liste der Teilnehmer an der Aktion zusammenzustellen, benutzte Microsoft zahllose Mailinglists, Angaben von den Verkaufsteams, von Händlern und so weiter. Diese Breite machte den Beta-Test zu so einem guten Saatprogramm. Rob Bennet, Produktmanager für Windows 95, erklärte: »Das Ziel Nummer eins bei dem Beta-Programm war sicherzustellen, dass das Produkt von einer großen Anzahl von Nutzern, die eine große Bandbreite von Einsatzszenarios repräsentierten, auf Herz und Nieren geprüft würde. Daher war es für dieses Ziel unerlässlich, Beta-Tester zum Beispiel in einer Reihe von Branchen und Unternehmen verschiedener Größe zu haben. Die Tatsache, dass dies zu einer breiteren Gruppe von Beta-Testern führte, war nur ein nettes Nebenprodukt.«[7]

Nicht alle Kommentare über Windows 95, die sich in den Netzwerken verbreiteten, waren positiv. Das ist das Risiko, das man eingeht, wenn man sein Produkt auf den Markt schickt. Aber im Ganzen gesehen erzeugte Microsoft echte Begeisterung, insbesondere bei den Endnutzern. Als Teil von dem, was *Business Week* »eine Marketing- und Werbe-Blitzaktion, die Revlon erröten lassen könnte«, nannte, lud Microsoft 70 000 Leute zu Produkteinführungspartys im ganzen Land ein und setzte natürlich seine effiziente PR-Maschinerie ein, um die Medien abzudecken. Das Unternehmen brachte die Software Punkt Mitternacht des 24. August 1995 heraus. Lange Schlangen und sofortige Ausverkäufe heizten die Diskussion noch mehr an, als am nächsten Tag in den Medien darüber berichtet wurde.

Eine Million Exemplare von Windows 95 wurden innerhalb der ersten vier Tage seiner Verfügbarkeit im Einzelhandel abgesetzt. Den Schnelligkeitsrekord beim Verkauf von Software hatte zuvor MS-DOS 6.0 gehalten, aber das benötigte 40 Tage, bis das millionste Exemplar seinen Weg zum Nutzer fand.

## Wie viel Säen ist ausreichend?

Microsofts Saatmaßnahme war äußerst intensiv, aber für die meisten Unternehmen ist es schwierig, ein solches Interesse an ihrem Produkt zu erzeugen. Trotzdem ist Säen immer noch ein unglaubliches Instrument, auch wenn es nicht in so großem Stil eingesetzt wird. Die Frage ist: Wie viel ist ausreichend? Es gibt keine einfache Formel, um die optimale Anzahl der Saatkunden zu finden, die eine schnellstmögliche Verbreitung der Informationen ermöglicht und gleichzeitig Ihre Kosten niedrig hält. Das ist eine Herausforderung, der sich jedes Unternehmen auf der Grundlage seiner Kostenstruktur und seines Marktes stellen muss. Wenn Sie nur ein Exemplar Ihres Produkts an ein Unternehmen der *Fortune-500*-Rangliste verteilen, werden Ihre Kosten zwar minimal sein, aber wahrscheinlich werden sich die Informationen über das Produkt nur sehr langsam verbreiten. Wenn Sie andererseits jedem Beschäftigten dieses Unternehmens kostenlos ein Exemplar überlassen, würde das die Geschwindigkeit maximieren, aber auch Ihre Kosten.

Ein kleineres Unternehmen, das durch Saatmaßnahmen erheblich wächst, ist Wizards of the Coast, das Kartenspiele wie *Magic* und *Pokémon* sowie Rollenspielspiele wie *Dungeons & Dragons* vertreibt. Seine Aktionen in den USA konzentrieren sich auf Touren, Demonstrationen und das Verteilen von Mustern. »Auch wenn diese Programme zeitintensiver und teurer sind, haben wir festgestellt, dass sie 100 Prozent besser funktionieren als das traditionelle Marketing wie Anzeigen in Printmedien oder Fernsehwerbung«, meint Charlotte Stuyvenberg, Vice-President für Marketing des Unternehmens. Die Internetpräsenz beschleunigt die Verbreitung ebenfalls, aber das Wichtigste ist, Saatkunden die Spiele persönlich ausprobieren zu lassen. »Im Internet über etwas zu lesen reicht nicht«, sagt sie. »Sie müssen es selbst erfahren können, denn das, was den Buzz im Internet aufrechterhält, ist direkte Erfahrung.«[8] Der Spieleproduzent konzentriert seine Saatmaßnahmen auf 15 Märkte in den USA und arbeitet eng mit Spezialgeschäften sowie Buchläden und anderen Einzelhändlern zusammen. Das Unternehmen fliegt auch seine Mitarbeiter in verschiedene Teile des Landes, um Spieltourneen zu organisieren.

Der größte potenzielle Fehler beim Säen ist Verschwendung. Das Verschenken von 20 Exemplaren Ihres Produkts an eine große Organisation kann je nach Verteilung dieser Exemplare unterschiedliche Wirkungen haben: Wenn die 20 Exemplare an 20 verschiedene Abteilungen gegeben werden, machen Sie wahrscheinlich guten Gebrauch von diesen Saatexemplaren. Wenn jedoch alle 20 Exemplare an eine einzige Abteilung gehen, dann haben Sie viel Geld ausgegeben, das effektiver hätte eingesetzt werden können. (Wenn die Sichtbarkeit dieser Abteilung besonders hoch ist, könnte natürlich ein solch konzentriertes Säen gerechtfertigt sein.)

## Schützen Sie Ihre Saatkunden

Wie jeder Gärtner Ihnen erzählen kann, ist Saatgut sehr empfindlich. Vögel und Nagetiere können es fressen, und es benötigt genau die richtige Menge Wasser und Nährstoffe, um zu wachsen und zu gedeihen. Die Saatkunden, die Ihr Produkt benutzen, sind ebenfalls empfindlich. Sie benötigen Pflege und Unterstützung. Nirgendwo ist das so offensichtlich wie bei neuen Technologien, obwohl das Konzept für jede neue Idee gilt, die in einer großen Organisation übernommen wird.

Neue Technologien werden nicht immer problemlos in Unternehmen eingeführt, häufig gegen den Willen der IT-Manager, die verzweifelt versuchen, Standards zu setzen, die leichter zu unterstützen sind. Einzelne Personen in Firmen übernehmen neue Technologien, weil sie ihnen ihrer Meinung nach helfen, ihre Arbeit zu verbessern. Marketer sollten diese frühen Kunden auf jede mögliche Weise unterstützen. McAfee, ein Unternehmen im Anti-Virus-Softwarebereich, tat genau das. Seine Strategie war einfach: Jedes Mal, wenn eine neue Version seiner Software herauskam, stellte es sie kostenlos in elektronische schwarze Bretter. Innerhalb von 72 Stunden nach der Einführung war die Software auf Tausenden von elektronischen schwarzen Brettern in der ganzen Welt und anschließend auf Millionen PCs. Bill McKiernan, ehemaliger President von McAfee, erzählt: »Wir taten alles, um unserer Benutzerbasis zu helfen, da wir wussten, dass sie zu unseren Verkäufern wurden, unseren Predigern.« McAfee leistete den Leuten, die seine kostenlose Software nutzten, kostenlos technische Unterstützung. Wie hat das Unternehmen damit Geld verdient? Zu Anfang keins. Am Ende machte sich jedoch die Unterstützung bezahlt und Firmen übernahmen die ausgesäte Technologie, indem sie eine Lizenz der Software erwarben. Diesen Unternehmen blieb gar nichts anderes übrig. Sie hatten Hunderte oder Tausende von Beschäftigten, die das Produkt bereits benutzten. Konsequente Unterstützung dieser Nutzer machte sie zu treuen Kunden, wie McKiernan vorhergesagt hatte.[9]

Bei neuer Technologie ist es natürlich auch wichtig, die IT-Manager zu veranlassen, selbst die Technologie zu übernehmen. Warum gegen den Strom schwimmen, wenn man es nicht muss. Da PalmPilots weiterhin auf der ganzen Welt in Unternehmen eindringen, versucht 3Com, innerhalb der IT-Abteilungen Unterstützung aufzubauen. Beim Gartner-Symposium zum Beispiel, einer jährlichen Konferenz, auf der Tausende von IT-Managern zusammenkommen, installierten Mitarbeiter von 3Com die Tagesordnung der Konferenz auf den PalmPilot. Als die Teilnehmer zur Registrierung kamen, wurde jedem ein Gerät angeboten, auf dem alle Konferenzinformationen geladen waren. Das gab den IT-Managern die Gelegenheit, die Technologie wirklich zu benutzen. Am Ende der Veranstaltung hatten die Teilnehmer die Möglichkeit, das von ihnen benutzte Gerät zu kaufen. Ed Colligan, ehemaliger Vice-President für Marketing des Unternehmens, schätzt, dass etwa 5000 Personen bei der Konferenz einen PalmPilot benutzten und rund 1500 ihn kauften – um dann als Unterstützer des Geräts in ihre Netzwerke zurückzukehren.[10]

## Achten Sie auf »tote« Netzwerke

Säen sollte eine kontinuierliche Maßnahme sein. Ungeachtet des Umfangs der Pflege werden einige Saaten nicht aufgehen, und folglich werden die entsprechenden Netzwerke inaktiv bleiben. Ich nenne solche Netzwerke »tote Netzwerke«. Ein totes Netzwerk kann auf geringe Aktivität hinweisen oder bedeuten, dass sich ein Konkurrenzprodukt erfolgreich in diesem Netzwerk ausbreitet. Zur Feststellung toter Netzwerke sollten Sie alle traditionellen Informationsquellen heranziehen, die auch im Marketing-Informationssystem benutzt werden: Verkaufsdaten, Marktforschung und eigene Beobachtungen. Aber anstatt sich auf traditionelle Kriterien wie Markenbewusstsein oder Mediennutzung zu konzentrieren, sollten Sie die Antwort auf eine einzige Frage suchen: In welchem Umfang *reden* die Leute in einem bestimmten Netzwerk über meine Produkte?

Anekdotenhafte Informationen sind für die Identifizierung toter Netzwerke sehr wichtig. Ein Vertreter kann zum Beispiel von einer Sportveranstaltung zurückkommen und berichten, die Fahrradfans in Seattle wüssten nichts von dem neuen Sturzhelm, den Sie auf den Markt gebracht haben. Ein totes Netzwerk. Sie stoßen auf eine Diskussion im Internet, in der gesagt wird, Doktoranden bevorzugten ein Produkt eines Konkurrenten von Ihnen und erwähnen Ihr Produkt nicht einmal. Ein totes Netzwerk. Das Internet kann in dieser Hinsicht tatsächlich sehr hilfreich sein, da die Aktivitäten verschiedener Online-Communities für Außenstehende gewöhnlich sichtbarer und leichter zugänglich sind. Zum Beispiel stellte unser Unternehmen irgendwann fest, dass Bibliothekare medizinischer Bibliotheken in ihren Internet-Diskussionsgruppen kaum über unser Produkt EndNote redeten. Es gab zwar lebhafte Diskussionen über EndNote unter medizinischen Forschern, Biologiestudenten und in anderen Newsgroups, aber das Netzwerk der medizinischen Bibliothekare war im Hinblick auf EndNote tot. Das war besonders alarmierend, da jeder dieser Bibliothekare Teil eines lokalen Netzwerks war, das darauf Einfluss hatte, was Studenten und Forscher kauften. Wir beschlossen, Hunderte von Saatexemplaren an medizinische Bibliotheken im ganzen Land zu verteilen. Das Ergebnis war, dass medizinische Bibliothekare Kurse über den Gebrauch von EndNote abzuhalten begannen und die Software voller Begeisterung den Bibliotheksbenutzern empfahlen.

Absatzzahlen sind ein weiterer guter Indikator für inaktive Netzwerke. Wenn Sie zum Beispiel Manager eines Buchverlags sind, wissen Sie genau, wie gut sich ein Titel in den einzelnen Märkten verkauft. Als der Verlag Simon & Schuster *The Road Less Traveled* (dt.: *Der wunderbare Weg*) des Psychiaters M. Scott Peck veröffentlichte, war ein niedriger Absatz auf den meisten Märkten ein Zeichen dafür, dass die Mehrheit der Netzwerke völlig tot war. Es gab jedoch zwei Märkte, in denen sich das Buch außerordentlich gut verkaufte: Washington, D.C., wo es eine großartige Rezension in der *Washington Post* erhalten hatte, und Buffalo, New York, wo die Netzwerke Überstunden machten: Die Frau eines College-Zimmergenossen Pecks hatte das Buch an ihre Freundin Cornelia Dopkins, eine Lehrerin in Buffalo, geschickt. Diese gab das Buch an die Rektoren zweier lokaler Kirchen, die Peck zu einem Vortrag einluden. Die Leute in Buffalo kauften Hunderte von Exemplaren des Buches.

Simon & Schuster und Peck wussten, dass die Begeisterung nicht so einfach von Buffalo nach, zum Beispiel, Seattle überspringen würde. Aber tote Netzwerke können mit etwas Nachhilfe zum Leben erweckt werden. Peck heuerte einen Lehrer in Connecticut an, Kopien der Rezension der *Washington Post* an Zeitungen im ganzen Land zu schicken, und Simon & Schuster bezahlte eine zweiwöchige Promotionstour durch zehn Städte. Als Ergebnis dieser Maßnahme verbreiteten Leute, die mit dem Buch bekannt gemacht worden waren, Informationen darüber in zusätzlichen Netzwerken. Das war vom Umfang her tatsächlich mehr eine PR-Maßnahme, aber sie illustriert den Kern der Sache: Mithilfe Ihrer eigenen Absatzzahlen können Sie die toten Netzwerke identifizieren und in ihnen säen. Von 1980 bis 1984 verdoppelte sich jedes Jahr der Absatz, und 1986 wurden mehr als 600 000 Exemplare verkauft. Das Buch stand über zehn Jahre lang auf der Bestsellerliste der *New York Times*. Sicher haben auch andere Faktoren für den Erfolg von *The Road Less Traveled* eine Rolle gespielt, aber der Einfluss dieser zu Beginn ergriffenen Maßnahmen sollte nicht unterschätzt werden. Säen beschleunigt den Buzz.[11]

Das ist eine gute Stelle, um uns an das Paradox des aktiven Netzwerks zu erinnern. Wie ich in Kapitel 5 dargelegt habe, haben wir als Marketer die natürliche Tendenz, jenen Netzwerken, in denen etwas geschieht, Aufmerksamkeit zu schenken, und die zu ignorieren, die tot sind. Je erfolgreicher ein Unternehmen ist, desto stärker wird es wahrscheinlich mit Botschaften von seinen existierenden Netzwerken überflutet. Es bemerkt daher die inaktiven nicht und sät nicht in ihnen. Unsere natürliche Neigung ist, auf die Netzwerke zu achten, die uns anregen, und es fällt uns schwer, über sie hinaus zu sehen. Aber Sie können Ihre Kundschaft und Ihren Absatz durch Säen in nichtaktiven Netzwerken weit schneller ausdehnen als durch Konzentrierung aller Ihrer Anstrengungen auf die aktiven.

## Die vier Regeln einer erfolgreichen Saatkampagne

Erfolgreiches Säen ist ein aktiver Prozess. Es lässt die klischeehafte Wunschvorstellung – »du baust etwas auf, und dann werden sie kommen« – weit hinter sich. Anstatt passiv darauf zu warten, dass Leute zu Ihnen kommen, gehen Sie nach draußen und verteilen im ganzen Wald Samen. Hier sind einige Richtlinien.

**1. Schauen Sie über die »gewöhnlichen Verdächtigen« hinaus.** Auch wenn das Säen über traditionelle Kanäle von Bedeutung bleibt, gehen erfolgreiche Saatmaßnahmen über Ihre normalen Absatzwege wie Medien, Buchläden, Autohändler oder Kaufhäuser hinaus. Denken Sie in breitem Rahmen. Genauso wie Sie Postleitzahlbezirke identifizieren, in denen Sie nicht genug Kunden haben, sollten Sie Gesellschaftskreise, Branchensegmente oder Universitätsbereiche feststellen können, in denen man nicht über Ihr Unternehmen, Ihr Produkt oder Ihre Dienstleistung redet. Suchen Sie solche Netzwerke für Saatmaßnahmen aus.

**2. Geben Sie ihnen das Produkt.** In den meisten Fällen muss das »Saatgut« das Produkt selbst sein. Manchmal, wie bei der Kurzversion von *In Search of Excellence*, können sich die Leute bereits an einem Muster begeistern, aber im Allgemeinen benötigen sie die Erfahrung des ganzen Produkts, um einbezogen zu werden. Das »Saat«-Produkt muss ihnen direkt übergeben werden. Es besteht ein großer Unterschied zwischen dem kostenlosen Zur-Verfügung-Stellen im Internet und der körperlichen Übergabe an einzelne Personen. Fünfzehn Jahre nach Einführung von *Trivial Pursuit* benutzt Parker Brothers nun das Web, um das Spiel verfügbar zu machen. Jeder kann www.trivialpursuit.com aufrufen und spielen. Toll! Es ist eine weitere Möglichkeit, Leute zu erreichen. Aber um nur halb so viel Buzz zu erzeugen, wie das Spiel Anfang der achtziger Jahre erhielt, ist eine Saatkampagne notwendig.

**3. Senken Sie die Preisbarriere.** In manchen Fällen wird Ihre Analyse zeigen, dass Sie es sich leisten können, kostenlose Saatexemplare zu verteilen; in anderen Fällen ist die Einräumung eines Rabatts das Beste, was Sie tun können. Aber unterschätzen Sie nicht die Preisbarriere für ein unbekanntes Produkt: Geben Sie es einem Saatkunden möglichst kostenlos oder zumindest zum niedrigstmöglichen Preis.

**4. Achten Sie auf Schweigen.** Wenn Sie aus toten Netzwerken Schweigen hören, wird Ihre natürliche Neigung sein, sie zu ignorieren. Erfolgreiches Säen erfordert jedoch die Beachtung toter Netzwerke und die Durchführung weiterer Saatmaßnahmen.

Säen ist keine bloße Methode, es ist eine Geisteshaltung. Nehmen wir an, Sie gründen mit drei Freunden eine Band. Sie sind gut und finden einen Klub, der Sie auftreten lässt. In dem Klub verkehren mehrere Cliquen, und Ihre Produkte, Ihre Songs, breiten sich langsam in diesen Cliquen aus. Es dauert nicht lange, und ein weiterer Klubbesitzer am anderen Ende der Stadt zeigt Interesse. Jetzt treten Sie regelmäßig in zwei Klubs auf, und es bildet sich allmählich eine Gruppe von Anhängern. Ein paar Monate später leihen Sie sich von Ihrem Cousin Geld und produzieren 300 CDs, die sich in den Klubs ganz gut verkaufen. Die lokalen Fans mögen Sie! Nach einer Weile gibt es einen dritten Klub, der Interesse hat, und einige Schüler der Highschool bitten Sie, sich am Donnerstagabend ihre Band anzuhören, und Sie treten jetzt fast jeden Abend auf, und Teenager rufen Sie zu Hause an – mit einem Wort, Sie sind viel beschäftigt. In der Tat so beschäftigt, dass Sie nicht einmal daran denken können, woanders hinzugehen. Wie machen Sie dann Ihre Band zu einem nationalen Erfolg?

Erfolgreiche Bands wissen, dass sie nach draußen müssen, um eine richtige Fangemeinde aufzubauen. In der Musikwelt findet Säen durch Tourneen statt. Eine Band kann in einem Netzwerk der heißeste Tipp sein, aber für andere, 30 Minuten entfernte Netzwerke absolut keine Bedeutung haben. Wenn Sie eine Band haben, müssen Sie sich einen Minibus, einen alten Schulbus, irgendetwas mit Rädern, anschaffen und auf Tournee gehen. Das ist nicht leicht. Sie fahren möglicherweise fünf Stunden, um vor weniger als einem Dutzend Leuten aufzutreten. Aber, wie der Musiker Stephen Carpenter, Gitarrist der Deftones, sagt, »wenn nur zehn Leute eine Supershow sehen und ihren Freunden davon erzählen, habt ihr gewonnen«.[12] Das ist kurz gesagt die Saatidee. Sie gehen von einem Netzwerk zum anderen und angeln sich die ersten paar Leute, die die Informationen dann weiterverbreiten.

Gleichzeitig sollten Sie die Medien beackern. Heutzutage ist ein wichtiger Bestandteil von Tourneen in der Musikindustrie, in jeder Stadt bei Rundfunkstationen Halt zu machen, um die Aufmerksamkeit der Programmverantwortlichen zu erregen – eine Routineangelegenheit, die nicht nur von Anfängerbands praktiziert wird, sondern auch von erfolgreichen. Aber Sie dürfen da nicht stehen bleiben. Sie sollten sich nicht darauf beschränken, die Unterstützung von der Basis zu erhalten. Die Bedeutung von MTV oder VH-1 für die Erzeugung von Buzz in der Musikwelt kann nicht genug betont werden. Sie gehen zu beiden – Megamedien und den Netzwerken an der Basis.

So, nun ist Ihre Band im MTV (Sie haben in nur wenigen Abschnitten einen langen Weg zurückgelegt). Aber selbst Bands, die in landesweiten Medien vertreten sind, gehen weiter auf Tournee. Wenn eine Band einmal erfolgreich ist, beeinflussen sich die Saatmaßnahmen und die Publizität in den Medien gegenseitig und können frühere Bemühungen enorm verstärken. Bands gehen weiter auf Tournee, nicht nur, um tote Netzwerke zu beackern, sondern auch, um die Leute in den aktiven Netzwerken am Reden zu halten. So schwierig Tourneen sind, erfolgreiche Bands erkennen, dass nur sehr wenige Stars allein durch Auftritte im MTV ihren Schwung behalten können. Die meisten Stars und Bands gehen deshalb weiter auf Tournee. Leute aus allen Netzwerken kommen zu ihren Konzerten, um ihre Lieblingssongs zu hören. Und wenn sie dort sind, werden ihnen neue Songs in die Köpfe gepflanzt (»das ist aus unserem neuen Album«), die sie in ihre Netzwerke zurücktragen. Es ist eine Sensation für Fans, unter den Ersten zu sein, die einen Song hören, der erst vor Tagen oder Wochen geschrieben wurde. Sie erzählen anderen davon und warten ungeduldig auf die Gelegenheit, die neue CD zu kaufen. Solch eine »Preview« erzeugt noch mehr Buzz für zukünftige Produkte.

# 11
# Die Elemente einer guten Geschichte

Die Kinder, die an einem Winterabend des Jahres 1989 die erste Aufführung des Films *The Wizard* (dt. Titel: *Joy Stick Heroes*) verließen, kamen gerade aus der Zeitmaschine. Sie waren dorthin gereist, wo noch keiner ihrer Freunde gewesen war – vier Monate in die Zukunft. Vier Monate scheinen für eine Zeitreise nicht viel zu klingen, aber für diese Kinder war der Trip bedeutungsvoller als eine Reise in das Jahr 3000.

Es war nicht der Film selbst, der sie so begeisterte. Ich habe sicher aufregendere Filme gesehen. *The Wizard* erzählt die Geschichte eines Jungen namens Jimmy, dessen Leidenschaft Computerspiele sind und der von seinem älteren Halbbruder Corey und einer Freundin auf einer Reise quer durchs Land nach Kalifornien begleitet wird, um an einem Videospielwettbewerb teilzunehmen. Was die Zuschauer so erregte, war das, was zum Ende des Films gezeigt wurde. Als nur noch drei Teilnehmer übrig waren (unter ihnen der kleine Jimmy), wurde diesen – und den Zuschauern – verkündet, sie müssten für das Finale ein Videospiel meistern, das noch nie jemand gespielt hatte.

Monatelang hatten zuvor auf Schulhöfen Gerüchte über die nächste Version von Nintendos Super Mario Brothers zirkuliert. Und jetzt hatten die Kinder in dem Kino eine Vorschau davon auf der Leinwand. »Meine Damen und Herren, wir haben drei Wettbewerber … eins … zwei … drei«, verkündete der Zeremonienmeister dramatisch, »also gebe ich euch Super Mario Brothers dreiiii!«

»Die Begeisterung in den Kinos war für Super Mario Brothers 3 viel größer als für den Film selbst«, meint David Sheff, der Nintendos Geschichte erforschte und ein Buch über das Unternehmen schrieb. Fünf Minuten lang konnten die Kinder das kommende Spiel in Aktion sehen. Neue Herausforderungen, neue Tricks. Man kann sich unschwer vorstellen, was diese Kinder als Erstes taten, als sie nach Hause kamen. Sie taten das, was jede vernünftige Person tun würde, wenn sie in einer Zeitmaschine gewesen ist – sie riefen alle ihre Freunde an und erzählten ihnen, was sie gesehen hatten. »Mario kann jetzt fliegen, und sie haben diese Pfeifen, die einen auf jede Ebene mitnehmen, wohin man will!« In den folgenden Tagen erzählte jedes Kind so vielen anderen Kindern davon, wie es konnte. Da immer mehr Kinder den Film sahen, wurden sie in zunehmendem Umfang auf das Herauskommen des Spiels vorbereitet. Als Super Mario Brothers 3 in die Geschäfte kam, übertraf es beim Verkauf jedes andere Videospiel, und Nintendo nahm mehr als 500 Millionen Dollar ein. Die Sondervereinbarung zwischen Nintendo und Universal Studios resultierte in dieser Preview, die einer der Faktoren war, die ungeheuren Buzz für das Spiel erzeugten.[1]

Alle warteten bereits auf das Spiel, aber die Leute bei Nintendo wussten, dass Buzz gefüttert werden muss. Ohne neue Informationen werden Kommentare über ein Produkt in den Netzwerken hohl und langweilig, und schließlich gehen Kunden zu anderen, aufregenderen Themen über. Das Unternehmen benutzte das Preview-Konzept routinemäßig auf andere Weise, um das Interesse wach zu halten. Nintendo beschäftigte Hunderte von Spieleberatern, um Spielern zu helfen, die mit Fragen und Problemen anriefen. Hatte der Berater das Problem gelöst, nutzte er die Gelegenheit, den Kunden für die nächste Version zu begeistern (»Übrigens, warte, bis du siehst, woran wir gerade arbeiten«). »In gewisser Weise gaben sie den Kindern das Gefühl, zu diesem Insiderklub zu gehören«, sagt Sheff. »Sie erhielten interne Informationen über etwas, das für sie und ihre Freunde unglaublich wichtig war.«

Das Erzeugen von Buzz ist in gewisser Weise gutem Geschichtenerzählen ähnlich. Man baut Spannung auf, indem man Informationen zurückhält und allmählich freigibt. Man liefert die Pointe im richtigen Augenblick. Man schafft Charaktere, die die Einbildungskraft der Zuhörer fesseln. In diesem Kapitel sehen wir uns die Elemente an, die helfen, dass Buzz sich rasch in den unsichtbaren Netzwerken reproduziert, vergleichbar einer Stadtlegende oder einem Volksmärchen. Es ist kein Zufall, dass die in diesem Kapitel beschriebenen Methoden in der Filmindustrie in großem Stil benutzt werden, um einen Film anzukündigen oder zu bewerben – Previews, Führung der Zuschauer hinter die Kulissen, Ausdenken von Gags und Einsetzen von Berühmtheiten. Was immer Sie von Hollywood halten, dort weiß man, wie man eine Geschichte erzählt, und kennt Buzz.

## Mit Knappheit und Geheimnis reizen

In seinem Buch *Influence: The Psychology of Persuasion* schreibt der Psychologe Robert Cialdini, er habe nie den Wunsch gehabt, einen Mormonentempel in Mesa, Arizona, wo er wohnt, zu besuchen, bis er eines Tages von einem besonderen Heiligtum des Tempels las, das nur gläubige Mitglieder der Kirche betreten dürfen. In dem Artikel stand, dieser Teil würde Nichtmormonen nur einige Tage offen stehen. Seine instinktive Reaktion war, dorthin gehen zu wollen.[2]

Wir schätzen alles, was selten ist: limitierte Baseballkarten, Orte mit beschränktem Zugang und Informationen, die nicht allgemein verfügbar sind. Das ist ein wichtiges Konzept, das man im Kopf behalten sollte, wenn man Buzz erzeugen will. Es hat nicht nur mit der Verbreitung von Informationen zu tun, sondern auch mit ihrer Zurückhaltung und allmählichen Preisgabe.

Unternehmen, die Informationen über ihre Produkte schützen, können das zu ihrem Vorteil ausnutzen, um Buzz anzuheizen. Es muss natürlich ein Interesse an diesen Produkten bestehen. Egal, wie geheimnistuerisch Sie sich wegen der neuen Kleiderbügel, die Ihr Unternehmen entwirft, verhalten, Sie werden wahrscheinlich nicht viele Kunden neugierig machen. Es gibt zudem eine Grenze, bis zu der man dieses Spiel treiben kann, weil Kunden es satt haben können.

Aber grundsätzlich gilt: Wenn wir keinen Zugang zu Informationen haben, wollen wir sie – unbedingt.

Der anfängliche Buzz um den bereits erwähnten Film *The Blair Witch Project*, der zum Hit des Sommers 1999 wurde, beruhte unter anderem auf dem Geheimnis, das den Film umgab. »Der größte Teil des Buzz war, dass wir niemanden ihn sehen lassen wollten«, erzählte Kevin Foxe, einer der Produzenten des Films, der Agentur Reuters. Er weigerte sich, der Presse den Film vor dem Sundance-Filmfestival zu zeigen, und das brachte die Presseleute zum Reden. Buzz unter den Zuschauern, besonders in der Anfangszeit, wurde zusätzlich durch das Geheimnis stimuliert, das die Herstellung des Films umgab: War das ein Dokumentarfilm?

Erinnern Sie sich an den Film *The Crying Game*? Der Buzz über diesen Film wurde sehr stark durch das Geheimnis um den Verlauf der Geschichte angeheizt. Ich erinnere mich an ein Gespräch mit einem Arbeitskollegen über ihn.

»Du musst diesen Film sehen, *The Crying Game*«, sagte er.

»Wovon handelt er?«, fragte ich.

»Er handelt von so einem Soldaten … Ich kann es dir wirklich nicht erzählen. Du musst ihn sehen.«

»Was für ein Soldat?«

»Es spielt in Irland; dieser Soldat … Ich kann dir nicht erzählen, was passiert. Sie bitten die Leute, die Handlung nicht zu verraten.«

»Aber warum denn?« Jetzt war ich fasziniert.

»Es gibt eine überraschende Wendung. Geh und sieh dir den Film an.«

Ich tat es nicht. Es kamen andere Dinge dazwischen, und *so* fasziniert war ich nun auch wieder nicht. Einige Wochen später war ich mit Freunden zusammen, und jemand erwähnte *The Crying Game*. Der Raum war plötzlich in jene geteilt, die ihn gesehen hatten und Bescheid wussten, und jene, die ihn nicht gesehen hatten. Am nächsten Tag habe ich mir den Film angesehen.

Die Aura des Geheimnisvollen um Ihr Produkt kann in Ihre Botschaft integriert werden. Als Sony seine PlayStation einführte, drehte sich die Kampagne um eine kurze mysteriöse Botschaft, die aus den Buchstaben U, R, NOT und einem roten E bestand. »Wir machten das publik und erzählten niemandem, was es bedeutet oder wofür es steht«, berichtet Charlotte Stuyvenberg, die damals Director für Public Relations und Verkaufsförderung bei Sony Computer Entertainment war. »Und es war wirklich toll zu sehen, wie Kinder es herausfanden. Wenn sie das Rätsel gelöst hatten, sprachen sie überall davon.« Stuyvenberg stellte fest, dass die Botschaft zu einem Motto in den Familien geworden war, als sie eines Tages in ein Geschäft ging und ihre PlayStation-Jacke trug, auf der nicht der Slogan stand, sondern nur das Logo zu sehen war. Ein kleiner Junge, vielleicht vier Jahre alt, rannte auf sie zu und fasste sie am Ärmel. »You are not ready! You are not ready!«, sagte er und zeigte damit, dass er ebenfalls das Rätsel gelöst hatte: U R NOT plus einem roten (red) E ergibt »You Are Not Ready« (Du bist nicht bereit). Die Botschaft beschäftigte junge Leute auch noch, nachdem sie sie entziffert hatten: »Bist du bereit für die Sony PlayStation?« Die von der Werbeagentur TBWA Chiat/Day entworfene mysteriöse Botschaft wurde durch Broschüren, T-Shirts, Aufkleber und so weiter verbreitet, die aus einem 18-rädrigen Truck heraus verteilt wurden, der bei Festivals und Sportveranstaltungen überall im Land erschien.[3]

Geheimnistuerei nimmt man in Silicon Valley routinemäßig zu Hilfe, um Interesse zu wecken. Ein Technologieunternehmen, das dieses Prinzip nutzte, war General Magic. »Das Unternehmen hat sehr bewusst Werbung für sich gemacht, indem es eine Aura der Verschwiegenheit um das verbreitete, was es tat. Das erzeugte etwas Geheimnisvolles, was dazu führte, dass die Leute redeten, sich wunderten und spekulierten«, erzählt Chris Moore, der für das Unternehmen arbeitete. »Ich wurde von Managern von Zehn-Milliarden-Dollar-Unternehmen, die Geschäfte mit uns machen wollten, durch die Hotels gejagt. Sie wussten selbst nicht warum, sie hatten nur von irgendwas gehört und mitbekommen, dass ihre Freunde es genauso machten. Sie glaubten einfach, sie müssten es tun«, sagt Moore. Das Produkt (Netzwerk-Software) entsprach in diesem Fall nicht den Erwartungen, die durch das Geheimnis geweckt worden waren. Dieser Gefahr sollte man sich bewusst sein, wenn man eine Aura des Geheimnisvollen um etwas verbreitet. Aber es ist klar, dass von der Buzz-Perspektive aus gesehen die Geheimnistuerei die Leute zum Reden brachte.[4]

## Bauen Sie Erwartungen auf

Das Zurückhalten von zu vielen Informationen wird Sie nicht sehr weit bringen. Um Leute zum Reden zu bringen, müssen Sie ihren Appetit anregen. Eine gute Geschichte enthält immer ein starkes Element der Erwartung. Eine gute Buzz-Kampagne erzeugt ebenfalls Erwartungen. Die Kampagne zur Einführung des BMW-Z3-Roadsters ist ein solches Beispiel aus jüngster Zeit. Durch eine Reihe nichttraditioneller Marketingmaßnahmen wurden unglaubliche Erwartungen an das Auto geweckt. »Wir wussten, dass es sehr gut abschneiden würde, wenn wir es in einer traditionellen Einführung auf den Markt bringen würden«, sagt Jim McDowell, Vice-President für Marketing des Unternehmens. BMW sah die Einführung jedoch als gute Gelegenheit an, den Z3 als Ikone der Roadster zu positionieren und die Aufmerksamkeit auf die Marke BMW zu lenken. Manager bei BMW sprachen davon, »Buzz als Hebel einsetzen« und das Auto auf »die Gesprächsliste der Leute« bringen zu wollen.[5]

Das erste – und wahrscheinlich das am meisten im Gedächtnis haftende – Element der Kampagne war die Integrierung des Autos in den James-Bond-Film *GoldenEye*. Der Film, der einige Monate vor dem Auto erscheinen sollte, lieferte eine perfekte Preview für das Auto. Weil das Fahrzeug ein wirklich besonderes Aussehen hat, musste nicht allzu aggressiv darauf hingewiesen werden. Der Z3 wurde in dem Film allerdings nur sehr kurz gezeigt. Die Filmfigur »Q«, der F&E-Leiter, der all die netten Geräte für Bond entwickelt, zeigt ihm das neue Auto am Anfang des Films; später ist Bond zu sehen, wie er darin aufs Land hinausjagt. Das ist alles.

Als *GoldenEye* fertig war, aber noch vor der ersten öffentlichen Aufführung, zeigte BMW den Film in Privatvorführungen. Händler sandten an 200 bis 400 ihrer besten Kunden Einladungen und verbanden sie oft mit Empfängen vor oder nach der Vorführung. Ein Händler in Concord, Kalifornien, zum Beispiel gab eine Party am Blackhawk-Automuseum, wo der neue Roadster neben einem von Bonds älteren Autos ausgestellt war. Insgesamt nahmen mehr als 40 000 Kunden an diesen Vorführungen teil. Am nächsten Tag haben diese Leute wahrscheinlich im Büro, auf dem Golfplatz oder beim Essen ihren Freunden davon erzählt, was sie gesehen hatten – den neuen James-Bond-Film und den neuen BMW.

Das psychologische Prinzip hinter der Preview-Idee ist einfach. Wenn wir anderen etwas Neues erzählen, haben wir das Gefühl, wir seien eingeweiht, und normalerweise werden wir durch ihre Reaktion belohnt. Die Leute bei BMW wussten, dass die Vorführung von *GoldenEye* vor einer ausgewählten Gruppe von 40 000 Kunden, bevor der Film der übrigen Welt zugänglich war, zahlreiche Kommentare in den Netzwerken auslösen würde. Und weil das Auto so bestechend war, waren sie zuversichtlich, dass die Kommentare begeistert sein würden.

Es ist die ungleiche Verteilung der Informationen, die die fortgesetzte Ausbreitung des Buzz in den Netzwerken sichert. Zum Beispiel spekulierten Monate vor dem Kinostart von *Star Wars: Episode I* die Fans darüber, wann die Vorschau [nicht die Preview; Anm. d. Ü.] gezeigt würde. Das offizielle Datum wurde schließlich auf den 20. November 1998 festgesetzt. Die Aufregung unter den Fans war auf ihrem Höhepunkt, als Lucasfilm und 20th Century Fox drei Tage vor dem offiziellen Datum in 75 Kinos die Vorschau zeigten und damit eine Art Vorschau zur Vorschau inszenierten. Drei Tage lang hatte nur ein Teil der Bevölkerung Zugang dazu, der Rest konnte nur von Freunden davon erfahren, die in der Nähe eines dieser Kinos wohnten oder im Internet davon gelesen hatten. Am Freitag wurde die Vorschau auf Tausenden weiterer Leinwände gezeigt. Den richtigen Zeitpunkt für die Freigabe von Informationen zu finden ist mehr eine Kunst als eine Wissenschaft, und die Regeln, die für den mit hohen Erwartungen begleiteten Film *Star Wars* galten – manche Fans bezahlten den vollen Eintritt, nur, um die Vorschau zu sehen –, müssen nicht unbedingt für andere Filme oder Produkte gelten. Aber die Hauptidee ist weiterhin gültig: Eine nur allmähliche Freigabe von Informationen kann den Buzz über Ihr Produkt verstärken.

## *Preview für Mega-Hubs*

Im Fall des BMW-Roadsters wurden Mega-Hubs zu einer besonderen Preview in New Yorks Central Park eingeladen. Mehr als 200 Medienvertreter kamen. Ein großer Kasten, der aussah, als stamme er aus einer Szene des Films, wurde auf eine Bühne gestellt. Nebendarsteller aus dem Film erschienen und erklärten, wie das Auto funktioniert, aber niemand konnte den Kasten öffnen, nicht einmal »Q«. Schließlich eilte Helmut Panke, Chairman und CEO der BMW Holding Corporation, zu Hilfe und gab den Geheimcode ein, der den Kasten wegsprengte und das Auto enthüllte. Gleichzeitig kam Bond selbst (gespielt vom Schauspieler Pierce Brosnan) in einem anderen Z3 auf die Bühne gefahren. Es war echte Erregung zu spüren. Leute drängten sich nach vorn, um das Auto auf der Bühne und Brosnan zu fotografieren. »Die Fotografen traten sich gegenseitig, es war eine merkwürdige Erfahrung«, erinnert sich Jeff Salmon, Executive Vice-President von Dick Clark Communications, das die Veranstaltung organisierte. Nach diesem begeisternden Auftakt erhielten die Journalisten die Gelegenheit, die Schauspieler und das BMW-Management zu interviewen und mit dem Z3 im Central Park herumzufahren.

Als der Film öffentlich vorgeführt wurde, zog das Auto eine Menge Aufmerksamkeit auf sich, so viel, dass eine Karikatur Bond zeigte, wie er am Auto lehnt und drei Paparazzi, die Fotos machen, herauszufinden versuchen, wer nun der Star ist – der neue 007 oder der neue Z3. Für alte Bond-Fans gab es ein zusätzliches Element des Neuen: Der BMW ersetzte Bonds Markenzeichen, den Aston Martin, den er in so vielen vorherigen Filmen gefahren hatte.

## *Gehen Sie über das Offensichtliche hinaus*

Gute Geschichten gehen über das Offensichtliche hinaus, und die besten Szenen sind oft die unerwarteten. »Worauf es uns bei dieser nichttraditionellen Einführung ankam«, sagt McDowell, »war, an Orten zu erscheinen, von denen wir hofften, sie seien überraschend.« Einer dieser Orte war der Neiman-Marcus-Katalog. BMW bot über dieses angesehene Geschäft eine begrenzte Auflage des Autos an – 20 Stück, um genau zu sein. Ein Auto über einen Katalog anbieten? Und nicht einfach »ein Auto«, sondern das Auto, das 007 im Film *GoldenEye* fuhr, mit einer Gedächtnisplakette »besonders ausgerüstet für 007« am Armaturenbrett? Das brachte die Leute zum Reden. Das Auto wurde als eines von Neiman Marcus' Topweihnachtsgeschenken herausgestellt, direkt hinter einer Halskette für 900 000 Dollar. BMW erzeugte auf diese Weise noch mehr Buzz.

»Was wir überhaupt nicht vorhergesehen hatten, war die Höhe der Nachfrage«, berichtet McDowell. Er erinnert sich daran, wie er an der Pressekonferenz von Neiman Marcus teilnahm und gleich danach zur Frankfurter Autoausstellung flog: »Als ich in Frankfurt aus dem Flugzeug stieg und die Nachrichten für mich las, hatten wir eine Krise.« In den ersten Stunden hatten etwa 100 Leute versucht, das Auto zu kaufen, und niemand konnte mit Sicherheit sagen, wer die ersten 20 Besteller gewesen waren. Manche riefen die Nummer der Hotline an, andere kamen zum Geschäft. Auf Drängen des Katalogunternehmens erhöhte BMW die Zahl der Autos auf 100. Bis Weihnachten sammelten sich etwa 6000 (!) Namen auf einer Warteliste. Man kann sich nur ausmalen, wie viele Kommentare über Kühlerhauben hinweg und an Esstischen über dieses Sondermodell des Z3 ausgetauscht wurden (»Mammi, hat es Lenkraketen?«). Es war eine überraschende und denkwürdige Art und Weise, Buzz anzukurbeln.

Bei einem anderen unerwarteten Auftritt noch vor der Filmpremiere wurde der Roadster in einen Sketch von Jay Lenos *Tonight Show* eingebaut. Das bringt mich zum Thema Kontrolle. Wenn Sie über das Offensichtliche hinausgehen wollen, wenn Sie überraschende Elemente haben wollen, über die die Leute reden werden, müssen Sie oft mit Personen zusammenarbeiten, über die Sie keine Kontrolle haben. Dadurch entsteht viel Unsicherheit. Zum Beispiel wussten die Leute von BMW bis zur letzten Minute nicht, wie Leno das Auto in seine Show einbeziehen und was er sagen würde. Am Ende lief alles wunderbar. In dem Sketch versuchte Bond, am Sicherheitspersonal vorbei in die NBC-Studios zu gelangen. Als der Z3 schließlich auf die Bühne fuhr, öffnete sich die Wagentür und heraus kam ... der Komödiant Steven Wright. Bond hatte es bereits auf anderem Weg in das Studio geschafft.

Die gleiche Art der Unsicherheit existierte auch bei dem Z3-DJ-Programm. Wenn Sie normale Werbung kaufen, bestimmen Sie jedes einzelne Wort, aber Ihre Botschaft wird wahrscheinlich in den Netzwerken nicht wiederholt – es ist ja Werbung. Wenn Sie bereit sind, Risiken einzugehen und Dritte für Sie die Informationen verbreiten zu lassen, werden Sie größere Resonanz haben, aber Sie benötigen dann vielleicht eine Extralieferung Valium. BMW wollte, dass Moderatoren von Rundfunk-Frühprogrammen im ganzen Land über das Auto reden. Aber was wäre, wenn die Moderatoren sich über das Auto oder den Film lustig machten? Das Team bei Dick Clark Communications setzte auf den Ruf des Unternehmensgründers Dick Clark, einer respektierten Gestalt im Rundfunkgeschäft, um dafür zu sorgen, dass die DJs es ernst nahmen. »Dick schrieb an jeden Programmleiter und rief jeden DJ an«, erinnert sich Jeff Salmon. Wie sich herausstellte, schätzten die DJs die Freiheit, die ihnen eingeräumt wurde, und reagierten auf das Auto mit Begeisterung. »Ihnen gefiel die Tatsache, dass jemand ihnen zutraute, eine eigene Promotion zu machen, um bei der Einführung dieses Autos zu helfen, und dass wir keine Sprüche im Radio haben wollten und es keinen Text gab, der irgendwie in das eingeflochten werden musste, was sie sagten«, erklärt McDowell.

Den Leuten vom Radio fielen zahlreiche interessante Ideen ein, wie man für das Auto werben könnte. In Atlanta zum Beispiel fuhr ein DJ, als Nikolaus verkleidet, in einem Z3 in der Halbzeit auf das Spielfeld der Atlanta Falcons. In Los Angeles fuhren Mark und Brian, die beiden populären DJs von Frühprogrammen, vier Stunden lang in dem Auto durch die Stadt und machten die Livesendung von dem Roadster aus, wobei sie mit einem Megafon die Aufmerksamkeit auf das

Auto lenkten. Sie fuhren sogar zum KTLA-Fernsehsender und holten das Morgennachrichten-Team zum Parkplatz, damit es sich den Wagen in einer Live-Nachrichtensendung ansehen konnte. Dann fuhren sie auf die andere Straßenseite zu den Disney-Studios und baten Tim Allen hinter das Lenkrad, der dann auf dem Parkplatz herumfuhr. Das wurde auch gesendet.

Nicht jeder Kunde, der das Auto kaufte, wurde durch diese Marketingaktivitäten und die darauf folgende umfassende Medienpräsenz beeinflusst. Es ist ja ohnehin ein besonderes Auto. Einige Kunden, mit denen ich sprach, sahen den James-Bond-Film erst, als sie den Wagen bereits besaßen. Einer informellen Untersuchung unter sechs BMW-Händlern in den gesamten USA zufolge waren die einflussreichsten Marketingmaßnahmen dennoch die Preview und das Erscheinen des Autos im Bond-Film. »Es war eine der erfolgreichsten Produkteinführungen, die ich in den 25 Jahren, in denen ich im Autogeschäft bin, mitgemacht habe«, sagte ein Händler. Ein anderer hob hervor, dass der Film dazu beitrug, sehr lange den vollen Listenpreis des Autos (rund 30 000 Dollar) zu halten. Es gab mehr als 9000 Vorbestellungen, etwa 4000 mehr, als das Unternehmen eingeplant hatte.[6]

## Nehmen Sie die Leute mit hinter die Kulissen

Wir Menschen sind neugierige Geschöpfe. Wir möchten gerne wissen, wie etwas funktioniert und warum es auf eine bestimmte Art gemacht wird, und wir lieben das Gefühl, hinter den Kulissen zu sein – auch wenn wir wissen, dass es nicht zutrifft. Wenn wir »Insider-Informationen« haben und uns in ein neues Abenteuer verwickelt glauben, drängt es uns, unser Wissen und unsere Begeisterung mit anderen zu teilen. »Ich ging als Jugendlicher in eine Menge Konzerte und erinnere mich nicht daran, einmal hinter die Kulissen gegangen zu sein«, meint Kevin Conroy, Senior Vice-President für Marketing bei BMG Entertainment. Jetzt versuchen Conroy und seine Mitarbeiter mittels fünf Websites – jede einem anderen Musikgenre gewidmet – ihrem Publikum dieses »Hinter-den-Kulissen-Gefühl« zu vermitteln. Als zum Beispiel die in Australien geborene Sängerin Natalie Imbruglia New York besuchte, lud die Website von BMG Entertainment die Leute ein, sie auf einer virtuellen Buggy-Fahrt im Central Park zu begleiten. Zu dem Erlebnis gehörten auch exklusive Interviews mit der Künstlerin und die Chance, mit ihrem Autogramm versehene Dinge zu gewinnen. Die Kosten für BMG waren minimal – im Grunde nur die Tickets für die Buggy-Fahrt. Aber der Buzz, der durch diese Aktion hervorgerufen wurde, war enorm. »Es ist höchst erstaunlich zu sehen, wie schnell Worte sich verbreiten. Wir haben für die Veranstaltung mit Natalie auf BugJuice [der alternativen Musik-Site] keine Werbung gemacht, und dennoch fanden Zehntausende von Leuten im Nu heraus, dass sie stattfand, und kamen und nahmen teil.« Als Ergebnis sammelte BMG Tausende von E-Mail-Adressen gegenwärtiger und potenzieller Natalie-Imbruglia-Fans.[7]

Das Hollywood von heute versteht sich auf diese Marketingmaßnahmen vielleicht besser als jede andere Branche, auch wenn das nicht immer der Fall war. In ihrer Anfangszeit wurde die Filmindustrie sehr kontrolliert und abgeschottet. »Es gab keine Filmmannschaften, die bei *Gone with the Wind* hinter den Kulissen drehten«, konstatiert Steve Rubin, ein Filmpublizist, der über das Thema mehrere Bücher geschrieben hat. »Niemand wollte Journalisten herumschwirren haben, schon gar nicht mit Kameras.« Aber mit dem Aufstieg des Fernsehens, sowohl als Konkurrent des Films als auch als Medium, Informationen über Filme zu verbreiten, öffnete sich die Branche. Laut Rubin hat dies zum großen Teil mit der Erfindung des Videos und der Fernsehshow *Entertainment Tonight* zu tun. »*Entertainment Tonight* wurde 1981 zum ersten Mal gesendet. Das hat sicherlich die ›Hinter-den-Kulissen‹-Geschichten popularisiert. Es waren auch vorher schon Dokumentarfilme über diese Filme gemacht worden, aber das Video gab einem plötzlich die Möglichkeit, hinzugehen und die Geschichte aufzunehmen. *Entertainment Tonight* hatte jeden Abend eine ›Hinter-den-Kulissen‹-Geschichte über Filme, und bald sah man sogar bei normalen Nachrichtensendern Geschichten über das Filmemachen«, erzählt Rubin.[8]

Die Studios heizen das öffentliche Interesse an, indem sie Zugang zur Presse verschaffen und Dokumentarfilme über das, was hinter den Kulissen abläuft, initiieren. Kurzberichte über die Herstellung von *The Beauty and the Beast (Die Schöne und das Biest)* wurden über Kabelfernsehen mehr als ein Jahr vor der Aufführung des Films gezeigt. Dokumentarfilme wie *The Making of Star Wars* oder *The Making of E.T.* sind immer noch große Hits unter Filmfans, die mit anderen Leuten über Anekdoten, Techniken und Szenen diskutieren.

Die Leute mögen Hinter-den-Kulissen-Geschichten, egal welcher Art – auch in der Wirtschaftswelt. Denken Sie zum Beispiel an die Story, wie Fred Smith, der Gründer von Federal Express, auf dem College für eine Arbeit, die das Konzept des Unternehmens beschreibt, die Note C [Durchschnitt] erhielt; oder an die Geschichte hinter den Post-it-Haftnotizen: dass der Erfinder jahrelang kämpfte, um andere bei 3M davon zu überzeugen, aus seiner Idee ein kommerzielles Produkt zu machen. Diese Geschichten verbreiten sich sehr gut in den unsichtbaren Netzwerken, aber jemand muss sie in die Welt setzen.

## Seien Sie etwas unmöglich

Der Geräuschpegel in den Netzwerken ist erstaunlich hoch. Folglich haben lautstarke, haarsträubende Botschaften eine größere Chance, gehört zu werden, als ruhige, besonnene. Auch hier gibt es eine Menge von Hollywood-Marketern zu lernen, die keine Scheu haben, riskante Gags auszuprobieren. Mein Lieblingsgag ist der von 1974 für Mel Brooks' *Blazing Saddles (Der wilde Wilde Westen)*, eine Parodie auf Westernfilme. Für die Premiere der Komödie lud Warner Brothers einige besondere Gäste ein. »Jeder Film von Mel Brooks verlangt etwas Unerhörtes, also habe ich für seinen Film *Blazing Saddles* Pferde für eine Sondervorführung eingeladen«, erzählte Marty Weiser in einem 1987, ein Jahr vor seinem Tod, aufgenommenen Interview. Weiser, der über 50 Jahre lang für Warner Brothers arbeitete, war der Mann hinter zahlreichen Ideen, die im Lauf der Zeit immer wieder Gespräche hervorriefen. Weiser und seine Mitarbeiter mieteten ein Drive-in-Kino in Los Angeles, gaben eine kleine Anzeige in der *Los Angeles Times* auf und verteilten in der Nähe von Reitställen in der Gegend Flyer, die für eine kostenlose Vorführung des Films für Pferde und ihre Besitzer warben. Dann warteten und beteten sie, dass jemand auftauchen würde. Den Medien gefiel die Idee; zur angegebenen Zeit war der Parkplatz voller Fernsehteams und Journalisten. Aber es waren keine Pferde da. Gerade, als Weiser die Hoffnung aufgeben wollte, tauchte ein Polizist auf einem Motorrad auf, der einen Trupp Pferde eskortierte. Etwa 250 Pferde und ihre Besitzer kamen, um die Komödie zu sehen und an der »horsepitality bar« etwas Hafer zu fressen beziehungsweise »Horse d'œuvres« zu verspeisen.[9]

Diese Art Gag besteht sicher den »Was-wird-ihnen-als-Nächstes-einfallen«-Test. Wenn die Reaktionen Ihres Publikums auch diesen Gedanken einschließen, dann wissen Sie, dass Buzz enstehen wird.

Vor allem geschmacklose Stimuli erzeugen Buzz. Als Tina Brown ein Foto von Demi Moore, nackt und schwanger, aufs Titelblatt von *Vanity Fair* setzte, redeten eine Menge Leute darüber. Es ist die Einzigartigkeit, die Buzz hervorruft. Wenn Sie einfach wiederholen, was *Vanity Fair* mit einer anderen Schauspielerin machte, können Sie nicht viel erwarten. Ein Teil des Spiels mit Buzz ist immer, Ihren letzten Gag zu übertreffen. (Setzen Sie einen schwangeren Schauspieler auf das Titelblatt, dann sorgen Sie für Buzz ...)

## Geben Sie ihnen einen Helden

Ein wesentliches Element einer guten Geschichte ist eine Hauptperson. Entsprechend breitet sich auch Buzz rascher aus, wenn der zentrale Punkt eine *Person* ist. Warum gab es 1998 so viel Buzz unter weiblichen Teenagern über den Film *Titanic*? War es die hohe Filmkunst? Die bezwingende Geschichte? Nein, sie redeten alle über Leonardo DiCaprio. Die meisten Gespräche kreisen um Personen und nicht um abstrakte Ideen. Verbinden Sie eine Person mit einem Produkt, sei es ein Film, ein Auto oder was auch immer, und Sie setzen Buzz in Gang.[10]

Hier können wir von der Einführung eines anderen Autos lernen – des Mustang. In der Woche, in der das Auto 1964 auf den Markt kam, erschien es auf den Titelblättern von *Newsweek* und *Time*. Aber es war nicht nur das Auto selbst, das auf dem Titelblatt gezeigt wurde. Neben diesem prangte ein Foto des, wie *Time* schrieb, »explosiven jungen General Managers des Ford-Bereichs«, Lee Iacocca. Iacoccas Foto war etwa fünfmal so groß wie das des Wagens.

Iacocca scheute sich nicht, sich persönlich mit dem Auto zu identifizieren. Der *Newsweek*-Artikel nahm die Leser hinter die Kulissen und erzählte ihnen, wie hoch sein Jahresgehalt war (250 000 Dollar), was er freitagabends machte (spielt mit Freunden Nickel-Dime-Poker) und welche Noten er auf dem College bekommen hatte (im Durchschnitt ein A, außer in Maschinendesign, wo er ein D erhielt).

Das war nur ein Teil einer äußerst intensiven Buzz-Kampagne, zu der Säen gehörte (Disc Jockeys, Redakteure von College-Zeitungen und andere Personen erhielten Mustangs leihweise zur Verfügung gestellt), eine Reihe von Previews, die bereits zwei Jahre vor Einführung des Autos begannen, und eine sehr erfolgreiche PR-Aktion. »Diese Woche ist es der Mustang«, schrieb *Newsweek*. »Die Amerikaner müssen taub, stumm und blind sein, um dem Namen auszuweichen.« Aber der andere Name, an dem sie nicht vorbeikamen, war Lee Iacocca.[11]

Iacocca ist einer der Geschäftsleute, die verstanden haben, dass es helfen kann, Buzz zu erzeugen, wenn sie ihr Gesicht mit dem Produkt verbinden. Zu ihnen gehören Steve Jobs, Bill Gates, Ted Turner und Michael Eisner. Zwei Beispiele aus jüngerer Zeit sind Jeff Bezos von Amazon.com und Jerry Yang von Yahoo! Durch die Erhöhung der Sichtbarkeit eines Managers kann ein Unternehmen ihn zu einem Mega-Hub machen, zu jemandem mit besonderem Zugang zu und Vertrauenswürdigkeit bei Millionen anderer Menschen. Solche Personen werden zum Teil unseres eigenen Netzwerks. Das ist von besonderem Wert in einer Welt, in der Tausende von Marken um das Gedächtnis der Kunden konkurrieren. Wenn ein Unternehmen in den Gedanken der Kunden nur mit seinem Markennamen vertreten ist und ein anderes mit seinem Namen *und* einem Mega-Hub – woran werden sich die Leute wohl eher erinnern?

Durch die *enge* Assoziierung Ihres Produkts oder Unternehmens mit einer Person haben Sie eine größere Chance, in den Gedanken der Verbraucher mehr Raum einzunehmen. Ich habe das Wort »eng« kursiv gesetzt, weil der Einfluss eines Basketballspielers, der für mehrere Marken wirbt, sehr verschieden ist von dem eines Managers, den die Leute immer mit einer bestimmten Marke identifizieren. Sie werden sich höchstwahrscheinlich an Michael Jordan erinnern, unabhängig von den Markennamen, mit denen er assoziiert wird. Er ist Michael Jordan. Andererseits wird Michael Eisner wahrscheinlich sofort mit Disney gleichgesetzt. Manager, die sich bereitwillig mit ihren Unternehmen identifizieren lassen, leisten den Marken, die sie fördern, gewöhnlich einen großen Dienst.

Ein wichtiger Teil des Berühmtheitenkonzepts ist die Geschichte, die sich um die Person rankt. »Es gibt so eine Art Mythologie, die sich um einen Autor entwickelt und die sich durch Mundpropaganda in Umlauf setzt«, erklärte eine Leserin mir, als ich sie bat, sich an den

Buzz zu erinnern, den sie über *Cold Mountain* zu verbreiten half. Sie erinnert sich daran, dass sie anderen die Geschichte erzählte, wie Charles Frazier dazu kam, das Buch zu schreiben – wie er von einem kleinen Detail seiner Familiengeschichte fasziniert war, das er von seinem Vater erfahren hatte, wie er seinen Job als Englischprofessor aufgab und jahrelang daran arbeitete, dieses Stück Geschichte in einen Roman umzusetzen. Ein anderer Aspekt der Erzeugung von Buzz hat mit dem persönlichen Kontakt zu dem Mega-Hub zu tun. Daher sind Lesungen von jemandem wie Frazier so wichtig. »Ich erzählte jedem, dass ich ihn im Buchladen erleben würde«, erinnert sich meine Leserin. Der Berühmtheit persönlich zu begegnen schafft eine Allianz zwischen dem Mega-Hub und der anderen Person. Häufig ist diese ebenfalls ein Network-Hub und kann dann zu ihrem Netzwerk oder Cluster zurückgehen und von diesem Erlebnis berichten.

Hollywoodfilme mögen nicht immer den Zuschauererwartungen entsprechen, aber wir können sicherlich von der Art lernen, in der Hollywood Begeisterung über einige seiner Produkte weckt. Previews, Filmaufnahmen hinter den Kulissen, Gags und der Einsatz von Berühmtheiten sind Teil einer komplexen Buzz-Maschinerie, die von den Studios betrieben wird. Es lohnt sich jedoch, hier zu wiederholen, dass man am besten weniger verspricht und mehr liefert, selbst wenn man mit den zuvor genannten Maßnahmen den Appetit der Netzwerke anregt. Manchmal führt die Begeisterung für einen Film oder ein anderes Produkt nirgendwo hin. Wenn Zuschauer und Kritiker einen Film verreißen, wird er als Produkt bekannt, das es nicht schaffte, den Erwartungen von Hollywoods Buzz-Machern und Netzwerkmitgliedern zu entsprechen. Der daraus entstehende negative Eindruck kann zu negativem Buzz führen, der Produkte schneller tötet, als man glauben mag.

## Wie Veranstaltungen Buzz erzeugen

In einem früheren Kapitel erwähnte ich die Einführung des Jeep-Jamborees – des Wochenendtrips abseits der Straße ausschließlich für Jeepbesitzer. Warum erzeugen diese Trips Buzz? Zwei Tage lang essen, trinken, schlafen, träumen und denken die Teilnehmer im Banne des Wortes »Jeep«. Wenn sie am Montag ins Büro kommen, sind Jeeps ziemlich das Einzige, wovon sie reden können.

Mehrere Automobilunternehmen führen nun ähnliche Aktivitäten durch. Ich habe zwei davon besucht. Eine war »Das ultimative Fahrerlebnis« von BMW, eine zweistündige Veranstaltung, die in der Nähe von Berkeley in Kalifornien stattfand. Die andere war das »Saturn Homecoming« in Spring Hill, Tennessee, ein zweitägiges »Kundenbegeisterungs«-Ereignis.

Wie stimulieren diese Veranstaltungen Mundpropaganda? Erstens gibt es einen sehr einfachen Effekt: Wenn ich einen Werbespot sehe oder die Post lese, verkünde ich das gewöhnlich nicht der Welt. Bevor ich jedoch nach Tennessee zu dem »Saturn Homecoming« flog, erzählte ich jedem, den ich traf, davon. Als ich zurückkam, redete ich mit noch einigen darüber. Der Mann, der im Flugzeug hinter mir saß, erzählte ebenfalls seinem Nachbarn, dass er zu der Saturn-Veranstaltung reist. Man berichtet andauernd anderen, was man tut, und Aktivitäten, die einzigartig sind, haben eine größere Chance, erwähnt zu werden. Wenn man bedenkt, dass 30000 Personen die Saturn-Veranstaltung besuchten, und annimmt, dass jede von ihnen ihr Vorhaben nur acht Bekannten mitteilte, kommt man auf rund 240000 Kommentare, die über dieses Ereignis abgegeben wurden. Addieren Sie dazu noch die Gespräche von 150000 Kunden, die »Homecoming« bei Saturn-Händlern im ganzen Land gefeiert haben. Das ergibt einigen Buzz.

Sie können jedoch nicht allein auf diesen Effekt bauen, um den Buzz zu erzeugen, den Sie wollen. Um Kunden zu bewegen, Kommentare zu verbreiten, sollte Ihre Veranstaltung denkwürdige Augenblicke enthalten, die die Teilnehmer zu ihren Netzwerken mitnehmen und über die sie reden können. Als ich zum Beispiel von der BMW-Veranstaltung zurückkehrte, erzählte ich jedem von der Vorführung der Stabilitätskontrolle.

Man konnte diese Demonstration nicht in einem Werbespot nachstellen. Wie die BMW-Leute erklärten, besaß das Auto eine automatische Stabilitätskontrolle, die es ihm ermöglichte, auf rutschiger Straße stabil zu bleiben. Das BMW-Personal legte eine riesige Plastikplane auf den Boden und schüttete eimerweise Wasser darauf, um den Effekt einer großen Wasserlache auf der Straße zu erzeugen. Sie fragten nach einem Freiwilligen und wiesen ihn an, sich auf den Fahrersitz zu setzen. Ein Fahrlehrer setzte sich daneben, um sicherzustellen, dass nichts außer Kontrolle geriet. Dem Freiwilligen wurde gesagt, er solle erst einige Geschwindigkeit aufnehmen und dann über die Plastikplane fahren. Damit wir die Nützlichkeit des neuen Systems erkennen könnten, wollten die BMW-Leute zuerst demonstrieren, was passiert, wenn das System abgeschaltet ist. »Jeder drei Schritte zurück«, sagte der Fahrlehrer, und die Menge lachte nervös.

»Das Gaspedal durchtreten«, rief der Fahrlehrer. »Achtung, fertig, los!« Und der Typ trat das Pedal bis auf den Boden. Das Auto drehte sich zweimal auf der Plane, bevor er von ihr herunterfahren konnte. Niemand, der dort war, wird diesen Anblick je vergessen. Dann baten sie ihn, das Gleiche noch einmal zu machen, aber diesmal mit der eingeschalteten Stabilitätskontrolle. Jeder tief im Innern, habe ich den Verdacht, wollte das Drehen noch einmal sehen, aber stattdessen wurde das Auto automatisch abgebremst und fuhr über die schlüpfrige Stelle, ohne auch nur die Richtung zu ändern. »Haben Sie beim zweiten Mal das Gaspedal genauso tief getreten wie beim ersten Mal?«, fragte der Fahrlehrer den Freiwilligen, als er aus dem Auto ausstieg. »Ja, die ganze Zeit«, antwortete er. Das ist die Art Demonstration, über die die Leute ihren Freunden erzählen.[12]

Natürlich mag das, was dem einen Kunden denkwürdig erscheint, auf einen anderen nur geringen Eindruck machen. Für mich war zum Beispiel die Werkstour bei dem »Saturn Homecoming« nicht so beeindruckend. Sie war interessant, aber nichts, worüber ich Freunden erzählen würde. Andere Leute in meiner Umgebung fanden sie dagegen faszinierend. Was den größten Eindruck auf mich hinterließ, war ein Tanz, »Der Geist des Saturn« genannt. Eine Gruppe von Tänzern benutzte echte Teile des Saturn als Musikinstrumente und erzählte die Geschichte, wie ein Auto hergestellt wird. Es war fast magisch. Dann schnallten sich die Tänzer ein Karosserieteil wie Schneeschuhe an beide Füße und führten einen Steptanz auf. Der Rhythmus der Blechteile, die auf dem Holzboden aufschlugen, verbunden mit Percussion, Lichtern und Videovorführungen, schuf einen bewegenden Moment. Dann bildeten plötzlich alle Tänzer einen Kreis, warfen sich auf den Rücken und streckten ihre Füße in die Luft, sodass wir sehen konnten, dass nicht einmal ein Kratzer auf den Teilen war (das ist eines der Verkaufsargumente des Autos). Ein Schlagzeuger trommelte mit der Inbrunst von Ringo Starr auf den Karosserieteilen. Noch ein origineller und denkwürdiger Augenblick, den die Kunden wahrscheinlich weitergeben.

# 12
# Virus-Marketing

George griff nach einer neuen Golfzeitschrift am Zeitschriftenständer. Zuerst war er abgeschreckt – zu viele Anzeigen. Aber dann fand er einen tollen Artikel über Pinehurst, einen Urlaubsort in North Carolina, den er schon immer besuchen wollte. Es gab auch einen Artikel, der ein Thema ansprach, über das er sich mal mit seinem jüngeren Bruder Jim gestritten hatte, nämlich, was passiert, wenn die Löcher in der falschen Reihenfolge bespielt werden. Beim Familien-Barbecue an diesem Wochenende zeigte er Jim den Artikel und bewies ihm ein für alle Mal, dass er, George, Recht gehabt hatte. Auf dem Golfplatz später in der Woche erzählte er seinen Freunden Brad und Joe von dem Magazin und dem No.2-Course in Pinehurst.

Das ist die grundlegende Kraft hinter Buzz: Leute erzählen anderen von einem Produkt oder einer Dienstleistung, weil sie davon beeindruckt sind und es zu ihrem Leben eine Beziehung hat. Kann man das künstlich stimulieren? Kann der Zeitschriftenverlag mit Erfolg George ermuntern, *mehr* Freunden von dem neuen Magazin zu erzählen oder öfter darüber zu reden? Wenn George das Produkt mag – und das ist das Wesentliche –, ist die Antwort Ja. Viele Verlage puschen ihr Magazin durch »Erzähl-es-einem-Freund«-Verkaufsförderung, die Leser wie George veranlasst, an andere Personen in ihrem Leben zu denken, denen die Zeitschrift gefallen könnte. Diese Programme reichen von »Gib-es-weiter«-Karten bis zu ausgeklügelteren Geschenkprogrammen, die alle Instrumente einbeziehen, die die Verbreitung von Informationen einfach und lohnend machen sollen.

Auch wenn es solche Verkaufsförderungsaktionen schon immer gegeben hat, »gehören sie nicht zu den bedeutenden Direktmarketing-Konzepten«, wie es ein Marketingmanager ausdrückte. Folglich wurden sie von vielen Marketern ignoriert. Aber das haben sie nicht verdient.

Während traditionelle Gib-es-weiter-Coupons aus Papier wenig beachtet werden, erhalten ihre »virtuellen« Geschwister im Internet zunehmend Aufmerksamkeit. Weil jeder Kunde, der von einem

Freund über das Internet Informationen erhält, sie sofort reproduzieren und an Dutzende, Hunderte oder Tausende andere Personen schicken kann, wird diese Form des Internetmarketings »Virus-Marketing« genannt. Genauso wie sich die normale Erkältung durch Niesen, Husten und Händeschütteln verbreitet, wird Ihr Angebot nun durch elektronische Karten und Coupons sowie »Lade-einen-Freund-ein«-E-Mails verbreitet. Das Beispiel der Firma Hotmail, das ich in Kapitel 2 beschrieb, demonstriert die beeindruckende Wachstumsrate, die mit Virus-Marketing verbunden sein kann.

Zur Prüfung der Wirksamkeit elektronischer Erzähl-es-einem-Freund-Werbekampagnen wenden wir uns nun von einem imaginären Golfmagazin einer echten Website zu, die diesem Sport gewidmet ist. Die Online-Community GolfWeb wurde 1995 als Informationsquelle für Golfspieler gegründet. Wenn diese Website George gefällt, ist alles, was er zu tun hat, die E-Mail-Adresse seines Freundes in ein dafür vorgesehenes Kästchen auf der Website zu tippen und eine Taste zu drücken. Der Text, der seinen Freund zum Beitritt einlädt, ist bereits geschrieben, und er kann ihn genauso einfach nicht nur an Jim, Brad und Joe schicken, sondern an jeden in seinem E-Mail-Adressenverzeichnis. Wenn ihnen die Website so gefällt wie ihm, können sie den Text ebenfalls genauso einfach weiterschicken.

George ist auch stärker motiviert, anderen von GolfWeb zu erzählen, als er es wäre, wenn es sich um eine Zeitschrift aus Papier handelte, denn Georges Eigeninteresse kommt ins Spiel. Je mehr Leute er gewinnt, desto besser wird der Service sein. Wieso? »Jedes Mitglied erhöht den Wert«, erläutert GolfWeb-Mitgründerin Cynthia Typaldos. Golfspieler wollen alles über Golfplätze wissen, also errichtete GolfWeb eine Datenbank der Golfplätze in der ganzen Welt, die es Mitgliedern ermöglicht, Kritiken von Plätzen einzugeben und die Einrichtungen zu bewerten. »Es gibt 30 000 Golfplätze auf der Welt«, sagt Typaldos, »aber keine Möglichkeit zu wissen, was auf all diesen Plätzen passiert.« GolfWeb bietet seinen Nutzern auch die Gelegenheit, Spielpartner online zu finden, ihre eigenen Mitgliederprofile einzugeben und Gruppen mit anderen Mitgliedern zu bilden. Je mehr Personen bei diesen Aktivitäten mitmachen, desto mehr Einstufungen von Golfplätzen werden online zur Verfügung stehen und desto leichter wird es für George, Partner zu finden, mit denen er spielen kann. Die *Struktur* des Service sportnt ihn also an, über GolfWeb zu reden.[1]

Wie können Sie Buzz-Beschleuniger wie diese in Ihren Marketingplan einbauen? Wir schauen uns zuerst einige Instrumente aus Papier an, die zur Anregung von Gesprächen dienen können. Auch wenn diese Verfahren als die primitiven Vorläufer des Virus-Marketings angesehen werden, können sie ziemlich effektiv sein und sollten nicht ignoriert werden. Dann gehen wir zur Online-Welt über.

## Gib-es-weiter-Instrumente aus Papier

Solche Ideen sind beschämend einfach, aber wenn Sie Ihren Kunden nicht die Instrumente geben, die es ihnen erleichtern, Informationen weiterzugeben, dann verschenken Sie Gelegenheiten, Buzz zu verstärken. Es muss kein kompliziertes Anreizprogramm sein. »Ich habe kürzlich ein weiteres Exemplar von EndNote verkauft«, erzählten uns Professoren oft. »Ein Student kam in mein Büro, und ich gab ihm einen der Coupons, die ich auf meinem Schreibtisch herumliegen hatte. Er ging sofort zum Buchladen und kaufte es.« Im Lauf der Jahre haben loyale EndNote-Kunden diese Coupons die ganze Zeit mit Begeisterung verteilt. Unsere Aufgabe war es, dafür zu sorgen, dass sie genügend von ihnen hatten. Um es einfach zu halten und weil viele der Scheine von ihren Professoren an Studenten gegeben wurden, haben wir keine Anreize geboten. Obwohl unsere Kunden daher keinen finanziellen Nutzen davon hatten, haben wir durch diese Erzähl-es-einem-Freund-Programme einen ständigen Absatz gehabt.

Solche Verkaufsförderungsaktionen können sehr einfach getestet werden. Wenn Sie das nächste Mal etwas an Ihre Kunden schicken, legen Sie ein Erzähl-es-einem-Freund-Angebot bei und kontrollieren Sie seine Auswirkungen. Ich fragte Barry Berkov, den ehemaligen Executive Vice-President von CompuServe, wie gut diese Kampagnen für sein Unternehmen funktioniert hätten. »Sie waren ziemlich erfolgreich. Sie brachten immer ein höheres Ergebnis als eine Standard-Werbesendung«, sagte er. Da diese Werbeaktionen kaum unabhängig durchgeführt werden – sie werden gewöhnlich mit einer anderen Post an Kunden geschickt –, können sie ziemlich kostengünstig sein. »Es sind in der Tat so niedrige zusätzliche Kosten, dass man sie kaum *nicht* durchführen kann.«[2]

Sie können diese Instrumente aus Papier auch dazu benutzen, um

Leute zu finden, die die gleichen Interessen wie Ihre jetzigen Kunden haben. »Es ist ein sehr kosteneffizienter Weg, Leute zu finden«, bestätigt George McMillan, President und CEO von BMG Direct, einem weiteren Unternehmen, das seit Jahren solche Werbeaktionen durchführt. Bestimmte Kundentypen durch das Ausleihen der Mailinglists von anderen Unternehmen zu finden kann teuer sein. Wenn Sie nach Hinweisen auf Freunde fragen, können Sie diese Namen viel billiger erhalten. Liebhaber klassischer Musik kennen meist andere Personen, die ebenfalls klassische Musik lieben. Anhänger der Country-Musik sind mit Gleichgesinnten zusammen. BMG Music Services bietet Kunden gewöhnlich kostenlose CDs an, wenn sie einen Freund in den Klub holen, und dies stellte sich als effektive Möglichkeit heraus, neue Kunden zu finden.[3]

Über die offensichtlichen Vorteile hinaus (Veranlassen Ihrer Kunden, es ihren Freunden weiterzusagen, bei gleichzeitiger Vereinfachung des Weitergabeprozesses) haben diese Programme für netzwerkbewusste Marketer einen verborgenen Nutzen. Nehmen wir an, Jennifer ist in ihrer Highschool-Klasse das beliebteste Mädchen – sie ist mit praktisch allen Mädchen und Jungen der zehnten Klasse befreundet. Nehmen wir weiter an, Sie sind Hersteller von Fahrradsturzhelmen und senden Rabattscheine an Zehntklässler in Jennifers Wohnviertel. Natürlich kennen Sie Jennifer nicht und wissen nichts von ihren sozialen Verbindungen. Die Chance, dass sie eine Ihrer Postsendungen erhält, ist genauso groß wie die, dass irgendein anderes Kind sie erhält. Wenn Sie nun zwei Gutscheine verschicken und die Empfänger ermuntern, einen an einen Freund oder eine Freundin weiterzugeben, dann geschieht etwas Interessantes mit Jennifers Chancen, einen Schein zu erhalten: Sie schießen in die Höhe. Je zentraler die Position einer Person in ihrem sozialen Netzwerk ist, desto wahrscheinlicher wird sie von diesen Weitergabeaktionen erreicht. Referenzprogramme sind daher eine andere Möglichkeit, einflussreiche Network-Hubs zu finden und anzusprechen.[4]

Gib-es-weiter-Instrumente können viele Ziele haben. Unilever benutzte sie, um die Musterverteilung für die Dove-Seife zu beschleunigen. Je eher Kunden eine Musterpackung öffnen und ausprobieren, desto eher werden einige von ihnen ins Geschäft gehen und das echte Produkt kaufen. Aber manchmal öffnen Kunden Musterpackungen nicht so rasch, wie Sie hoffen. Die Lösung? Die Werbeagentur Einson

Freeman entwickelte für Dove eine originelle Werbeaktion namens »Teile ein Geheimnis«. In Zeitungen wurde ein frei stehendes Inserat geschaltet, das Kundinnen, die die Namen von drei Freundinnen nannten, zwei Stück Dove-Seife anbot. Jede dieser Freundinnen würde ein als Geschenk verpacktes Stück Seife erhalten. Die Kampagne, die Frauen zwischen 22 und 44 als Zielgruppe hatte, ermöglichte es den Kundinnen sogar, ihren Freundinnen eine persönliche Notiz zu schreiben. Wenn die Freundinnen das als Geschenk verpackte Muster erhielten, war der Name der Auftraggeberin an prominenter Stelle auf dem äußeren Umschlag aufgedruckt. Plötzlich war es kein Muster einer Seifenfirma mehr, sondern das Geschenk einer Freundin. Etwas, das man sofort öffnet. Doves Marktanteil erhöhte sich laut Jeff McElnea, Chairman und CEO von Einson Freeman, gegenüber dem Ausgangszeitraum um mehr als zehn Prozent.[5]

## Die nächste Stufe

MCI entwickelte 1991 die nächste Stufe dieses Konzepts. Falls Sie damals MCI-Kunde waren, erinnern Sie sich vielleicht an einen Brief, der das »Friends-and-Family«-Programm des Unternehmens ankündigte. Es offerierte einen 20-prozentigen Rabatt auf Anrufe zu einer Reihe ausgewählter Orte. »Sie brauchen uns nur die Namen Ihrer Freunde und Familienmitglieder zu nennen, die Sie in Ihren Anrufkreis einbeziehen möchten«, hieß es in dem Brief. »Wir prüfen, ob sie bereits MCI-Kunden sind. Wenn ja, werden sie automatisch Teil Ihres Anrufkreises und Sie können bald von den Einsparungen profitieren. Wenn nicht, werden wir sie einladen, MCI-Kunden zu werden und ihren eigenen Freundes- und Familien-Anrufkreis zu gründen, sodass sie ihren eigenen 20-prozentigen Rabatt erhalten können.« Der Brief forderte die Kunden auf, eine Liste mit bis zu zwölf Personen zu erstellen, die sie gerne verbilligt anrufen möchten (MCI erhöhte später die Grenze auf 20 Personen).[6]

Die unsichtbaren Netzwerke begannen sofort für MCI zu arbeiten. Die Leute trugen ihre Mütter, Onkel, Freunde und Cousins ein. Ein paar Wochen später erhielten die Kunden, die geantwortet hatten, einen Bestätigungsbrief (in Form eines Stammbaums), der die Personen auflistete, die sie mit einem Rabatt von 20 Prozent anrufen konnten. Außerdem führte der Brief jene Freunde auf, die »Ermunterung brauchten« – die sich entschlossen hatten, nicht mitzumachen. Das Unternehmen schlug den Kunden vor, sie (kostenlos) anzurufen, um sie in ihren Anrufkreis einzuladen. Obwohl einige Kunden nicht darüber begeistert waren, einem Unternehmen die Namen ihrer Verwandten und Freunde zu geben, wobei sie Sorgen über eine Gefährdung ihrer Privatsphäre äußerten, war die Kampagne insgesamt ein gewaltiger Erfolg und hat angeblich in weniger als zwei Jahren zehn Millionen Privatkunden zum Wechsel zu MCI veranlasst.

Anstatt sich auf ein Stimulans zu konzentrieren, durch das ein Kommentar vom Kunden A zum Kunden B übermittelt wird, zielte das MCI-Programm darauf ab, *ganze Cliquen oder Cluster* unsichtbarer Netzwerke einzubeziehen. Len Short, ehemaliger President von Ross Roy Direct, der Agentur, die diese Werbeaktion durchführte, weist darauf hin, wie erfolgreich sie war, Kunden bei der Stange zu halten. Eines der Probleme, die MCI und AT&T mit anderen Werbeaktionen hatten, war das ständige Umsteigen der Kunden zwischen Rabattprogrammen. Wenn dagegen eine Kundin jetzt ein Angebot von AT&T erhielt, sagte sie zu sich: »Das ist ja ganz schön, aber was ist mit meinen Anrufen an meine Mutter? Ich werde nicht auf AT&T umsteigen, weil wir jetzt dieses »Friends-and-Family«-Programm haben«, erklärt Short.[7]

Arthur Hughes, Vice-President von M\S Database-Marketing in Los Angeles, kommt zu dem Schluss: »Das ist sicher als das herausragendste Beispiel für ein Referenzprogramm anzusehen, das es gibt.« Hughes, der damals kein MCI-Kunde war, erinnert sich, einen Brief von dem Unternehmen erhalten zu haben, in dem stand, sein Schwiegersohn habe ihn als potenziellen MCI-Kunden erwähnt. »Das ist sehr persönlich, sehr direkt und sehr nachdrücklich«, sagt er.[8]

Wenn Sie kein Marketingmanager in einem Telefonunternehmen sind, mögen Sie sich fragen: Okay, aber was kann *ich* damit anfangen? Vor der explosiven Ausbreitung des Internets Mitte der neunziger Jahre wäre die Antwort wahrscheinlich gewesen: nicht viel. Als die Leute hauptsächlich per Telefon kommunizierten, konnten Aktionen wie das »Friends-and-Family«-Programm in erster Linie von den MCIs der Welt durchgeführt werden. Aber jetzt, mit dem Internet, ist diese Art der Verkaufsförderung nicht mehr auf Telefonunternehmen beschränkt.

## Virus-Marketing im Internet

Der Fall von GolfWeb, den ich weiter oben erwähnte, bietet ein gutes Beispiel dafür, wie effektiv Virus-Marketing im Net sein kann. Das Unternehmen schuf eine Struktur, die jeden Kunden dazu motivierte, weitere Kunden mitzubringen. Es verschaffte Kunden auch eine einfache Möglichkeit, Freunde zum Mitmachen einzuladen. Als Folge davon hat die Website ein gewaltiges Wachstum erfahren und verzeichnete im Januar 1998, als das Unternehmen von Sportsline übernommen wurde, über acht Millionen Seitenabrufe pro Monat.[9]

Ein Grund, warum für GolfWeb alles so gut lief, ist, dass Golf eine gesellige Aktivität ist. »Denken Sie daran, Golfspieler kommen häufig zusammen«, meint Cynthia Typaldos. Sie spielen gerne und reden gerne über die Ausrüstung, die sie benutzen, die Plätze, auf denen sie gespielt haben und so weiter. Virus-Marketing-Methoden eignen sich für Produkte, die es Leuten ermöglichen, irgendwie zu interagieren. Sie sind passender für einen Telefonservice – bei dem sich *alles* um Interaktion dreht – als für, sagen wir, den Verkauf von Männerperücken, wo Interaktion keine Rolle spielt. »Wenn Ihr Kunde bei der Nutzung des Produkts nicht irgendwann mit einem anderen potenziellen Kunden in Berührung kommt, dann wird möglicherweise überhaupt kein Virus-Marketing stattfinden«, meint Risikokapitalgeber Steve Jurvetson, der von vielen als Guru des Virus-Marketing angesehen wird.[10]

Die spezifischen Verfahren variieren, und in der sich rasch bewegenden Internetumwelt tauchen ständig neue auf. Aber hier sind drei Prinzipien, an die Sie denken sollten, wenn Sie Virus-Marketing im Net einsetzen wollen.

### *1. Machen Sie Ihr Produkt zu einem Teil des Kommunikationsprozesses*

Virus-Marketing hat immer noch die stärkste Wirkung, wenn Ihr Produkt irgendwie in die Kommunikation zwischen zwei Personen einbezogen werden kann. Das gilt für Telefonsysteme (MCI), elektronische Postkarten (Blue Mountain), kostenlose E-Mails (Hotmail) und die Kommunikationsinstrumente, die gerade jemand in seiner Garage erfindet, während Sie dieses Kapitel lesen.

Sehen wir uns an, was mit ICQ geschah, dem Service, der Ihnen sagt, wann Ihre Freunde online sind. Ist ein Freund entdeckt, der gerade im Internet surft, ermöglicht Ihnen ICQ, mit ihm in Echtzeit zu reden. Dieser Kommunikationsdienst ist nicht besonders nützlich für Sie, wenn Ihre Freunde ihn nicht ebenfalls haben, daher werden Sie wahrscheinlich allen Ihren Freunden davon erzählen und sie ermuntern, die ICQ-Software herunterzuladen.

Eine interessante Sache bei ICQ ist das Marketing – das heißt, dessen Nichtvorhandensein. Als der Journalist Ami Ginsburg die jungen israelischen Gründer interviewte, bestand alles »Marketing«, das sie ihm zeigen konnten, aus einer Broschüre, die sie mal hergestellt, aber so gut wie nie benutzt hatten. Sie betrieben einfach kein Marketing, wie wir es kennen. All ihre Bemühungen sind darauf gerichtet, den Nutzer zu motivieren, den Service bekannt zu machen. Anscheinend hatten sie Verständnis dafür, dass die Leute, so gut ihnen auch der Service gefiel, sich nicht unbedingt bemühen würden, für ihn zu werben. Also versuchten sie, die Informationsweitergabe sehr einfach zu machen. Zum Beispiel benutzen sie eine Standard-E-Mail, die Ihren Freund einlädt mitzumachen, aber die Software kann auch angewiesen werden, Ihr Adressenverzeichnis abzusuchen und all Ihren Freunden Einladungsbriefe zu schicken. Telemarketer von ICQ werden Sie nie während des Essens anrufen, wie MCI es tat. Ihre Idee ist es, ein Instrument zu entwerfen, das einen eingebauten Mechanismus für die Informationsweitergabe hat, und es sich dann entwickeln zu lassen. Wenn eine Struktur wie diese funktioniert, besteht keine Notwendigkeit, Ihre Kunden zu belästigen. »Je weniger Sie es tun, desto mehr entwickelt es sich«, sagte Ted Leonsis von AOL, das jetzt ICQ besitzt, zu *Newsweek*.[11]

## *2. Bringen Sie Ihre Kunden zum Interagieren*

Viele Unternehmen, die mit dem Handel im Internet begannen, übernahmen zuerst ein konventionelles Verkaufsmodell. »Wir sahen uns mehr als ein Geschäft«, erzählte Cliff Sharples, Mitgründer von Garden.com, der *BusinessWeek*. Sehr rasch erkannten jedoch Sharples und andere Händler, dass es eine ausgezeichnete Möglichkeit gibt, Kunden zum längeren Verweilen auf kommerziellen Websites zu bewegen, nämlich, sie mit anderen Kunden interagieren zu lassen. »Wir unterschätzten, wie wichtig die Community sein würde«, sagte er. Nachdem Garden.com Chatrooms eingerichtet hatte, verbrachten die Leute mehr Zeit auf der Website und kamen öfter wieder. Jetzt können Sie rund um die Uhr mit anderen Gärtnern schwätzen (falls Sie unbedingt um drei Uhr morgens Ihre Gedanken zum Knoblauchanbau austauschen müssen), Sie können mit einem Experten reden und Sie können ein Foto Ihrer schönen Sonnenblumen in die Website stellen, damit jeder sie sehen kann. All diese Aktivitäten bewirken zweierlei: Sie verbinden Sie mit der Site, und sie bringen Sie dazu, über sie zu reden. Tatsache ist, dass Leute über das reden, was sie tun. Und je mehr sie etwas tun, was mit Ihrem Unternehmen in Beziehung steht, desto wahrscheinlicher werden sie über Sie reden und andere zu Ihrem Geschäft, Ihren Produkten oder Ihrer Website hinziehen.[12]

Als ein gutes Beispiel für Interaktion zwischen Kunden, die Buzz erzeugt, kann eBay angesehen werden, die Auktions-Site im Internet. Ich erfuhr von eBay durch einen Freund, der in einer Online-Auktion für 12,50 Dollar *StarWars*-Untersetzer verkauft hatte. Er wunderte sich, dass er so viel Geld für etwas erhielt, das er bei einer Werbeaktion kostenlos bekommen hatte. Er bot sie anfangs für 99 Cents an, aber mehrere Bieter trieben den Preis immer weiter in die Höhe. Man kann sich geradezu den Typen vorstellen, der sie gekauft hat, wie er seinen Freunden erzählt: »Ihr werdet es nicht glauben, ich habe nur 12,50 Dollar für diese tadellos erhaltenen *StarWars*-Untersetzer bezahlt!« Anscheinend hinterlässt fast jede Transaktion bei eBay einen Buzz-Rest von Verkäufern, die ihren Freunden erzählen, wie viel Geld sie verdient haben, und von Käufern, die ihren Freunden erzählen, was für gute Angebote sie bei eBay finden.

Wenn fast jede Transaktion zu Kommentaren führt, ist das beste Marketing, das eBay machen kann, dafür zu sorgen, dass es eine Menge Transaktionen auf seiner Website gibt. Und genau das haben sie gemacht. »Die Masse unseres Geschäfts beruht heute immer noch auf Mundpropaganda«, erzählte Brian Swette, CEO von eBay, 1999 dem Magazin *Marketing Computers*. »Daher ist unsere erste Priorität, die Leute dazu zu bringen, mit anderen über eBay zu reden.«[13]

Als Erstes schufen sie eine Struktur, die Online-Kaufen und -Verkaufen wirklich leicht macht. Es ist einfach und macht sogar Spaß. Während ich dieses Kapitel schreibe, habe ich ein Kaufgesuch für einen BMW Z3 abgegeben, das Modell aus dem James-Bond-Film, das ich in Kapitel 11 beschrieben habe. Und der Preis beträgt nur 29 Dollar! (Okay, es ist im Maßstab 1:18.) Am 13.07.1999 um 10.01 Uhr erhielt ich eine E-Mail von eBay, die mich informierte, dass ein anderer Nutzer 35,99 Dollar für das Auto geboten hatte. Ich überbot das und erhielt das Auto für 36,99 Dollar (einschließlich Versand). Fragen Sie mich nicht warum, aber ich bin jetzt der stolze Besitzer eines (sehr kleinen) BMW Z3. Ich muss mindestens zehn Personen von meinem Auto erzählt und dabei eBay erwähnt haben.

Durch ihr Verständnis, wie soziale Netzwerke funktionieren, sorgen die Leute bei eBay dafür, dass die Transaktionen in vielen verschiedenen Gesellschaftskreisen ablaufen. 1000 Transaktionen unter Sammlern von Barbie-Puppen verbreiten die Kunde über eBay bei weitem nicht so gut wie 1000 Transaktionen in vier verschiedenen Kreisen, zum Beispiel Sammlern von Münzen, Schmuck, Sportandenken und Barbie-Puppen. Daher gehen eBay-Mitarbeiter jedes Jahr zu Dutzenden von Sammlermessen – um Aktivitäten und somit Buzz in zahlreichen Kreisen anzuregen. »Nach einer Messe sehen sich dic Leute und reden über eBay«, sagte George Koster von eBay zu *Marketing Computers*.

Die Schlussfolgerung: Wenn Sie eine Struktur errichten, die eine Interaktion Ihrer Kunden ermöglicht, können Sie Buzz intensivieren. Was Sie am Ende geschaffen haben, mag vielleicht nicht so ausgetüftelt sein wie eBays Struktur. Es könnte sogar etwas ganz anderes herauskommen. Das Wichtige ist die Konzentration auf Möglichkeiten, Ihre Kunden zu motivieren, miteinander zu reden und Ihre Website aufzusuchen. Diese sollte mehr wie ein Café als eine U-Bahn-Station sein, wie Jurvetson und Draper es in ihrem jetzt berühmten Artikel ausdrückten, in dem sie den Begriff »Viral Marketing« (Virus-Marketing) prägten. Die Leute hasten durch U-Bahn-Stationen, halten sich aber gerne in Cafés auf.[14]

Wie man eine Online-Community aufbaut, geht über den Umfang dieses Buches hinaus. Es gibt Bücher und Software über das Thema, die Ihnen dabei helfen. Cynthia Typaldos, Mitgründerin von GolfWeb, ist jetzt CEO von RealCommunities, einem Unternehmen, das Software genau für diesen Zweck entwickelt. Aber sie betont, dass eine Community einen Zweck haben muss, damit sie funktionieren kann. »Im GolfWeb-Spielklub ist die Community um Personen herum gebildet, die ihr Golfspiel verbessern wollen«, sagt sie. Wenn jedes Mitglied meint, die Vergrößerung der Mitgliederzahl würde der Community helfen, ihre Ziele zu erreichen, und den Mitgliedern, ihre eigenen, dann setzen Sie wirklich Buzz in Gang.[15]

Je mehr Ihre Kunden miteinander interagieren, desto wahrscheinlicher werden sie langfristig gesehen bei Ihrem Unternehmen bleiben. Warum? Denken Sie an Pfadfinder oder Pfadfinderinnen. Wer wird wahrscheinlich eher Mitglied bleiben, das Kind, das fünf Freunde im Stamm hat, oder das Kind, das nur einen Freund hat, der Mitglied ist? Natürlich bleibt das Kind, das Verbindungen zu fünf anderen Kindern in der Organisation hat, mit größerer Wahrscheinlichkeit bei der Stange. Indem Sie Kunden miteinander verbinden und ihnen einen einladenden Ort geben, wo sie sich treffen können, verringern Sie die Wahrscheinlichkeit, dass Ihre Kunden zu einer anderen Marke wechseln. Obwohl Kundengruppen im Net manchmal den Marketern unheimlich scheinen, sind sie eine positive Sache.

## 3. Veranlassen Sie Ihre Kunden, Informationen weiterzugeben

Sie sollten Ihren Kunden Mittel anbieten, mit deren Hilfe sie Informationen weitergeben können. Diese sind in ihrer einfachsten Form vorformulierte E-Mail-Botschaften, die ein Kunde an seine Freunde schicken kann, wie im Fall von GolfWeb. Bei Hotmail gab es eine automatische Aufforderung in Form der Zeile am Ende jeder E-Mail: »Hol dir deine kostenlose E-Mail bei Hotmail.com« (vgl. Kap.2). Mit Multimedia-Ausrüstung können die Instrumente noch kreativer sein. Viele Websites nutzen farbenprächtige elektronische Postkarten. »Schicken Sie eine persönliche Online-Postkarte an Ihre Freunde und Familie, bei uns«, lautet der Text auf einem Banner auf www.parentsoup.com, einer populären Website für Eltern. Zur Auswahl einer Postkarte muss der Nutzer auf ein Bild klicken und den Text auswählen (oder selbst einen schreiben). Wenn er die E-Mail abschickt, erhält der Empfänger die Postkarte mit einer kleinen Werbung für Parentsoup. »Diese Postkarten sind sehr effektiv in der Verbreitung der Botschaft«, meint Hillary Graves, Vice-President für Marketing von iVillage, dem Unternehmen hinter Parentsoup. Wie viele andere Websites ermuntert iVillage ebenfalls seine Besucher, an ihre Freunde E-

Mails zu schicken, was »ein richtig netter Weg ist, Ihre Mitglieder dazu zu bekommen, für Sie Werbung zu machen«, wie Graves erklärt.[16]

Ein Unternehmen, das als Ergebnis seiner interaktiven Instrumente ein unglaubliches Wachstum erlebt hat, ist Blue Mountain Arts. Ich habe zum ersten Mal von Blue Mountain erfahren, als ich von meiner Tochter eine E-Mail erhielt, die lautete: »Stell dir vor! Du hast gerade eine animierte Grußkarte zum Vatertag erhalten.« Obwohl ich den Namen bestimmt schon mal gesehen hatte, war er nie durch das Wahrnehmungssieb gedrungen, das die meisten neuen Marken herausfiltert, denen ich ausgesetzt bin. Aber jetzt hatte das Unternehmen meine volle Aufmerksamkeit. Ich saß vor dem Monitor und schaute einer Katze zu, die nach einer dämlichen Melodie tanzte und von Umarmungen und Küssen zugedeckt wurde, bis man nur noch den Kopf sehen konnte.

So stößt jeder auf Blue Mountain: Töchter, Söhne, Väter und Freunde schicken sich gegenseitig Karten. Blue Mountain hat nie Werbung gemacht, auch nicht im Web. »Das Virus-Marketing, das dem Konzept einer elektronischen Grußkarte inhärent ist, bescherte uns die Erfahrung, dass das Versenden unserer Karten sich wie ein Lauffeuer ausbreitete«, meint Jared Schutz, CEO des Unternehmens. »Laut Mediatrix besucht im Laufe eines Monats mehr als ein Viertel aller Internetnutzer die bluemountain.com-Site«, berichtet er. Hilft das, auch die normalen Papierpostkarten zu verkaufen, die das Unternehmen vertreibt? Laut Schutz ja.[17]

Ich möchte zu diesen Werbeaktionen einige Anmerkungen machen. Denken Sie daran, dass der Kunde Ihnen nichts schuldet. Er wird seinen Freunden Informationen weitergeben, wenn er meint, Ihr Produkt könne ihnen nützen, nicht weil Sie ihn dazu drängen. Benutzen Sie einen freundlichen Ton, der den Kunden daran erinnert, dass seine Freunde auch an Ihrem Angebot interessiert sein könnten. Achten Sie besonders auf den Ton, wenn Sie einen Text vorschlagen, den Ihr Kunde an andere weitergeben soll. Ich erhalte oft E-Mails von Freunden, die mich auf neue Web-Dienstleistungen aufmerksam machen. Diese Mitteilungen werden häufig von deren Schöpfern selbst geschrieben. Eine, die ich vor kurzem erhielt, ist ein Beispiel dafür, wie man es *nicht* machen sollte. Die E-Mail begann mit der Beschwerde, dass ich den Service noch nicht in Anspruch nehmen würde. Wenn ich das täte, wäre das Leben für beide Seiten so viel einfacher.

»Also tun Sie uns beiden den Gefallen und steigen Sie bitte JETZT bei [Name des Service] ein.« So bringt man einen potenziellen Kunden dazu, sich unwohl zu fühlen.

Man kann davon ausgehen, dass es schlimmer wird. Wie bei anderen Instrumenten wird es immer Marketingleute geben, die ein neues Konzept bis zum Erbrechen benutzen. Virus-Marketing ist ein heißes Konzept, während ich dies niederschreibe, aber ich wäre nicht überrascht, wenn bereits ein Rückschlag spürbar wäre, wenn Sie diese Zeilen lesen. Als Kunden und Freunde anderer Kunden können wir diese Lawine von Erzähl-es-einem-Freund-E-Mails, -E-Cards und -Coupons bekämpfen, indem wir entscheiden, was wir weiterschicken und was nicht. Vielleicht sollte jemand eine Website einrichten, die es Leuten ermöglicht, ihren Freunden eine »Sei-nicht-so-ein-guter-Freund«-E-Mail zu schicken und sie zu bitten, damit aufzuhören, »es weiterzugeben«. Es gibt ein paar Viren, die man sich besser nicht einfängt.

Wenn Sie als Marketer diese Instrumente mit Erfolg einsetzen wollen, seien Sie nicht aufdringlich. In dem Augenblick, in dem Sie Ihren Kunden das Gefühl geben, sie *müssten* für Sie werben, werden sie abgeschreckt. Gutes Virus-Marketing ist demütig. Die Unternehmen, die es kreativ einsetzen, ohne aufdringlich zu sein, werden die Gewinner sein.

## Soll ich Anreize für Empfehlungen geben?

Eine Entscheidung, der Sie gegenüberstehen könnten, wenn Sie die Einführung einer Erzähl-es-einem-Freund-Aktion beschlossen haben, ist die, ob Sie Ihr Angebot mit einem Anreiz verbinden sollten oder nicht. Folgende Richtlinien könnten Ihnen helfen, eine gute Entscheidung zu treffen.

## Der Anreiz sollte nicht die Hauptmotivation sein

Solche Verkaufsförderungsaktionen funktionieren normalerweise am besten auf der Basis guten Willens. Egal, welche Anreiztaktik Sie anwenden, sie sollte immer auf einem Qualitätsprodukt beruhen, einem, das die Leute empfehlen *wollen*. Wenn sie spüren, dass sie über ein mittelmäßiges Produkt begeistert sein sollen, sind sie es wahrscheinlich nicht. Und halten Sie die Belohnung in einem vernünftigen Rahmen. Felipe Korzenny, Direktor bei Cheskin Research, gibt folgenden Rat: Die Belohnung sollte nie so groß sein, dass die Leute darin den einzigen Grund sehen, ein Produkt zu empfehlen. Sie müssen das Gefühl haben, sie träten für ein Produkt ein, weil sie daran glauben. Die Leute müssen ihre Selbstachtung und die Glaubwürdigkeit vor ihren Freunden aufrechterhalten.[18]

## Fragen Sie Ihre Kunden, was sie denken

Erzähl-es-einem-Freund-Kampagnen sind nicht problemlos. Scott Cook, Gründer und Chairman von Intuit, beschreibt die Erfahrungen seines Unternehmens mit dieser Art Verkaufsförderung folgendermaßen: »Wir haben verschiedene künstliche Stimulanzien der Mundpropaganda ausprobiert, wie finanzielle Anreize für Leute, die eine Empfehlung abgeben. Keines hat funktioniert. Manche riefen überraschenderweise sogar negative Reaktionen hervor: ›Ich verkaufe meine Freunde nicht für ein bisschen Geld.‹«[19]

Bevor Sie mit einer solchen Erzähl-es-einem-Freund-Aktion beginnen, lohnt es sich zu prüfen, wie Ihre Kunden darüber denken. Das kann mittels Diskussionsgruppen, Interviews oder informeller Gespräche geschehen. Intuit stellte fest, dass den Nutzern von Quicken (der Finanzsoftware des Unternehmens) die Idee, dem Unternehmen Namen und Anschriften interessierter Freunde zu nennen, nicht gefiel – sie hatten deswegen ein schlechtes Gewissen oder kamen sich schäbig vor. Den meisten gefiel auch nicht die Vorstellung, ein Geschenk für die Empfehlung des Produkts zu erhalten. »Unsere Kunden sagten uns, sie würden gerne Informationen über unsere Produkte weitergeben«, sagt Tanya Roberts, Vice-President für Direktmarketing und Verkauf bei Intuit, »aber sie würden es wegen der Produktqualität tun und nicht, weil wir ihnen Anreize geben.«[20]

In manchen Situationen können Sie jeden Kunden einzeln fragen, was er oder sie von Anreizen hält. »Wir sagen unseren Händlern, sie sollten eine Liste von Prämien haben, die sie anbieten können«, sagt Jim Callahan von The Dohring Company. »Wir möchten Ihnen dafür danken, dass Sie jemanden genannt haben. Welche von den folgenden Prämien kann ich Ihnen anbieten?« Callahan schlägt vor, Dinge wie Kredit in der Kundendienstabteilung, Gebäck, Bargeld, Kinokarten anzubieten. Eine andere Möglichkeit, den Kunden bei der Überwindung des unangenehmen Gefühls zu helfen, einen Anreiz für eine Empfehlung zu erhalten, besteht darin, die Situation durch ein Spiel zu entschärfen. Wenn Sie jemanden empfehlen, bekommen Sie eine Spielkarte. Mit der Karte können Sie eventuell einen oder mehrere Preise gewinnen. »Es ist ein kleines bisschen milder«, meint Callahan. Natürlich sollten alle Werbe- und Anreizprogramme von der Rechtsabteilung überprüft werden.[21]

## Minimieren Sie Schlupflöcher, aber auf einfache Weise

Es gibt immer ein Potenzial für Missbrauch dieser Werbeaktionen. Manche Leute könnten versuchen, die Belohnung ohne Gegenleistung zu bekommen oder eine Möglichkeit zu finden, Bargeld von Ihrem Unternehmen zu erhalten. Sie sollten diese Schlupflöcher so klein wie möglich machen. In einer »Mitglieder-holen-ein-Mitglied«-Werbeaktion für ein Vielfliegerprogramm erhalten die Leute nur dann Bonusmeilen, wenn die Person, die sie rekrutiert haben, tatsächlich ihre erste Reise gemacht hat. Das ist vernünftig. Sonst könnte jemand umsonst nach China und zurück fliegen, nachdem er oder sie ein ganzes Netzwerk von Bekannten aufgelistet hat, die niemals mit dieser Fluggesellschaft fliegen werden. Wie George McMillan, President und CEO von BMG Direct, sagt: »Sorgen Sie dafür, dass Sie, falls irgendein Wert ausgetauscht wird, nicht betrogen werden.« McMillans Hauptsorge gilt dem Betrüger im großen Stil, nicht dem College-Studenten, der den Namen seines Zimmergenossen auf das Formular setzt, um ihm einen Streich zu spielen.

Wenn Sie andererseits die Anreize zu kompliziert gestalten, könnten Sie eine sehr sichere Werbeaktion haben – aber keine Teilnehmer. »Sie müssen ein Gleichgewicht finden und die Diebe heraushalten, es andererseits aber den Leuten nicht zu schwer machen, sich an dem Programm zu beteiligen«, sagt Barry Berkov, früherer Manager von CompuServe. Die gründlichste Art, Ladendiebstahl in einem Supermarkt zu stoppen, besteht in der Leibesvisitation jedes Kunden, aber dann werden Sie nicht allzu viele haben.

## Multilevel-Marketing – der ultimative Buzz?

»Wenn die unsichtbaren Netzwerke so machtvoll sind, Informationen über Produkte weiterzugeben, warum soll man sie dann nicht einsetzen, das Produkt selbst zu verkaufen?«, fragen sich viele, wenn sie mit dem Mundpropaganda-Marketing vertraut sind. In den letzten Jahren sind wir Zeugen einer explosionsartigen Ausbreitung des Multilevel-Marketings und anderer Programme im Internet geworden, die genau das versuchen. Schon vor dem Aufkommen des Internets waren einige Unternehmen wie Tupperware, Avon, Amway und Mary Kay sehr erfolgreich in der Schaffung von Vertriebskanälen in den unsichtbaren Netzwerken.

Auch wenn diese Programme für bestimmte Unternehmen funktionieren, ist es wichtig zu beachten, dass das Phänomen, auf dem sie beruhen, nicht genau Buzz entspricht. Es besteht ein großer Unterschied zwischen Buzz und einem Marketingplan, in dem Freunde etwas an ihre Freunde verkaufen oder sie als Verkäufer rekrutieren sollen: Obwohl Buzz durch einen gelegentlichen Anreiz stimuliert werden kann, ist er gewöhnlich frei von jeder monetären Transaktion. Eine Kundin empfiehlt ein Produkt, weil sie wirklich an dieses Produkt glaubt. Ihre Glaubwürdigkeit beruht teilweise auf der Tatsache, dass sie nichts zu gewinnen hat, wenn sie das Produkt empfiehlt, was nicht der Fall ist, wenn sie es verkauft.

Verfechter des Multilevel-Marketings weisen auf das Potenzial für ein exponentielles Wachstum hin, das mit dieser Methode verbunden sei. (»Wenn Ihr Freund es zwei Freunden sagt, und diese sagen es zweien, erreichen Sie sehr rasch ein riesiges Publikum.«) Aber in der Wirklichkeit wird dieses exponentielle Wachstum sehr selten erreicht. Warum? Weil viele Leute nicht in diese Art Geschäft verwickelt werden wollen und sich nicht wohl dabei fühlen, wenn sie ihren Freunden etwas verkaufen. Die meisten wollen mit ihren Freunden reden, ohne ihnen etwas verkaufen zu müssen. Wenn sie einen Verwandten treffen, wollen sie etwas über die Familie hören, ohne daran zu denken, wie sie ihn in ihre Drückerkolonne aufnehmen könnten.

Multilevel-Marketing ist jedoch wahrscheinlich weit davon entfernt, passé zu sein. Die gleichen Trends, die Kunden dazu veranlassen, sich bei ihren Kaufentscheidungen auf ihre Freunde zu stützen – Informationsüberflutung, Skepsis, Verbindung der Kunden untereinander –, könnten Unternehmen, die Multilevel-Marketing einsetzen, helfen zu expandieren. Das gilt vor allem für Produktkategorien wie Hautpflege, für gewisse persönliche Dienstleistungen und für Nahrungsergänzungsmittel. Es gibt auch Anhaltspunkte dafür, dass diese Marketingmethode in bestimmten Gesellschaftsschichten und Ländern effektiver ist als in anderen. Aber wenn sich Multilevel-Marketing ausdehnt, dürfen Sie es nicht mit Buzz verwechseln. Erwarten Sie nicht, dass ein Unternehmen, das diese Methode benutzt, so wächst wie ICQ oder Hotmail. Es ist ein anderes Phänomen.

# 13
# Spielt die Madison Avenue immer noch eine Rolle?

Wer benötigt also Werbung? Wie dieses Buch mittlerweile gezeigt haben sollte, ist die Erzeugung von Buzz eine machtvolle Methode, Informationen über ein Produkt zu verbreiten, Interesse zu wecken und Absatz zu erzielen. In vorangegangenen Kapiteln habe ich von Produkten geschwärmt, die mit wenig oder keiner traditionellen Werbung Erfolg hatten – *Trivial Pursuit*, *Cold Mountain* und Hotmail, um nur einige zu nennen. Daher könnte es so aussehen, als ob die traditionellen Werbemethoden der Madison Avenue keine Rolle mehr spielten.

Die Wahrheit ist, dass sich nur sehr wenige Produkte allein auf Buzz verlassen können. Richtig eingesetzt, kann Werbung Buzz unterstützen. Es lohnt sich jedoch auch zu beachten, dass Anzeigen manchmal echte Mundpropaganda beeinträchtigen können. Daher will ich mich in diesem Kapitel auf die Beantwortung dreier Fragen konzentrieren:

- Können Anzeigen Buzz stimulieren?
- Können Anzeigen Buzz simulieren?
- Können Anzeigen Buzz töten?

## Können Anzeigen Buzz stimulieren?

Absolut. Eine gute Anzeige kann dazu anregen, dass die Leute reden. Gut entworfene, gut platzierte und gut getimte Anzeigen können auf mehrere Arten zu Buzz beitragen.

**Sie bringen den Prozess in Gang.** Informationen in den Netzwerken müssen von irgendwoher kommen. An dem Tag, an dem Ihr neues Produkt eingeführt wird, wissen nur sehr wenige Personen davon. Wie groß ist die Wahrscheinlichkeit, dass jemand seinem Freund von Ihrem Produkt erzählt? Sehr klein. Wenn Sie einige Kunden gewonnen haben, gibt es mehr Leute, die aufgrund ihrer Erfahrung über das Produkt reden können. Wie kommen Sie an diese ersten Kunden?

In manchen Fällen ist Ihr Produkt so ansteckend, dass Sie nicht zu werben brauchen. In anderen Fällen erhalten Sie ausreichend Buzz durch Säen, Previews und andere Buzz-Taktiken. Aber oft sind Sie nicht so glücklich und stellen fest, dass manche Cluster von Buzz erfüllt sind, während andere Ermunterung benötigen.

Als eines der ersten Dinge, die wir zur Einführung von EndNote unternahmen, schickten wir eine Pressemitteilung an verschiedene wissenschaftliche Publikationen. *Science*, das größte Wissenschaftsjournal in den USA, veröffentlichte einen kurzen Artikel über das Produkt. Diese Ankündigung setzte in bestimmten Netzwerken Buzz in Gang, aber nur in seltenen Fällen verbreitet sich solcher Buzz exponentiell. Daher hakten wir mit kleinen Anzeigen in *Science* und anderen Publikationen nach, um erste Nutzer in zusätzlichen Netzwerken zu erhalten. Diese Anzeigen erzeugten nur ein Zehntel der Medienresonanz auf die ursprüngliche Produktankündigung. Da die Redakteure von *Science* den Leitartikel nicht jede Woche für uns wiederholen würden, benötigten wir etwas, um unsere Maßnahmen auszuweiten. Wir taten es mit Anzeigen, genau wie Hotmail, das in Universitätszeitungen im ganzen Land Inserate schaltete, um die Bildung erster Kerngruppen von Nutzern an jeder Universität zu unterstützen. »Wir versuchten, überall ›kleine Feuer‹ zu entfachen«, berichtet Steve Douty, ehemaliger Vice-President für Marketing des Unternehmens.

**Sie erreichen Hubs.** Anzeigenwerbung ist auch ein ziemlich effektiver Weg, um Network-Hubs zu erreichen. Viele Studien bestätigen, dass Meinungsführer stärker für gedruckte Anzeigen empfänglich sind als »durchschnittliche« Leute. Das ergibt Sinn: Weil sie informationshungrig sind, lesen sie mehr. Durch Werbung in einer Zeitschrift wie *Car & Driver* erreicht man Hubs, die anderen Leuten Autos und damit zusammenhängende Produkte empfehlen. Eine Untersuchung, die Market Probe International für das Magazin durchführte, stellte fest, dass 68 Prozent der Abonnenten im vorangegangenen Jahr anderen einen Rat über Autos gegeben hatten. Zum Beispiel berieten jene Leser, die mit ihren Freunden über Auto-Soundsysteme redeten, im Durchschnitt 14,7 andere Personen.[1]

Das Spiegelbild des letzten Punktes ist, dass eine Anzeige in einer

Tageszeitung oder im Fernsehen ebenfalls Mitglieder eines Netzwerks dazu anregen kann, weitere Informationen über ein bestimmtes Produkt von Network-Hubs zu erfragen. »Ich sah kürzlich eine Anzeige für den neuen Jeep. Lohnt es sich, ihn auszuprobieren?«, könnte ein Nachbar den lokalen »Autoexperten« fragen.

**Sie geben den Käufern das Gefühl der Sicherheit.** Ein weiterer wichtiger Weg, um durch Anzeigen Buzz zu stimulieren, besteht darin, Kunden zu versichern, dass sie nicht allein sind. Nachdem wir mehr als 100 000 Exemplare von EndNote verkauft hatten, erwähnten wir diese Tatsache immer deutlich sichtbar in unseren Anzeigen. Die allgemeine Taktik beruht auf der Annahme, dass sich die Leute wohler fühlen, wenn sie mit ihren Freunden Informationen über ein *weit verbreitetes* Produkt austauschen. Untersuchungen haben zu der Erkenntnis geführt, dass Leute ihre Meinung über allgemeine Themen eher ausdrücken, wenn sie glauben, es gebe genug öffentliche Unterstützung für ihre Meinung. Auch wenn der Schwerpunkt dieser Studien auf öffentlichen Angelegenheiten lag, kann man vernünftigerweise annehmen, dass sich viele Leute bei Wirtschaftsgütern entsprechend verhalten. Anzeigen liefern Ihren Kunden auch die Tatsachen, die sie zur Rechtfertigung ihrer Kaufentscheidung benötigen. Ihre jetzigen Kunden werden sehr wahrscheinlich Ihre Anzeigen lesen, selbst wenn sie das Produkt bereits besitzen (das gilt vor allem für teure Artikel), und diese Fakten in Gesprächen mit anderen über das Produkt benutzen.[2]

Wenn Sie ein Produkt verkaufen, das mit einem Tabu verbunden ist, können Anzeigen die Verbraucher dahingehend beruhigen, dass sie über das Thema sprechen können. Viagra erhielt vom ersten Tag an eine Menge Buzz, aber Witze in Nachtshows sind nicht unbedingt hilfreich, um Leute zum Reden zu bringen. »Die Ein-Witz-pro-Tag-Monologe im Fernsehen laufen Gefahr, Erektionsstörungen zu trivialisieren und den gegenteiligen Effekt zu haben, die Leute trotz ihrer Beschwerden nicht aus dem Verborgenen herauszuholen«, sagte David Brinkley von Pfizer der Zeitschrift *Advertising Age*. Werbung für das Medikament in einem positiven Zusammenhang erleichterte es Männern, mit ihrem Arzt über das Problem zu sprechen.

**Halten Sie die Tatsachen einfach.** Schließlich kann Werbung den Inhalt des Buzz beeinflussen. Nachrichten, die sich in den unsichtbaren Netzwerken ausbreiten, werden ständig verzerrt, verdreht und verwässert. Erinnern Sie sich an das Spiel »Stille Post«, das wir als Kinder spielten? Mehrere Kinder sitzen in einem Kreis, eines von ihnen denkt sich einen Satz aus und flüstert ihn dem Nachbarn ins Ohr. Dieser gibt den Satz an seinen Nachbarn weiter und so fort, bis der Letzte sagt, was er gehört hat. Erinnern Sie sich, wie aus einem Satz wie »fish in the water« »dishes in the dishwasher« wurde? Die unsichtbaren Netzwerke können Ihre Botschaft auf ähnliche Weise verzerren. Durch Verbreitung genauer Informationen können Ihre Anzeigen dem zumindest teilweise vorbeugen. Als es 1989 die allgemeine Panik gab, dass mit Alar behandelte Äpfel Krebs verursachen könnten, wurden Anzeigen mit der Information veröffentlicht, dass eine Person 70 Jahre lang jeden Tag 28 000 Pfund solcher Äpfel essen müsste, um eine gefährliche Dosis zu erreichen.[3]

## Anzeigen als Buzz

Manchmal erzeugen Anzeigen Buzz, weil die Leute über die Anzeigen selbst reden. »Got milk?«, »Where's the beef?« oder »Yo Quiero Taco Bell« sind einige Beispiele für Anzeigen, die die Leute zum Reden brachten. Es ist kein Zufall, dass all diese Kampagnen voller Humor sind. Nichts verbreitet sich rascher als ein wirklich guter Gag. Ich erinnere mich daran, wie ich von meinen Kindern vor den Fernseher geschleppt wurde, um den sprechenden Chihuahua zu sehen – einen, der Spanisch spricht! Der Hund erzeugte Wellen von Buzz, da »Yo Quiero Taco Bell« (»Ich liebe Taco Bell«) zum Slogan wurde. Laut Taco Bells Anschlussuntersuchung war das Anzeigenbewusstsein nach der Kampagne um 50 Prozent höher als ein Jahr zuvor. Die Kampagne hatte zum Ziel, den Umsatzrückgang des Fast-Food-Unternehmens zu stoppen, und in der Tat halfen die Anzeigen nicht nur, den Rückgang zu bremsen, sondern Taco Bell konnte als Ergebnis der Kampagne sogar eine Umsatzsteigerung verzeichnen. Chihuahua-T-Shirts und andere neuartige Artikel beschleunigten den visuellen Buzz auf den Straßen, verstärkt um die Hunde selbst, die überall im Land auftauchten – der American Kennel Club gab für 1998 eine 72-prozentige Steigerung der Chihuahua-Verkäufe bekannt.[4]

Was sind die praktischen Implikationen? Wenn Ihre Werbeagentur so eine Werbesendung produzieren kann, dann machen Sie sie auf jeden Fall. Aber das hört sich so an, als wenn man Schriftstellern den Rat gibt, mit dem Nobelpreis im Kopf zu schreiben – »Er wird Ihrer Karriere gut tun.« Jeder in der Werbebranche würde gerne eine Anzeige entwerfen, die diese Art Buzz erhält, aber nur sehr wenige werden zu solchen Megahits. Denken Sie daran, dass auf jeden Chihuahua oder jedes Energizer-Häschen Tausende von Werbungen kommen, die versuchen, die Leute zum Reden zu bringen, es aber nicht schaffen. Während der Produktion dieser Werbungen vergessen manche Werbeagenturen, was Anzeigen ursprünglich tun sollten: Ihr Produkt verkaufen.

## Können Anzeigen Buzz simulieren?

Was ist mit Anzeigen, die sich als Gespräch verkleiden? Das ist ein schwieriges Thema. Sie müssen erkennen, dass eine Anzeige kaum die Glaubwürdigkeit von Buzz genießen kann. Aber eine Anzeige kann an Glaubwürdigkeit gewinnen, wenn die Werbetexter entweder erfolgreich den zwischen Freunden üblichen Ton nachahmen oder die Freunde selbst als Zeugen in die Anzeigen einbeziehen.

**Der »freundliche« Ton.** Der Psychologe Ernest Dichter, der sich auf Verbrauchermotivation spezialisierte, schrieb 1966: »Wenn der Verbraucher meint, der Werber spreche als Freund oder unvoreingenommene Autorität zu ihm, wobei er eine Atmosphäre der Mundpropaganda erzeugt, dann wird der Verbraucher sich entspannen und normalerweise die Empfehlung akzeptieren.«[5]

Dichters Meinung ist zwar weiterhin gültig, aber seit 1966 hat sich die Art, wie Freunde miteinander reden, geändert. Die Leute sind heutzutage skeptischer und vorsichtiger, was sich im Ton ihrer Kommentare niederschlägt. Ironie, Witz, Sarkasmus und Zynismus sind in Gesprächen über kommerzielle Produkte allgemein verbreitet. Unternehmen, die freundlich zu klingen versuchen, indem sie einen geschwätzigen, vertraulichen Ton anschlagen, schaffen es häufig nicht, eine authentische Atmosphäre zu erzeugen. Dagegen haben jene, denen es gelingt, Anzeigen mit einem Augenzwinkern zu produzieren, eine größere Chance, die erwünschte Wirkung zu erzielen.

Eine Kampagne, die den Sinn für Ironie der Verbraucher geschickt ausnutzte, war die Werbeaktion des Fernsehsenders ABC von 1997. Die Werber stützten den Inhalt ihrer Anzeigen auf die allgemein verbreitete negative Ansicht über Fernsehen. Selbstabwertung und humorvolle Übertreibung spielten eine Rolle. Mit Überschriften wie »Keine Sorge, Sie haben Milliarden Gehirnzellen« erkannten die Schöpfer der Kampagne, was an dem Produkt schlecht ist, so, wie ein Freund es tun würde. Die Messung der Wirksamkeit dieser Kampagne ist schwierig, weil die Reaktion auf einzelne Programme – nicht auf die Anzeigenkampagne – letzten Endes bestimmt, ob die Einstufungen des Fernsehsenders nach oben gehen. Aber hinsichtlich ihres Tons ist dies ein Beispiel für eine Kampagne, die von vielen Kunden mit einem Lächeln aufgenommen wurde. Ein weiteres Beispiel ist das Poster mit dem Text »Wenn Fernsehen so schlecht für Sie ist, warum steht dann in jedem Krankenhauszimmer ein Gerät?« Ein gutes Argument![6]

Ich schlage nicht vor, Sie sollten sich in Ihren Anzeigen über Ihr Produkt lustig machen. Aber wenn Sie Wirkung erzielen wollen durch eine Ausdrucksweise, die ein Gespräch simuliert, sollten Sie Sätze wie die folgenden nicht benutzen: »Vielleicht waren wir, wie wahre Liebe, dazu bestimmt, ewig zu dauern«, oder »Wir glauben, wir haben die Führungsmannschaften, die Strategien und die Marktposition, um weit bis ins nächste Jahrhundert erfolgreich zu sein.« Beide Sätze erschienen im Sommer 1999 in Anzeigen, und keine von ihnen kommt der Nachahmung der Art und Weise nahe, wie wirkliche Menschen miteinander reden.

**Testimonialwerbung.** Eine Anzeige wird sich nie der Glaubwürdigkeit des Buzz erfreuen, aber sie kann sich ihr durch Simulieren des Buzz mittels Testimonialwerbung annähern. Doch die Ausführung stellt eine Herausforderung dar. Viele Anzeigen sind so schlecht, dass man sich fragt, ob sie als Parodie gemeint waren.

Die erfolgreiche Erzeugung von Buzz hat mit Authentizität zu tun. Denken Sie an Anzeigen, die zum Beispiel die Bandbreite »normaler Leute« zeigen sollen, die ein bestimmtes Produkt benutzen. Häufig sind diese Art Anzeigen Opfer des unablässigen Strebens nach *political correctness*. Die Anzeigen stellen verdächtig unterschiedliche Personen heraus, sodass es kaum zu glauben ist, dass sie zufällig ausgewählt wurden: einen Schwarzen, eine Weiße, einen Latino und eine Asiatin. Kunden durchschauen das. Diese Anzeigen mögen bewusstseinsbildend sein und sogar zu Umsätzen führen, aber erwarten Sie nicht, dass ihre Wirkung auch nur annähernd so stark ist wie die einer Testimonialwerbung, die echt klingt.

Ein Unternehmen, das mit Erfolg Kunden auf glaubwürdige Weise in ihre Anzeigen einbezogen hat, ist der Autohersteller Saturn. John Yost, Leiter von Hal Riney, der Agentur, die die Saturn-Anzeigenkampagne schuf, erläutert, warum sie seiner Meinung nach funktioniert hat: »Die Referenzpersonen waren höchst überzeugend, weil sie Kunden waren. Und nicht einfach Kunden, sondern Kunden, die sich wie wirkliche Menschen verhielten und handelten, sodass von ihnen eine enorme Empathie und Glaubwürdigkeit ausging.« Das Ziel war, ein authentisches Gefühl zu schaffen »und nicht die normale unaufrichtige Art eines warmen und verschwommenen Lächelns«, fügt Paul Huber hinzu, der damals zu dem Team bei Hal Riney gehörte. Eines der Bilder zeigte zum Beispiel einen Zahnarzt in New York, der ein Saturn-Coupé besaß, in das ein tragbarer Zahnarztstuhl passte. Er kam zu Leuten nach Hause, rollte diesen kleinen Stuhl hinein und behandelte sie an Ort und Stelle. Eine solche Person in eine Anzeige einzubeziehen machte sie real. »Sie fing diesen wunderbar schrulligen Geist des Saturn ein«, meint Huber.[7]

Wirkliche Kunden in eine Anzeige zu integrieren ist etwas ganz anderes als der Einsatz von Berühmtheiten. Berühmte Leute ziehen zwar unsere Aufmerksamkeit auf sich, und manchmal ahmen wir ihr Verhalten nach. Aber da wir alle wissen, dass sie dafür bezahlt werden, glauben viele von uns nicht wirklich, dass ihr Gebrauch des Produkts authentisch ist. In einer Untersuchung von Wirthlin Worldwide von 1999 wurden Erwachsene in den USA gebeten, verschiedene Gewährsleute nach ihrer Glaubwürdigkeit einzustufen. Nur drei Prozent hielten die Unterstützung durch berühmte Personen für sehr glaubwürdig, 49 Prozent meinten, sie sei teilweise, und 47 Prozent gaben an, sie sei überhaupt nicht glaubhaft. »Jedesmal, wenn man geliehenes Interesse benutzt, egal, ob es von einer Berühmtheit oder einer Idee kommt, die nicht Ihrem Produkt oder Unternehmen immanent ist, müssen Sie sich bewusst sein, dass die Chance groß ist, dass der Verbraucher dies als offenen Versuch ansieht, ihm etwas zu verkaufen«, betont Yost.[8]

Die Mitarbeiter bei GolfWeb stellten ähnliche Einstellungen bei ihren golfbegeisterten Kunden fest. Sie führten eine Untersuchung durch, in der sie zwei Versionen des Fragebogens benutzten. In einer wurde der Golfchampion Jack Nicklaus als Unterstützer dargestellt. In der zweiten Version, die einer anderen Kundengruppe zugesandt wurde, war es ein durchschnittlich aussehender Golfspieler (tatsächlich war es ein Foto des Mitgründers Ed Pattermann, den aber niemand kannte). Die Leute zogen den normalen Nutzer vor. »Beim Golf spielen Fans keine Rolle«, erklärt Cynthia Typaldos, Mitgründerin von GolfWeb. »Golf ist ein Teilnehmersport.« Die Leute wollen sehen, was andere wie sie machen. Sie scheren sich wenig um Jack Nicklaus' Unterstützung, teilweise, weil er um einige Klassen besser ist. »Wenn aber jemand, der einem in den Dingen ähnlich ist, die beim Golf zählen (das gleiche Geschlecht, Handicap etwa 20, spielt gleich lang, geht zur gleichen Art Plätze), wenn der einem sagt ›Ich hab mir jetzt diesen Putter gekauft, und meine Einloch-Quote hat sich um zehn Prozent verbessert‹, *das* ist interessant.«[9]

## Können Anzeigen Buzz töten?

Auch wenn es viele gute Gründe gibt zu werben, ist Werbung ein Instrument, das sehr vorsichtig gehandhabt werden sollte, wenn Sie Buzz fördern wollen. Denn Werbung kann Buzz auch töten, wenn die Leute das Gefühl haben, jemand will ihnen etwas gewaltsam eintrichtern. Eine Kundin erzählt ihren Freundinnen und Freunden von neuen Produkten, die sie entdeckt hat, weil das etwas über sie als innovative und nach vorn denkende Person aussagt. Sie will nicht wie jemand klingen, der die Propaganda eines Unternehmens nachplappert. Niemand will das.

Was tun Sie also, um sicher zu sein, dass Ihre Anzeige letztendlich nicht eher Buzz abwürgt als erzeugt?

Ein Wort, das einem da in den Sinn kommt, ist Ehrlichkeit. Ihre Anzeige muss ehrlich sein, nicht nur faktenmäßig, sondern auch in dem Sinn, dass sie zu dem Produkt passt. »Mir fällt kein Beispiel für einen Service oder ein Produkt ein, das einen wahren Sturm positiver Mundpropaganda entfachte, und das sich nicht von einer Plattform der Wahrheit und Ehrlichkeit und Direktheit in seinen Beziehungen zu den Verbrauchern aus verkaufte«, sagt John Yost, der jetzt die Werbung für Yahoo! macht. »Unsere Generation ist so maßlos überzogener Werbung ausgeliefert gewesen, dass wir jetzt ziemlich clevere Kunden sind und nicht mehr so leicht auf diese traditionellen Verkaufstricks hereinfallen.«[10]

Betrachten wir die folgenden zwei Anzeigen in einer Zeitschrift. Die eine ist für ein Auto. Sie spricht von dem Autounternehmen als einem Repräsentanten für eine neue Designschule, die die emotionalen Bedürfnisse der Leute berücksichtigt. Können Sie sich vorstellen, dass Kunden das ihren Freunden gegenüber erzählen? Ich glaube nicht. Diese Art Anzeige kann sogar echte Begeisterung töten, weil sie hochtrabend ist. Die andere Anzeige zeigt ein großes Bild einer Dose V8-Gemüsesaft. Die Überschrift lautet: »Es kann zwar Trainieren nicht wirklich ersetzen, aber wenn Sie kräftig schütteln, können Sie Ihren Pulsschlag etwas erhöhen.« Diese Anzeige trifft den richtigen Ton. Sie behauptet nichts, das nicht hundertprozentig durch Fakten unterstützt wird, und sie hat die Chance, wiederholt zu werden, weil sie lustig ist.

Das Timing ist ebenfalls von Bedeutung. Momentas ungeheurer Werberummel erzeugte zwar hohe Bekanntheit, aber er ließ der Unterstützung an der Basis keinen Raum zu wachsen. Mein Gefühl ist, dass die Leute es nicht mögen, wenn alles zu sehr gesteuert ist. Sie sprechen eher über etwas, das sie selbst entdecken, als über etwas, das jeder auf einer Doppelseite des *Wall Street Journal* sehen kann.

## Die sechs Regeln bezüglich Anzeigen und Buzz

### 1. Halten Sie sie einfach

Die Botschaft muss einfach sein, damit Leute sie weitergeben können. Kurze, direkte Botschaften, die auf verbreiteten Überzeugungen beruhen, haben eine größere Chance, in den Netzwerken reproduziert zu werden.

Benutzen Sie eine einfache Sprache. Das klingt selbstverständlich, aber sehr oft benutzen Unternehmen Jargon und Akronyme, was verhindert, dass Kommentare sich so rasch verbreiten, wie sie es sonst könnten. Von alten befestigten Städten bis zu heutigen umzäunten Siedlungen haben die Menschen immer Mauern und andere Hindernisse um sich herum aufgebaut, um Eindringlinge fern zu halten und sich von anderen zu unterscheiden. Netzwerke haben ihre eigenen Mauern und Zäune, aber anstatt Draht und Ziegeln benutzen die Leute Dialekt, Jargon und Akronyme, um Fremde auszuschließen. Daran ist von Natur aus nichts falsch, es ist sogar der effizienteste Gebrauch der Sprache innerhalb einer Untergruppe des Netzwerks. Bei der Kommunikation zwischen Clustern jedoch bleiben Kommentare stecken, weil man sie nicht versteht. Wenn Ihre Werbung versucht, mehrere Bereiche in den Netzwerken anzusprechen, sollten Sie dafür sorgen, dass alle Bereiche Ihre Botschaft verstehen können.

**2. Erzählen Sie uns was Neues**

Irrelevantes Zeug verbreitet sich nicht gut in den Netzwerken. Ein typischer Kunde wird kein Unternehmen empfehlen, weil es »eine Tradition der Spitzenleistung, das beste Preis-Leistungs-Verhältnis und eine Reihe machtvoller Merkmale anbietet«. Damit die Botschaften Ihrer Anzeigen weitergegeben werden, müssen sie für die Verbraucher relevant sein und Neuigkeitswert besitzen. Niemand kommt von der Mittagspause zurück und sagt: »Rate mal, was ich bei McDonald's gegessen habe... einen Hamburger!« Aber ich habe Leute über ein neues Angebot reden hören, das sie bei McDonald's ausprobiert haben (zum Beispiel einen Hamburger mit Käse, Schinkenspeck und Champignons). Gemessen an ihrem äußerst langweiligen Kernprodukt (Hackfleisch), haben die Mitarbeiter von McDonald's ein erstaunliches Talent, ihre Botschaft mit Neuigkeitswert zu versehen. Das kommt natürlich zum großen Teil daher, dass sie ihr Produkt nicht nur als Hamburger ansehen. McDonald's *erzeugt* ständig Neuigkeiten um seine Produkte; gehen Sie hinein, und Sie werden irgendetwas Neues entdecken – vom Begleitmaterial zum letzten Disneyfilm bis zu einer neuen Größe der Pommes-frites-Packung.

Das gilt nicht nur für die Werbung, sondern für die gesamte Kommunikation Ihres Unternehmens. Wir sind alle in der Lage, zwischen leeren und bedeutungsvollen Kommentaren zu unterscheiden. Niemand wird die Aussage eines Bankmanagers, die Bank kümmere sich um ihre Kunden, weitergeben. Andererseits hat eine nützliche Information wie »Die Zweigstellen der X-Bank sind auch am Samstagmorgen geöffnet« eine größere Wahrscheinlichkeit der Verbreitung.

**3. Stellen Sie keine Behauptungen auf, die Sie nicht untermauern können**

Erzählen Sie nur dann Ihren Kunden, Sie würden sich um sie kümmern, wenn Sie es wirklich ernst meinen und *beständig* einen ausgezeichneten Kundendienst erbringen können. Vor kurzem rief ich ein

Unternehmen an, das sich in seinem Katalog seines »tollen Kundendienstes« brüstete. Darin war auch die Rede von drei einfachen Möglichkeiten der Bestellung. Ich schickte eine E-Mail, die ignoriert wurde. Als ich anrief, musste ich 12 Minuten warten. Die Tatsache, dass das Unternehmen derart mit seinem Kundendienst prahlte, machte mich doppelt wütend und sehr geneigt, negativ von ihm zu reden.

### 4. Fordern Sie Ihre Kunden auf zu sagen, was an Ihrem Produkt oder Ihrer Dienstleistung besonders ist

Sie mögen auf die Qualität Ihres Produkts oder das Niveau Ihrer Dienstleistung stolz sein, aber Ihr Stolz wird kaum dazu beitragen, Buzz zu verbreiten. Ihre *Kunden* müssen den Unterschied spüren. Ob sie das tun, können Sie sehr einfach herausbekommen, indem Sie mit ihnen reden. Wenn sie Ihnen nicht sagen können, was an Ihrem Produkt einzigartig ist, können sie es auch ihren Freunden nicht erklären. Autohändler mit Einheitspreisen sehen dieses Angebot als großen Vorteil an und erwarten von den Kunden, dass sie ihre Erfahrung weitergeben. Untersuchungen einiger Einheitspreis-Händler ergaben jedoch, dass 30 bis 35 Prozent der Autokäufer gar nicht gemerkt hatten, dass sie bei einem solchen Händler waren (Saturn-Händler waren in diese Studien nicht einbezogen).[11]

### 5. Fangen Sie an, Buzz zu messen

Wie viel Aufmerksamkeit schenken Werbeagenturen der Mundpropaganda? »Sehr wenige Agenturen testen Werbung auf ihren Einfluss auf Gespräche, weil dies im Allgemeinen nicht als Werbeziel angesehen wird, obwohl es das sollte«, schrieb Thomas Robertson 1971. Robertson, heute Dekan der Goizueta Business School an der Emory University, glaubt nicht, dass sich das geändert hat. Bei der Bewertung der Werbung können zwei Fragen sehr nützlich sein: Wird die Anzeige Network-Hubs helfen, Fragen zu beantworten, die andere Leute in den Netzwerken ihnen stellen? Wird die Anzeige Mitglieder des Netzwerks ermuntern, sich Informationen von Network-Hubs zu holen? Die vielleicht einzige Branche, die der Messung der Mundpropaganda Bedeutung beimisst, ist die Filmindustrie. Vor dem Kinostart jedes größeren Films führen die Studios heutzutage Testvorführungen durch, um die Publikumsreaktionen abzuschätzen. Die Fragen in den anschließenden Erhebungen können je nach Genre des

Films und dem, was die Produzenten herausfinden wollen, variieren, aber die ersten zwei Fragen sind fast immer die gleichen: Wie würden Sie diesen Film einstufen? Würden Sie diesen Film einem Freund empfehlen? Teilnehmer an Gruppendiskussionen nach der Vorführung werden oft gebeten, ausführlicher darzustellen, was sie ihren Freunden über den Film erzählen würden.[12]

Eine gute Möglichkeit damit zu beginnen, Ihrer Organisation die Macht der unsichtbaren Netzwerke bewusst zu machen, ist die Messung der Mundpropaganda. Wenn Sie Untersuchungen der Kundenzufriedenheit durchführen, fragen Sie Ihre Kunden, ob sie in letzter Zeit Ihr Produkt empfohlen haben, wenn ja, wie vielen Personen. Wenn Sie einmal Daten für einen längeren Zeitraum haben, können Sie sagen, welche Ihrer Strategien den positivsten Buzz erzeugt haben.

**6. Hören Sie auf den Buzz**

Ein weiterer Hinweis Robertsons ist, dass die Kontrolle der Aussagen der Leute über Produkte Unternehmen helfen kann, ihre Werbung zu verbessern. Indem Marketer auf die Netzwerke hören, können sie Antworten erhalten auf Fragen wie: Wie wird das Produkt benutzt? Auf welche Probleme stoßen die Benutzer? Über welche Produkteigenschaften diskutiert man? Das wird heute natürlich durch die breite Online-Kommunikation ziemlich erleichtert. Denken Sie jedoch daran, dass Online-Diskussionen die Meinungen aller Ihrer Kunden repräsentieren können oder auch nicht. Die gute alte persönliche Interaktion mit Kunden (und Nichtkunden) ist gleichfalls wichtig.

# 14
# Buzz in den Vertriebskanälen

Ich erinnere mich nicht daran, mit meinen Freunden über Modelleisenbahnen gesprochen zu haben, bevor ich mir eine kaufte. Da ich in Israel aufgewachsen bin, entsinne ich mich auch nicht, je eine Anzeige dafür gesehen zu haben. Wie habe ich dann von Märklin erfahren? Es war in einem Spielwarengeschäft in der Dizengoff-Straße in Tel Aviv. Eine kleine Lokomotive, die sechs Waggons hinter sich herzog, fuhr im Schaufenster herum. Ich stand da, meine Nase an die Scheibe gepresst, und verfolgte mit den Augen die schwarze Lokomotive. Als ich schließlich Mut gefasst hatte hineinzugehen, um sie mir näher anzusehen, erzählte der Ladenbesitzer mir alles über sie. Es war eine Märklin, und die Art, in der er das Wort aussprach, gab mir zu verstehen, dass sie gut war. Er sagte auch, sie könne zehn oder mehr Waggons ziehen, wenn er es wolle. Sie könne auch rückwärts fahren, man brauche nur einen Schalter umzulegen. Der Geschäftsinhaber war meine einzige Informationsquelle über Modelleisenbahnen und, wie sich herausstellte, ein gute – ich habe diese Märklin-Lokomotive immer noch.

In der einfachen Welt meiner Kindheit (Israel hatte damals keinen einzigen Fernsehkanal) breitete sich Buzz oft über die gleichen Kanäle aus wie die Waren – vom Hersteller zum Händler und von dort zum Verbraucher. In dieser Welt waren bei bestimmten Produkten Vertriebskanäle die einzigen Informationsquellen.

Heute leben wir offensichtlich in einer anderen Welt. Ein Kind, das sich eine Modelleisenbahn kaufen will, kann sich mit erfahrenen Nutzern in einer Newsgroup wie rec.models.railroad beraten. Es kann Websites besuchen, die sich Modelleisenbahnen widmen, und es hat wahrscheinlich Anzeigen für mehrere Marken gesehen. Spielt der Vertriebskanal dennoch eine Rolle bei der Erzeugung von Buzz? Können die heutigen Händler den gleichen persönlichen Kontakt und vertrauenswürdigen Rat vermitteln, an den ich mich aus meiner Kindheit erinnere? Können Händler Teil dieser Mundpropaganda-Erfahrung sein?

Bei der Beantwortung dieser Fragen werde ich sowohl die traditionellen Vertriebswege als auch die Online-Kanäle anschauen. Kunden erhalten Informationen offenbar über beide Kanäle. Das geschieht durch die Auslagen am Kaufort in einem traditionellen Geschäft oder über eine Produktliste im Falle eines elektronischen Händlers. Zur Erzeugung einer Mundpropaganda-Erfahrung müssen jedoch zwei Faktoren gegeben sein. Erstens Interaktion. Im Geschäft meiner Kindheit konnte ich jede Frage über die Eisenbahn stellen und erhielt eine Antwort. Außerdem war diese Antwort auf meine Bedürfnisse und Interessen zugeschnitten. Der zweite Faktor ist Vertrauen. Soweit es mich betraf, gab es keinen Unterschied zwischen dem Inhaber des Spielwarengeschäfts und einem meiner Freunde. Ich vertraute ihm völlig. Untersuchen wir, ob diese beiden Elemente – Interaktion und Vertrauen – in den heutigen Vertriebskanälen existieren.

## Können physische Vertriebskanäle Buzz verbreiten?

Traditionelle Kanäle haben alles Notwendige, um die Interaktion mit Kunden zu fördern und Vertrauen zu entwickeln. Wie effektiv sind sie in der Praxis, Informationen zu verbreiten? Das kommt darauf an.

Erstens variiert die Fähigkeit eines Vertriebskanals, Buzz zu verbreiten, von Branche zu Branche. Kinogänger zum Beispiel bitten normalerweise nicht die Person an der Kinokasse, einen Film zu empfehlen, aber Kunden in Buchhandlungen fragen das Personal nach ihren Empfehlungen. Fahrradgeschäfte engagieren häufig Radrennfahrer, die eine Menge über das Radfahren wissen und daher hohe Glaubwürdigkeit bei ihren Kunden besitzen. Das Gleiche gilt für Surf-Geschäfte, wo die Verkäufer (wenn man den Typen dort überhaupt »Verkäufer« nennen kann) oft zu den gleichen sozialen Netzwerken gehören wie die Kunden.

Aber auch innerhalb einer Branche sind einige Geschäfte effektiver in der Verbreitung von Informationen als andere. In manchen Buchläden muss man lange nach jemandem suchen, mit dem man sprechen kann – von vertrauen ganz zu schweigen. In anderen dagegen erfreuen sich die Verkäufer einer enormen Glaubwürdigkeit bei ihren Kunden. Sie wissen auch, wie man die richtigen Fragen stellt, um herauszufinden, welche Art Bücher dem Leser gefallen würde. Diese Buchhändler unterscheiden sich nicht von irgendeinem anderen Network-Hub. Wenn sie ein Buch empfehlen, wird es ein lokaler Hit. Eine ähnliche Situation gibt es in der Sportartikelbranche. In manchen Geschäften, vor allem Discountern, ist man sich selbst überlassen. Am anderen Ende des Spektrums findet man Läden, die sich auf Laufschuhe oder Bergsteigerausrüstung spezialisieren. »Die Verkäufer oder Besitzer dieser Spezialgeschäfte sind als Enthusiasten für bestimmte Sportarten bekannt, und ihre Empfehlungen werden sehr, sehr ernst genommen«, meint Helen Rockey, eine ehemalige Führungskraft bei Nike and Brooks Sports.[1]

Um über Vertriebswege Buzz über ein Produkt zu erzeugen, müssen Sie mit jenen Verkäufern zusammenarbeiten, die Kontakt mit Kunden haben und deren Vertrauen genießen. Beachten Sie jedoch, dass die Fähigkeit eines bestimmten Kanals oder eines einzelnen Geschäfts, Buzz zu verbreiten, sich im Lauf der Zeit ändern kann. Das Personal in Computergeschäften war früher sehr kenntnisreich, und manche Verkäufer sind es auch heute noch. Aber höhere Gehälter in Unternehmen locken fähige Verkäufer vom Einzelhandel weg, und übrig bleiben Geschäfte mit weniger qualifiziertem Personal.[2]

## Können Online-Kanäle Buzz verbreiten?

Amazon.com macht das Auffinden von Informationen über Bücher extrem einfach, aber kann der Online-Händler Buzz über einen bestimmten Titel erzeugen? In ihrem gegenwärtigen Zustand lassen Online-Kanäle wenig direkte Interaktion zwischen Personen zu und haben daher nur eine begrenzte Fähigkeit, ein bestimmtes Produkt durch »Handverkauf« zu puschen, um einen Ausdruck aus der physischen Welt zu entlehnen.

Eine Fähigkeit von Online-Händlern, die enorm helfen kann, Informationen über Produkte zu verbreiten, besteht darin, Kunden zusammenzubringen, zum Beispiel durch Rezensionen. Am 20. Februar 2000 waren bei Amazon.com 2244 Rezensionen des Buches *Harry Potter and the Philosopher's Stone* von Joanne K. Rowling verfügbar (dt.: *Harry Potter und der Stein der Weisen*). Die durchschnittliche Bewertung lag bei fünf Sternen. Das nennt man Buzz.

Eine andere Möglichkeit für Amazon, Mundpropaganda zu simulieren, besteht in einer Technik, die »Collaborative Filtering« genannt wird: Ein Kunde, der das Buch *Relationship Marketing* von Regis McKenna kauft, könnte sehen, dass Kunden, die dieses Buch kauften, auch *The One to One Future* (dt.: *Strategien für ein individuelles Kundenmarketing*) von Don Peppers und Martha Rogers erwarben. Der Buchhändler empfiehlt in diesem Fall nichts. Er sagt Ihnen nur: »Sehen Sie sich an, was andere Kunden, die am gleichen Thema wie Sie interessiert sind, gekauft haben.«

Andere Online-Händler ermöglichen noch aktiveren Austausch. In eHobbies, einem Portal für Hobbyisten, können Kunden, die an Modelleisenbahnen interessiert sind, live mit anderen chatten oder Fragen und Antworten auf ein schwarzes Brett schreiben. Auch hier gibt der Händler keine Empfehlung ab, sondern bietet lediglich das Forum für Buzz.

Es gibt auch Online-Händler, die gute Arbeit leisten, Buzz auf altmodische Art zu verbreiten – indem sie Rat, Hilfe und nützliche Informationen geben. Ein Beispiel ist Kenny West, President von PalmGear H.Q., einem Web-Portal und einer E-Commerce-Site für Palm-OS-Nutzer. Richten Sie eine Frage an eine Newsgroup, die sich mit dem PalmPilot befasst, und wenn sonst niemand antwortet, wird wahrscheinlich Kenny West einspringen und Ihnen die Antwort geben. »Kenny ist immer in der Newsgroup«, meint Jim Thompson, der regelmäßiger Kunde ist. »Seine Gegenwart trägt sehr dazu bei, dass PalmGear H.Q. einem wie ein angenehmer Ort vorkommt, wohin man zum Einkaufen gehen will, wie zum Laden an der Ecke, wo man die Leute kennt.«[3]

Immer mehr Online-Händler erkennen langsam, dass Kunden oft mit einer lebenden Person auf die gleiche Art wie im Laden an der Ecke interagieren wollen und müssen. Daher können sich jetzt Käufer auf bestimmten Sites die Waren ansehen und gleichzeitig mit einem Verkäufer sprechen. Ist eine menschliche Note eingeführt, sind die Buzz-Kanäle wieder offen. Ob diese Kanäle allerdings wirklich funktionieren oder nicht, hängt wieder davon ab, ob Vertrauen vorhanden ist und echter Austausch stattfindet. Ein Vertreter, der ein belangloses Schriftstück lesen muss, wird weniger effektiv sein in der Erzeugung von Buzz als einer, der spontan, offen und freundlich sein kann.

Man kann vernünftigerweise annehmen, dass wir alle möglichen Arten von Händlern in der Online-Welt sehen werden, genau wie in der physischen Welt. Einige werden das Schwergewicht auf den Preis legen und darüber hinaus wenig Service bieten. Bei anderen wird der Service im Vordergrund stehen, und dort wird man sich mehr mit Verkäufern austauschen können. Wenn Sie Hersteller sind, sind dies die Kanäle, die Sie pflegen sollten, um Buzz zu erzeugen.

## Was macht man mit den Vertriebskanälen?

Die Mehrzahl der Möglichkeiten der Erzeugung von Buzz unter Kunden, die in den vorigen Kapiteln beschrieben wurden, können auch angewandt werden, um in den Vertriebskanälen Buzz zu stimulieren. Es folgen einige Beispiele für die Anwendung dieser Methoden.

### *Säen Sie in den Kanälen*

Eine Schlüsselstrategie für die Erzeugung von Buzz über Vertriebskanäle besteht darin, bei jenen Händlern zu säen, denen man in ihren Netzwerken vertraut. Anfang 1991 erhielten etwa 5000 Manager, Verkäufer und Einkäufer von Buchhandlungen in den gesamten USA ein Päckchen vom Verlag Knopf. Als sie das Geschenkpapier entfernten, fanden sie eine gebundene Sonderausgabe von Josephine Harts erstem Roman *Damage* (dt.: *Verhängnis*). Beigefügt war ein Brief von Sonny Mehta, President und Leiter des Verlags. Knopf wählte das richtige Buch für diese Werbeaktion. Harts dunkler und leidenschaftlicher Roman ist die Geschichte eines erfolgreichen britischen Arztes und Politikers, der ein ruhiges Leben führt, bis er Anna, der Verlobten seines Sohnes, begegnet. Ausgefallene Stimuli erzeugen, wie wir wissen, mehr Buzz. Es ist die Art Buch, die einen mit dem Gefühl zurücklässt, das man bekommt, wenn man Zeuge eines Unfalls war oder jemanden auf der Straße zusammenbrechen sah – man muss mit jemandem darüber reden. Viele der Buchhändler, die 1991 das Buch erhielten, taten genau das. Ein Inhaber eines Buchladens, der drei Exemplare erhielt, erzählte *Publishers Weekly*: »Jeder las es in einem Zug durch und war davon angetan. Wir werden deshalb zehnmal so viel verkaufen.« Das Buch wurde zu einem *New York Times*-Bestseller.[4]

Wie immer kommt es auf die Ausführung an. Knopf verschickte keine 100 Bücher in braunen Umschlägen, sondern *5000*, alle in elegantes Geschenkpapier eingewickelt. »Es war ein Aufmerksamkeitserreger«, erinnert sich Buchhändler David Unowsky von Ruminator Books in Saint Paul, Minnesota, fast zehn Jahre später. Wie im Fall von *Cold Mountain* spielte auch hier die Glaubwürdigkeit des Verlags eine Rolle. »Sonny schrieb nicht mehr als einen Brief im Jahr; wenn er also schrieb, wusste man, es steckte was Besonderes dahinter«, erklärt Carl Lennertz, ehemaliger Marketingleiter bei Knopf.[5]

## Benutzen Sie die Kanäle als Ausgangspunkt

Sie sollten nicht nur daran denken, in den Kanälen selbst zu säen, sondern sie auch als Ausgangspunkt des Säens zu benutzen. In einer Werbekampagne für den EV1, das Elektrofahrzeug von General Motors, begann das Unternehmen in zwei Testmärkten, Südkalifornien und Phoenix, Arizona, mit Testfahrten. GM lud Autofans für eine halbstündige Fahrt in einem der neuen Autos ein, aber das Unternehmen erkannte, dass es den Leuten Munition geben musste, um sie anzuregen, darüber zu reden. Jeder Kunde erhielt 50 Baseball-Karten mit einem Foto des Autos auf der einen Seite und Leistungsdaten auf der Rückseite. Die Karten, alle mit Kontrollnummern versehen, enthielten Telefonnummern für die Vereinbarung von Testfahrten. GM stellte fest, dass ein typischer Kunde Karten an zehn bis zwölf andere Leute weitergab.

Ein weiteres Unternehmen, das den Vertriebskanal als Ausgangsort zum Säen benutzt, ist Kiehl's Since 1851 (das ist der Firmenname), ein Hersteller von Haut- und Haarpflegemitteln. Das Unternehmen besteht darauf, dass seine Händler großzügig Proben verteilen. Kiehl's schickt Personal in Kaufhäuser, um zu kontrollieren, wie viele Proben die Verkäuferinnen dort verschenken, und ist sogar dafür bekannt, einen Kunden zu streichen, wenn dessen Personal nicht genug Gratisproben ausgibt. Als ich Neiman Marcus im Stanford Shopping Center besuchte, gab mir die Frau hinter der Kiehl's-Ladentheke vier kleine Tuben mit verschiedenen Cremes für meine Frau. Sie sorgte so dafür, dass ich meiner Frau von Kiehl's erzählte. Das Unternehmen betreibt keine Werbung. Es macht stattdessen Kaufhausbesucher zu Trägern von Kiehl's Botschaft.[6]

## *Erwägen Sie beschränkten Vertrieb*

Eine weitere von Kiehl's verfolgte Strategie, um Buzz zu erzeugen, besteht in selektivem Vertrieb. Diese Strategie wird Sie nicht zum nächsten Procter & Gamble machen, aber sie ist der Überlegung wert, besonders für Anbieter hochwertiger Produkte, die ihren Umsatz durch Mundpropaganda steigern wollen. Knappheit weckt Interesse, das seinerseits Buzz stimuliert. Kiehl's Strategie verdeutlicht diesen Punkt. Ursprünglich konnte man die Produkte des Unternehmens nur in einem einzigen eigenen Geschäft kaufen. Aaron Morse, der die Firma bis 1988 leitete, weigerte sich, an Kaufhäuser zu liefern, und Informationen über sein Geschäft in Manhattans East Village wurden von einer Person zur anderen weitergegeben. Mit der Zeit expandierte das Unternehmen in einige prestigträchtige Geschäfte wie Saks Fifth Avenue, Neiman Marcus und Fred Segal. Aber bis heute kann man die Produktlinie in den meisten Geschäften nicht finden. Das *Wall Street Journal* beschreibt den Buzz, den Kiehl's erhält, als »ohrenbetäubend«. Selektiver Vertrieb und aggressives Säen sind zwei der Gründe für den Buzz.

## *Benutzen Sie öffentliche Bereiche in Einkaufszentren*

Wenn Sie an den Vertriebsweg denken, denken Sie nicht nur an die Geschäfte, die gegenwärtig Ihr Produkt führen, sondern auch an die Orte, zu denen Kunden zum Einkaufen gehen. Als Procter & Gamble das Reinigungsmittel Dryel einführte, führte das Unternehmen Demonstrationen nicht in Supermärkten durch, wo das Produkt einmal verkauft wird, sondern in der Nähe von Kaufhäusern in den 275 größten Einkaufszentren in den gesamten USA. Indem sie die Vorführungen dorthin verlegten, wo die Leute Modeartikel kaufen, setzten die Verkäufer Dryel in den richtigen Kontext – das Produkt soll

Stoffe reinigen und auffrischen, die nur chemisch gereinigt werden dürfen.

Die Einführung der Pokémon-Karten in den USA bezog ebenfalls eine größere Tour durch Einkaufszentren ein. Es ist eine Möglichkeit, eine Vielzahl von Kunden aus unterschiedlichen Gruppen und Segmenten zu erreichen. »Jeder geht irgendwann in seinem Leben mal in ein Einkaufszentrum«, meint Charlotte Stuyvenberg, Vice-President für Marketing bei Wizards at the Coast, dem Hersteller der Pokémon-Karten.[7]

Die Wirksamkeit von Demonstrationen in Einkaufszentren hängt zum großen Teil vom Personal ab. Wenn die Personen, die sie durchführen, freundlich, zuverlässig und kenntnisreich sind, kann der Effekt ähnlich dem der Mundpropaganda sein. Das war der Fall bei einer Demonstration für Dryel, bei der ich kürzlich anwesend war. Auf dem Stand war nichts zum Verkaufen ausgelegt, sodass sofort klar war, dass sein einziger Zweck darin bestand, über das Produkt zu informieren. Die freundlichen Vorführer baten mich zu versuchen, einen Flecken aus einem Hemd zu entfernen, sie zeigten mir, wie man die Kleidung in den Trockner legt, und ließen mich daran riechen, als sie herauskam. Das Einzige, was von dem positiven Eindruck ablenkte, war die Tatsache, dass sie offenbar ihren Text auswendig gelernt hatten. Authentizität und Spontaneität sind jedoch entscheidend, wenn man eine Mundpropaganda-Erfahrung erzeugen will.

## *Reden Sie mit den Leuten, die mit Kunden reden*

Ich kann es nicht genug betonen: Sie müssen zu den Personen durchdringen, die direkten Kontakt zu Kunden haben, und dafür sorgen, dass die Begeisterung nicht irgendwo in den Vertriebskanälen stecken bleibt (Buzz lässt sich in Lagerhäusern nicht gut aufbewahren).

Eine der Ersten im Publikationsgeschäft, die das verstanden hat, war Jacqueline Susann, Autorin des Romans *Valley of the Dolls* (dt.: *Das Tal der Puppen*), deren Werbekampagnen in der Branche zur Legende wurden. Sie war nicht die erste Schriftstellerin, die sich mit Buchhändlern traf, aber sie war wahrscheinlich die erste Bestsellerautorin, die sich nachhaltig um Zusammenarbeit mit Buchhändlern in den gesamten USA bemühte. Edward Burlingame, ehemaliger Herausgeber und Verleger bei HarperCollins, erinnert sich: »Jackie Susann erkannte, dass die Leute, die in Buchläden herumstanden, eine Armee darstellten, die für sie rekrutiert werden konnte.« Und das tat sie. Sie machte es zu ihrer Aufgabe, nicht nur in die Buchhandlungen zu gehen und diese Leute zu treffen, sondern auch frühzeitig herauszufinden, wer sie waren, sodass sie wie eine Freundin mit ihnen reden konnte. Sie verteilte auch Exemplare des Buches mit ihrem Autogramm an Verkäufer in Buchläden, was sie so erklärte: »Ich sage ihnen, ›Seien Sie mein Gast‹, und dann können sie es ehrlicherweise ihren Kunden empfehlen. Ein Verkäufer wird ein Buch nicht wirklich puschen, wenn er es nicht gelesen hat.«[8]

Auf den Versammlungen der American Booksellers Association posierte sie für Hunderte von Fotos mit Buchhändlern, die am Stand ihres Verlags stehen blieben. Jedes dieser Fotos wurde dann an die Zeitung der Heimatstadt der Buchhändler geschickt, und man kann sich leicht vorstellen, dass viele dieser Zeitungsausschnitte Freunden gezeigt oder im Laden ausgehängt wurden. Beachten Sie auch hier das Niveau der Durchführung: Es geht nicht nur um die *Washington Post* oder die *New York Times*. Es geht um Hunderte kleiner Zeitungen im ganzen Land.

## *Nutzen Sie ein kleines Geheimnis*

Geheimnisse bringen Leute zum Reden, und das gilt für Händler wie für Kunden. Linda Pezzano nutzte Geheimniskrämerei, um noch vor der Einführung von *Trivial Pursuit* bei der Spielzeugmesse 1983 Buzz zu erzeugen. »Wir wollten die Aufmerksamkeit der Einkäufer erregen, noch bevor sie nach New York kamen«, erinnert sie sich. Dafür dachten sich Pezzano und ihre Mitarbeiter eine Reihe Denksportaufgaben aus, die einige Wochen vor der Messe an mehrere hundert wichtige Einkäufer der Spielzeugindustrie geschickt wurden. Die erste Sendung kam in einem kleinen Umschlag mit handgeschriebener Anschrift, mit einer echten Briefmarke und ohne Absenderangabe. Sie enthielt eine kleine Karte mit dem *Trivial-Pursuit*-Logo und einer Karte aus dem Spiel.[9]

Stellen Sie sich vor, Sie sind Einkäufer eines Spielwarengeschäfts und erhalten eine Karte mit Fragen wie »Was ist die größte Stadt zwischen Irland und Kanada?« oder »Welchen Sport betrieb John Wayne an der Universität von Südkalifornien?« (Antworten: Reykjavik/Island; Football.) Sie wird wahrscheinlich Ihre Aufmerksamkeit erregen, und Sie erwähnen sie möglicherweise sogar gegenüber Ihren Mitarbeitern. Drei oder vier Tage später trifft eine zweite Karte ein: »Wie lautete Elvis Presleys zweiter Vorname?«, »Wie viele Seiten hat ein Nonagon?«, »Was war Al Capones Spitzname?« (Antworten: Aaron; neun; Scarface.) Jetzt sind Sie wirklich neugierig, was das alles soll, vor allem, da Sie immer noch keine Ahnung haben, wer Ihnen diese Karten schickt. Als die dritte Karte kommt (die endlich den Absender preisgibt), kann ich Sie förmlich vom Stuhl aufspringen und die erste Person, die Ihnen begegnet, anhalten sehen: »He Joe, rate mal, welches Wort im Drehbuch zu *The Godfather (Der Pate)* bewusst ausgelassen wurde«, oder »Wer erfand die Erdnussbutter?« (Antworten: Mafia; George Washington Carver.)

»Einkäufer begannen vor der Spielzeugmesse Selchow & Righter [die Hersteller des Spiels] anzurufen, und einige beschwerten sich sogar, dass sie keine Karten erhalten hatten«, erinnert sich Linda Pezzano. Eine sehr einfache und nicht teure Idee erzeugte in dem Vertriebskanal erheblichen Buzz. Selchow & Righters Ausstellungsraum auf der Spielzeugmesse wurde belagert, und das Unternehmen erhielt eine ungewöhnlich hohe Anzahl von Aufträgen für *Trivial Pursuit.*

## Auf der Suche nach Bestätigung

Bevor Sie über Vertriebswege Buzz erzeugen können, müssen Sie oft anfänglichen Widerstand und Indifferenz überwinden. Meistens werden Sie auf Ablehnung stoßen, vor allem, wenn Ihr Produkt von einer kleinen Firma kommt. Verkäufer wollen einen Beweis für die Verbrauchernachfrage sehen. Bis dahin werden sie Ihrem Produkt gegenüber skeptisch sein.

Als Margot Fraser beschloss, in den USA Birkenstock-Sandalen zu verkaufen, wandte sie sich zuerst an den natürlichsten Vertriebsweg – Schuhgeschäfte. Sie stellte jedoch fest, dass diese nicht bereit waren, die Sandalen zu vertreiben. Die Ladeninhaber glaubten nicht, dass das Produkt von Amerikanern akzeptiert werden würde. Als Fraser die Sandalen auf einer Schuhmesse ausstellte, war die Reaktion so negativ, dass sie beschloss, vorzeitig abzureisen, ungeachtet der

Drohung der Organisatoren, sie mit einer Strafe zu belegen, wenn sie ihren Stand vor dem Ende der Messe verlassen würde. »Ich nahm mein Zeug und flüchtete über die Feuerleiter«, erinnert sie sich lachend.

Schuhgeschäfte kamen also nicht infrage. Wer könnte sonst noch bereit sein, sich für ein so merkwürdig aussehendes Produkt zu engagieren? Eine Freundin erzählte Fraser von einer Tagung von Reformhäusern, die in San Francisco stattfand. Fraser mietete einen Tisch. »Ich sprach die Leute an, die vorbeikamen, ›Sie sollten das hier ausprobieren‹, und so hat es angefangen.« Inhaber von Reformhäusern waren irgendwie empfänglicher für die unkonventionellen Sandalen, und viele von ihnen kauften welche für den Eigengebrauch. Als sie in ihre Netzwerke zurückkehrten, schwärmten sie gegenüber ihren Kunden von der Magie dieser Sandalen. Die Kunde über Birkenstock-Sandalen verbreitete sich also anfangs durch die Netzwerke von Reformhaus-Enthusiasten.

Ein weiterer alternativer Vertriebsweg tauchte an der Kundenbasis auf. Einige Studenten, die eine gute Möglichkeit darin sahen, ein nützliches Produkt zu verkaufen und sich gleichzeitig den Lebensunterhalt zu verdienen, sprachen Fraser an, die sofort die Gelegenheit ergriff. Melanie Grimes zum Beispiel lernte die Sandalen kennen, als sie in Vermont wohnte. »Sie waren so anders als alles, was ich je gesehen hatte. Sie waren so unglaublich bequem«, erinnert sie sich an ihr erstes Paar. Grimes wurde zu einer wandelnden Werbung für die Sandalen. Als sie zum College-Besuch nach Seattle umzog, fragten die Leute sie über ihre Sandalen aus, aber in der Stadt gab es keinen Laden, wo man sie bekommen konnte. Daher schrieb sie an ihre Freundin in dem Reformhaus in Vermont, wo sie sie gekauft hatte, und fragte, woher diese sie hatte. Die Freundin nannte ihr Frasers Telefonnummer, und bald begann sie aus ihrem Wandschrank im Schlafzimmer heraus Birkenstock-Sandalen zu verkaufen. Nach etwa einem Jahr beschloss sie, einen Laden für Birkenstock-Produkte aufzumachen.

Nach einer Weile begann die Nachfrage, die in diesen alternativen Vertriebswegen erzeugt worden war, die Aufmerksamkeit der Schuhgeschäfte zu erregen. »Ich sehe Leute mit Schuhkartons unter dem Arm aus dem Reformhaus kommen«, erzählte ein Ladenbesitzer Fraser, als er sich bei ihr nach den Sandalen erkundigte. Die wenigen Schuhgeschäfte, die die Sandalen zu führen begannen, gaben dem Produkt die Bestätigung, die es in den traditionellen Vertriebswegen benötigte. Es dauerte viele Jahre, bis die Marke den Status erreicht hatte, dessen sie sich heute erfreut. Die Akzeptanz durch die traditionellen Schuhgeschäfte war der erste Schritt, der es den Birkenstock-Sandalen ermöglichte, sich über die Netzwerke der Reformhäuser hinaus und in den Mainstream Amerikas hinein auszubreiten.[10]

# 15
# Wie alles zusammengesetzt wird

Bisher habe ich über die einzelnen Faktoren gesprochen, die Buzz erzeugen. Nun wollen wir uns ansehen, wie die Faktoren zusammenwirken. In diesem Kapitel stehen Studien über drei Unternehmen aus verschiedenen Branchen – Verbrauchsgüter, Hightech-Industrie und Spielzeuge – im Mittelpunkt, die zeigen, wie jede Firma Informationen über ihr Produkt verbreitet hat. In allen drei Fällen war der Erfolg nicht das Ergebnis eines einzelnen Faktors. Es war eine Kombination aus einem ansteckenden Produkt mit umfangreichen Bemühungen, die natürliche Ansteckung zu beschleunigen. Der Erfolg stellte sich auch nicht schnell ein. Es waren eine Menge harter Arbeit und Geduld nötig.

## Verbrauchsgüter: PowerBar

Die Idee für PowerBar entstand 1983. Marathonläufer Brian Maxwell führte bei einem Lauf nach 32 Kilometern mit einer Minute Vorsprung, als Magenprobleme ihn zwangen, langsamer zu werden; am Ziel war er Siebter. Die Enttäuschung über diesen Lauf war der Anfang einer langen Suche nach einem neuen Nahrungsmittel für Athleten, das leicht verdaulich, fettarm, geschmackvoll und nahrhaft sein sollte. Maxwell und seine Freundin Jennifer Biddulph (sie sind inzwischen verheiratet) begannen in ihrer Küche in Berkeley zu kochen. Mit der Hilfe eines Freundes und nach einigen Versuchen, deren Resultat Maxwell einmal als »grässliches Zeug« beschrieb, mixten sie etwas zusammen, das dem ziemlich nahe kam, was wir heute als PowerBar kennen.[1]

Vierzehn Jahre später, 1997, überschritt der Umsatz des Unternehmens die 100-Millionen-Dollar-Marke. Aber als die ersten PowerBar-Riegel vom Fließband kamen, wurden sie nicht sofort zum Gesprächsgegenstand der Stadt. Die Kunde über sie zu verbreiten erforderte eine enorme Anstrengung. Wie überzeugte ein kleines Unternehmen aus Berkeley die Welt, Energieriegel zu essen?

## Wie das Produkt Buzz erzeugte

Es war eindeutig nicht der Geschmack, der Leute dazu veranlasste, PowerBar ihren Freunden zu empfehlen. »Es war wie Rosenkohl oder Spinat«, beschrieb ein Sportler die ersten Riegel. Man mag es nicht, aber man weiß, es ist gut für einen. Der anfängliche Buzz unter ernsthaften Athleten kann darauf zurückgeführt werden, dass Ausdauersportler immer auf der Suche sind nach etwas, das ihnen den Extraschub gibt. Als einer ihrer Kollegen – Maxwell ist ein Marathonläufer der Weltklasse – eine Lösung dafür fand, begannen sie darüber zu reden.

Ein Energieriegel ist auch ein ganz besonders sichtbares Produkt. PowerBars werden normalerweise in der Öffentlichkeit gegessen und machen so selbst für sich Werbung. Die erste Person eines Teams, die einen Riegel aus der Tasche holte, die glänzende Verpackung aufriss und das merkwürdig aussehende Ding aß, musste sofort Fragen ihrer Teamkameraden beantworten wie: »Was ist das?«, »Wie schmeckt das?«, »Funktioniert es wirklich?«

## Was sie unternahmen, um Buzz zu stimulieren

Der wichtigste Faktor, der Buzz über PowerBar in Gang setzte, waren die Saatmaßnahmen des Unternehmens an der Basis. Als die Zusammensetzung des Produkts entwickelt wurde, gingen Maxwell und Biddulph zu Wettläufen, Radrennen und Triathlon-Veranstaltungen im Bereich der San-Francisco-Bucht und bombardierten die Sportler mit Fragen, wie viel sie trainierten, was sie vor dem Training und vor dem Wettkampf äßen, wie das Essen sie ihrer Meinung nach beeinflusste. Maxwell schätzt, dass sie in der Entwicklungsphase mit etwa 1200 Personen gesprochen haben. Als das Produkt fertig war, schickten sie diesen Athleten eine kleine Schachtel mit fünf Riegeln und einem Fragebogen. Die mehreren hundert Personen, die antworteten und bestellten, begannen ihren Teamkollegen und Freunden von dem neuen Produkt zu erzählen. Buzz blühte auf, zuerst in der Umgebung der San-Francisco-Bucht. Er breitete sich weiter aus, als Maxwell und Biddulph bei Sportveranstaltungen in einem immer größeren Gebiet ihren Tisch aufstellten und Riegel verteilten.

Der Ausdruck »Virus-Marketing« existierte Mitte der achtziger Jahre noch nicht, aber ihr nächster Schritt könnte am besten damit beschrieben werden: Um Mundpropaganda in anderen Landesteilen zu stimulieren, schickte das Unternehmen einen Brief an alle Kunden mit dem Angebot, in ihrem Namen an irgendjemanden in den USA fünf PowerBar zum Preis von nur drei Dollar zur Deckung der Versandkosten zu schicken. »Wir haben sogar eine Notiz wie ›an Charlie von Amy in San Francisco‹ hineingetan«, erzählt Maxwell. Wenn Charlie in Boston das Päckchen erhielt, rief er normalerweise Amy an, um mehr über die Riegel zu erfahren. Eine ausgezeichnete Reaktion führte zu zusätzlicher Mundpropaganda in neuen Clustern.

Die Zusammenarbeit mit Network-Hubs war ein weiteres Schlüsselelement von PowerBars Marketing. Maxwell und Biddulph legten ein Schwergewicht auf ihre Beziehung zu regulären Hubs – Trainern und führenden Athleten. Wir sprechen hier aber nicht von Stars vom Rang des Basketballspielers Michael Jordan – und genau das ist teilweise der Grund, warum das Marketingkonzept so machtvoll ist. Gegenwärtig nehmen 2500 Sportler am »PowerBar-Team-Elite«-Programm teil. Die Mehrzahl von ihnen tritt an das Unternehmen heran, weil sie einen Sponsor suchen. Werden sie angenommen, erhält der Athlet oder das Team eine Zuteilung an Sportartikeln und PowerBars. Ein eingebauter Anreiz ermuntert die Teilnehmer, ihre Verbindung zu PowerBar zu verbreiten: Die Sportler verdienen Geld, wenn ihr Bild in den Medien erscheint, wobei die Höhe der Vergütung von dem Umfang abhängt, in dem der Athlet Beachtung erhält.

## *Wie die traditionellen Marketinginstrumente dem Buzz geholfen haben*

Public Relations setzten Buzz sehr früh in Gang. Eines Tages erhielt Maxwell einen Anruf vom Mannschaftskapitän des 7-11-Radrennteams, das bald für die Tour de France abreisen würde. Es benötigte etwa 1000 Riegel. Eine so große Menge zu liefern war keine einfache Sache – das junge Unternehmen verkaufte damals nur rund 800 Riegel im Monat –, aber Maxwell stimmte zu. Als Gegenleistung versprach der Kapitän zu versuchen, etwas Publizität für PowerBar zu erreichen. Eines Samstagnachmittags einige Wochen später, als jeder in Amerika, der sich für Radrennen interessierte, sich auf CBS die Tour de France ansah, erhielten die PowerBar-Gründer ihre Entlohnung in Form eines dreiminütigen Fernsehausschnitts. Während die französischen Fahrer gezeigt wurden, wie sie Schinken- und Käse-Sandwiches aßen, konnte man das amerikanische Team auf einem neuen Treibstoff kauen sehen: PowerBar. Diese Sendung war die Quelle für Tausende weiterer Buzz-Ströme. »Hast du es probiert?«, »Wie schmeckt es?«, »Funktioniert es wirklich?«

Vertriebswege waren für die frühe Verbreitung der Informationen wichtig. Anfangs verkaufte PowerBar meist direkt und über ein einziges Geschäft in Berkeley. Kurz nach der CBS-Sendung rief ein unabhängiger Fahrradvertreter an und machte das Angebot, das Produkt in sein Programm aufzunehmen. Die Verbindung zu jemand Neuem mit guten Beziehungen half dem Unternehmen, die nächste Stufe zu erreichen. »Innerhalb von zwei oder drei Monaten hatte er uns in rund 300 Fahrradgeschäften untergebracht«, erinnert sich Maxwell. Da Fahrradgeschäfte oft Fahrradbegeisterte beschäftigen, die ihre eigenen Netzwerke haben, beschleunigte dies die Übernahme des Produkts unter Radfahrern noch mehr. Der Vertreter half ihnen auch, in andere Gegenden des Landes zu expandieren. »Und wieder war es so was wie Netzwerkarbeit, denn der Typ, den wir in Nordkalifornien hatten, kannte seine Kollegen in Südkalifornien und Leute in anderen Teilen des Landes«, berichtet Maxwell.

Als Konkurrenten auftauchten und die Produktkategorie normal zu werden begann, wurde der Vertrieb noch wichtiger, so wichtig, wie er letztlich für jedes Verbrauchsgut ist. Heute kann man PowerBar überall finden.

Dieser Wechsel zum Mainstream erforderte einige Änderungen. Die erste betraf die Produktzusammensetzung. Anfang der neunziger Jahre reagierte PowerBar auf äußeren Druck und verbesserte den Geschmack und die Konsistenz. Ernsthafte Athleten aßen fast alles, um ihre Leistung zu steigern, aber um Gesundheitsfans, Kinder, ältere Leute, andere aktive Menschen anzusprechen, musste das Produkt besser schmecken und eine bessere stoffliche Beschaffenheit haben.

Eine weitere Veränderung bestand darin, dass nun der Markenwiedererkennung größere Beachtung geschenkt wurde. Obwohl PowerBar die Unterstützung Tausender von Network-Hubs in verschiedenen Sportnischen hatte, meinten die Mitarbeiter des Unternehmens, dass sie, um breitere Kreise zu erreichen, einen großen Namen bräuchten, der das Produkt unterstützt. Das war ein Problem. »Die amerikanische Öffentlichkeit ist sehr anspruchsvoll«, konstatiert Maxwell. »Wir wissen alle, dass Spitzensportler dafür bezahlt werden, Produkte zu bewerben. Wir sehen alle den Sportler, der ein Jahr lang Reebok-Sachen trägt und im nächsten Jahr Nike-Sachen, und wir wissen dann, dass er besser bezahlt wird.« Das Unternehmen wählte 1995 den 49er-Quarterback Steve Young als Unterstützer. Young ist dafür bekannt, dass er nur für Produkte wirbt, die er selbst benutzt, und er will offenbar langfristig dabei bleiben. Er erscheint seit 1995 in den Anzeigen des Unternehmens, und 1999 wurde er Mitglied des Board of Directors von PowerBar.

Das Unternehmen schenkt seinen Saatmaßnahmen an der Basis weiterhin große Aufmerksamkeit. Vor einigen Jahren besuchte ich einen Vortrag, den Maxwell in San Francisco hielt. Er hatte nichts mit Sport zu tun, aber am Eingang stand ein Tisch mit Produktproben. Anscheinend kann der Typ nirgendwo hingehen, ohne eine Spur Saatkörner zu hinterlassen.

## Hightech-Industrie: Women.com Networks

Women.com wurde 1992 als Women's Wire von Ellen Pack und Nancy Rhine gegründet. Zu der Zeit waren nur zehn Prozent der Online-Nutzer Frauen und folglich gab es im Internet nicht viel Inhalt, der an Frauen gerichtet war. Ihr Ziel war, das zu ändern. Der Service wurde im Januar 1994 als Direktwahl-Schwarzes-Brett eingeführt. Mittels einer einfachen Benutzeroberfläche konnte man Fragen stellen, E-Mails verschicken, Informationen suchen und Freundschaften schließen. Georgia Jones, ein frühes Mitglied, erinnert sich, dass sie acht Freundinnen von der Website erzählt hat. »Es verbreitete sich sehr stark über persönlichen Kontakt«, sagt sie. Aber trotz des frühen Buzz expandierte der Service in mäßigem Tempo. Mitte 1994 gab es erst etwa 1300 Mitglieder.

Einige Jahre später: Im Januar 2000 hatte Women.com Networks 4,3 Millionen Besucher. Der Anteil der Frauen im Netz liegt jetzt bei 50 Prozent. Niemand behauptet, Women.com habe das allein herbeigeführt – größere Veränderungen trugen zum Aufstieg des Internets bei –, aber wir wollen uns hier darauf konzentrieren, was ein Unternehmen tat, damit sich auf das Internet bezogene Informationen unter Frauen verbreiten.

## *Wie der Service Buzz erzeugte*

Wie ich schon mehrfach betont habe, wird eine Online-Community für jedes Mitglied nützlicher, je mehr Mitglieder sie hat. Eine Community aus fünf Personen ist warm und gemütlich, aber ihre Zweckdienlichkeit für die Mitglieder ist beschränkt. Frühe Nutzerinnen von Women's Wire informierten ihre Freundinnen wegen der Neuheit, aber auch, weil der Service durch Gewinnung neuer Mitglieder wertvoller würde – es gäbe mehr Personen, mit denen man Verbindung aufnehmen könnte.

Ein anderer Faktor, der Buzz anheizt, ist der Inhalt. Wenn Jane einen nützlichen Artikel über Vitamine für Kinder findet, worüber sie gerade lange mit ihrer Schwester diskutiert hat, wird sie dieser gegenüber wahrscheinlich Women.com erwähnen, wenn sie das nächste Mal telefonieren, oder ihr einfach den Artikel per E-Mail schicken. Von Anfang an offerierte Women.com eine Vielzahl von Informationskanälen mit Themen wie Geschäft, Karriere, Kunst, Gesundheit und Partnerschaft, um nur einige zu nennen.

Diese Kanäle waren jedoch nicht ausreichend, damit sich das Produkt von selbst ausbreitete. Das anfängliche Betriebskonzept von Women's Wire verlangte von jedem Mitglied, vom Unternehmen eine Diskette mit der Zugangssoftware zu erwerben und monatlich 15 Dollar zu zahlen (180 Dollar im Jahr). Auch wenn dies vom monetären Gesichtspunkt aus sinnvoll gewesen sein mochte, arbeiteten die Kosten für den Mitgliedsbeitrag und den Diskettenerwerb gegen das Unternehmen, soweit es Buzz betrifft. America Online, das das gleiche Geschäftskonzept hatte, überflutete den Markt mit Disketten, um die Lieferung seines Service zu vereinfachen.

Mit dem Aufstieg des Web änderte Women.com 1995 sein Betriebskonzept und beseitigte die Kosten- und Lieferungshindernisse. Daraufhin verbreiteten sich Informationen über das Unternehmen erheblich leichter. Wenn man jetzt einer Freundin etwas über den Service erzählen wollte, brauchte man sie nur auf www.women.com hinzuweisen.

## *Was sie zur Stimulierung des Buzz unternahmen*

Da die Reibungen beseitigt waren und die Netzwerkeffekte für das Unternehmen arbeiteten, verbreiteten sich Informationen darüber von allein, nicht wahr? Nicht ganz. Zu einer Zeit, als nur zehn Prozent der Frauen online waren, musste jemand die übrigen 90 Prozent informieren. Zu diesem Zweck begann das Women.com-Team, in Frauennetzwerke zu springen, und zwar nicht nur in Online-Netzwerke. Marleen McDaniel, eine Führungskraft aus der Hightech-Industrie, die zu jener Zeit als President und CEO in das Unternehmen eintrat, beschrieb ihre Aktivitäten so: »Die ersten ein, zwei Jahre wandten wir ungeheuer viel Zeit auf für Gespräche mit Frauengruppen, um das Internet zu propagieren.« Sie holten sich ein Adressbuch von Frauenorganisationen und riefen sie an, schrieben Briefe und organisierten zahllose Vorträge. Zu dieser langen Liste von Organisationen gehörten unter anderem The American Association of University Women, The National Association of Women Business Owners und The National Organisation for Women. »Buzz zu erzeugen ist ein enorm harter Job, und er muss online und offline getan werden«, resümiert McDaniel.[2]

Frauen erfuhren natürlich auch aus anderen Quellen vom Internet. Die Medien und Konkurrenten wie iVillage und Cybergirl machten das Internet zum Gesprächsgegenstand der Leute. America Online und Tausende kleinerer Vermittler des Internet-Zugangs verkauften ihre Dienste an Männer und Frauen. Die Ausbreitung des Net am Arbeitsplatz stimulierte ebenfalls die Diskussion. Women.com wusste, wie man auf der Welle reitet und weiter davon profitiert – ein wichtiges Merkmal von Unternehmen, die Buzz erhalten.

Mit der Zeit wurde es einfacher, Leute dazu zu bewegen, den Service auszuprobieren. Aber es ist eine Sache, sie zum Besuch einer Website zu veranlassen, und eine völlig andere, sie zu ermuntern, ihren Freunden davon zu erzählen. Das führt uns zum Inhalt zurück. Die Leute werden wahrscheinlich eher über spezielle Themen, die sie auf einer Website wie Women.com finden, mit anderen reden, als dass sie allen Bekannten gegenüber diese Site allgemein loben. Women.com versucht, einen Inhalt zur Verfügung zu stellen, über den zu reden sich lohnt. Ferner macht das Unternehmen es seinen Mitgliedern so einfach wie möglich, Informationen zu verbreiten. Auf fast jeder Seite der Website gibt es ein Kästchen mit dem Text: »Schick diese Seite an eine Freundin« – keine originelle Taktik im Web, aber sie kann Kunden dazu anregen, anderen davon zu erzählen.

Mitglieder zu ermuntern, sich miteinander zu verbinden, ist eine weitere Möglichkeit, Buzz zu erzeugen. Dienste wie Chatrooms oder schwarze Bretter stärken Verbindungen zwischen Mitgliedern und lassen sie mehr Zeit auf der Website verbringen. Wie beeinflusst das den Buzz? Leute reden über das, was sie tun, und je mehr sie bei Women.com tun können, desto wahrscheinlicher werden sie es anderen gegenüber erwähnen, die noch nicht den Service nutzen. Auf dem schwarzen Brett für Unternehmer bitten zwei Frauen aus Australien um Marketingtipps, wie sie auf ihrer Website mehr Besuche erhalten. Auf dem Horoskop-Mitteilungsbrett versuchen einige Mitglieder, ihre Astro-Zwillinge zu finden – Leute, die am gleichen Tag geboren sind (»15. August 1962: Irgendjemand?«). Verbindungen, die aus solchen Kontakten resultieren, haben eine größere Chance, der Women.com-Community dauerhaft erhalten zu bleiben.

Was tut das Unternehmen sonst noch, um Buzz zu stimulieren? Kundinnen können auf Women.com eine kostenlose E-Mail-Adresse à la Hotmail bekommen. Wenn eine Frau eine Nachricht von mary@women.com erhält, kann sie den Markennamen nicht übersehen. Die Website hat auch Postkarten, die Nutzer an Freundinnen und Freunde schicken sollen. Sie können auch ihre eigenen Websites einrichten. Das Unternehmen setzt Personal ein, um Online-Diskussionsgruppen und -foren zu kontrollieren. »Wir haben Vollzeitkräfte, die ins Net und in Diskussionsgruppen mit verwandten Themen gehen und über Dinge reden, die auf Women.com zu finden sind«, meint McDaniel. Der genaue Anteil von Kundinnen, die durch Mundpropaganda von Women.com erfahren, ist schwierig zu bestimmen. McDaniel schätzt ihn auf bis zu 30 Prozent.

### Wie traditionelle Marketinginstrumente dem Buzz geholfen haben

Auch wenn sie die Bedeutung der Mundpropaganda anerkennt, ist McDaniel der Meinung, dass Buzz nicht ausreicht. »Mit Mundpropaganda kommt man bis hierher«, sagt sie und hebt ihre Hand bis auf Schulterhöhe. »Und um bis hierher zu kommen«, jetzt hebt sie die Hand über ihren Kopf, »muss man mehr tun. Man muss Marketing betreiben, das richtig Geld kostet.«

Was sind diese Geld kostenden Marketingaktivitäten? Das Unternehmen wirbt auf Websites wie Yahoo!, Lycos und Go Network und auch in Fernsehprogrammen wie »Friends«, »Oprah« und »Martha Stewart«. Ein Artikel von 1999 in *Advertising Age* schätzt die Kosten der Fernseh-, Rundfunk-, Printmedien- und Außenwerbungskampagne von Women.com auf 15 Millionen Dollar.[3]

Ein weiteres wichtiges Instrument für Wachstum sind strategische Allianzen. Women.com ist in Partnerschaften mit Microsoft, Yahoo!, GeoCities und anderen Unternehmen engagiert. 1998 erwarb die Firma die Stork-Site, eine populäre Website für werdende Mütter, und schloss mit der Hearst Corporation ein Joint-Venture ab. Diese strategischen Schritte können Buzz dramatisch beschleunigen, da sie Millionen zusätzlicher Personen mit der Marke bekannt machen. Der Erwerb der Stork-Site kann zum Beispiel als optimale Abkürzung zu den sozialen Netzwerken gesehen werden, die sich um diese Site gebildet hatten. Garantiert das guten Buzz? Natürlich nicht. Aber es ist eine Gelegenheit, viele neue Leute zu beeindrucken und sie schließlich zu ermuntern, ihren Freundinnen davon zu erzählen.

## Spielzeuge: Yomega

Das Spielzeugunternehmen Yomega entstand Mitte der achtziger Jahre im Keller von Alan Amaral in Massachusetts. »Meine Eltern, meine Tante und mein Onkel und ein Cousin waren die ersten Montagearbeiter«, erinnert sich seine Schwester und Mitgründerin Joyce Amaral. Ihr Produkt war ein Hochleistungs-Jo-Jo, das im Gegensatz zu den traditionellen Jo-Jos automatisch zur Hand zurückkehrt. Das Geschäft boomte in den darauf folgenden 15 Jahren. Als Privatunternehmen gibt Yomega keine Umsatzzahlen bekannt. Man nimmt jedoch an, dass Yomegas Jo-Jos heute an zweiter Stelle der meistverkauften Spielzeuge in den USA stehen (hinter Beanie Babies), und der weltweite Umsatz für 1999 wurde auf eine Milliarde Dollar geschätzt.[4]

## *Wie das Produkt selbst Buzz erzeugte*

Buzz über Yomega kann großenteils auf die ansteckende Natur seines Produkts zurückgeführt werden. Erinnern Sie sich an das Beispiel der Kodak-Kamera von 1889? Der Absatz des Yomega-Jo-Jos explodierte auf ähnliche Weise. Weil seine spezielle Fliehkraftkupplung das Jo-Jo automatisch zur Hand des Kindes zurückkehren lässt, ist die erste Erfahrung mit dem Spielzeug positiv. Normale Jo-Jos sind schwierig zu handhaben. »Das Yomega-Jo-Jo beseitigte eine Menge Frustration«, meint Alan Amaral, President von Yomega. »Kinder konnten viel rascher Fortschritte machen als bei dem traditionellen Jo-Jo.« Das hatte eine doppelte Auswirkung auf Buzz. Erstens müssen Kinder, wenn sie bei etwas Erfolg haben, es anderen zeigen. Zweitens ermutigt der anfängliche Erfolg sie, weitere Tricks auszuprobieren und langfristige Anhänger des Sports zu werden.[5]

Die Fliehkraftkupplung war nicht die einzige Innovation, die Yomega-Jo-Jos zu einem hoch ansteckenden Produkt machte. Eine weitere Neuheit, die damals eingeführt wurde, war eine Manschette um die Jo-Jo-Achse, die die Reibung erheblich verringerte und es auch Anfängern ermöglichte, das Jo-Jo »schlafen zu lassen«, wie es genannt wird, wenn sich das Jo-Jo lange Zeit am Ende des Fadens im Freilauf dreht. Früher konnten Spieler ein normales Jo-Jo für fünf bis zehn Sekunden schlafen lassen. Mit der Manschette können sie das 30 bis 60 Sekunden lang schaffen, sodass sie mehr Tricks ausführen und mehr visuellen Buzz erzeugen können. »Wenn ein Kind mit ihm zu spielen verstanden hatte, begriffen hatte, wie man es schlafen lässt, wurde es zur wandelnden Werbung«, meint Joyce Amaral.

Trotz dieser Verbesserungen dauerte es eine Weile, bevor eine richtige Mode aufkam. In der Anfangszeit konzentrierte sich Yomega darauf, Vertreter zu finden, die das Produkt in den Handel drücken sollten. Dadurch kamen einige Exemplare in die Regale, aber nicht darüber hinaus. Das Jo-Jo ist ein klassisches ansteckendes Produkt, das für sich selbst Werbung macht, und die technischen Verbesserungen verstärkten noch diesen Charakter. Aber seine Ansteckungseigenschaft hat keine Wirkung, wenn es nur im Regal des Spielzeugladens liegt. Jo-Jos werden nur bekannt, wenn man sieht, dass Kinder mit ihnen spielen.

Der Absatz fing an zu steigen, als Yomega und seine Vertreiber die Jo-Jos in Schulen und an anderen Versammlungsorten vorführten. Die Mode kam in Hawaii auf. Dr. Lucky J. Meisenheimer, der die Geschichte des Spielzeugs untersucht hat, glaubt, dass hinter jeder Jo-Jo-Modewelle eine Person steckt, die das Produkt unterstützt. Im Falle von Hawaii war das Alan Nagao, der dort mehrere Drachen-Geschäfte besitzt und Yomega aggressiv zu fördern begann. Nagao und seine Mitarbeiter bei Team High Performance gingen zu Schulen, lehrten Kinder alte und neue Jo-Jo-Tricks und organisierten Wettkämpfe. An diesen nehmen tatsächlich nur relativ wenige teil, aber sie bilden eine Kerngruppe von Enthusiasten – Jungen und Mädchen, die äußerst geschickt mit Jo-Jos umgehen. Wenn sie üben, sehen ihnen andere Kinder zu und wollen ebenfalls ein Jo-Jo haben.[6]

Yomega erlebte auch in Israel einen Aufschwung. Das war zum Teil das Ergebnis einer unabsichtlichen Saatkampagne. Der lokale Yomega-Großhändler Pini Gamzo kaufte 150 Jo-Jos, konnte aber keins verkaufen. Die Geschäftsinhaber hielten sie für zu teuer. Nach etwa einem Jahr war er so entmutigt, dass er sie an Freunde verschenkte. Es dauerte nicht lange, bis sich die Nachricht über Yomega zu verbreiten begann. »Die Leute fragten meine Freunde, wo sie diese Jo-Jos bekommen könnten«, erinnert sich Gamzo. Wieder ermutigt fuhr er durch die Wohnviertel. Wenn er Kinder an Straßenecken spielen sah, holte er ein paar Jo-Jos hervor und zeigte ihnen ausgefallene Tricks. In der nächsten Woche stieg die Nachfrage in diesem Viertel beträchtlich. Gamzo schickte Hilferufe an Yomega, ihm mehr Produkte zu liefern.[7] »Plötzlich konnten wir nicht genug Jo-Jos herstellen, um sie nach

Israel zu senden«, erinnert sich Joyce Amaral.

Was in Israel und Hawaii geschah, begann auch an anderen Orten. »Wir nannten sie ›heiße Zonen der Aktivität‹«, sagt Joyce Amaral. »Plötzlich hatten wir Aufträge wie verrückt aus einer bestimmten Gegend.« Manchmal lag dies an Maßnahmen Yomegas oder eines lokalen Händlers. In anderen Fällen setzten Konkurrenten oder unabhängige Propagandisten die Modewelle in Gang, indem sie zu Schulen und anderen Versammlungsorten gingen. Alle Händler eines Gebiets stockten ihren Lagerbestand auf, sobald der Buzz über Jo-Jos sich in ihrer Stadt ausbreitete. »Wir kauften jede Art Jo-Jo, die wir finden konnten«, erinnert sich Beth Reynolds von Pick Up Your Toys in Albuquerque, New Mexico. Das zog Network-Hubs – Kinder, die besonders gut im Jo-Jo-Spielen waren – in ihr Geschäft. »Wir hatten ein paar Kinder, die ich meine ›Jo-Jo-homies‹ nenne, die in den Schulen die Kunde verbreiteten, und bevor wir uns versahen, wurden wir als ›Jo-Jo-Zentrale‹ angesehen«, sagt sie. Um ihre Kunden weiter zu unterstützen, begannen Händler, Jo-Jo-Workshops zu veranstalten. »Wir hatten gerade am Samstag einen Workshop«, erzählte Reynolds mir, als ich sie interviewte, »wir hatten 50 Kinder da, wir haben hauptsächlich repariert, ihnen Tricks beigebracht und Schnüre gegeben. Es hat ihnen Spaß gemacht. Und jetzt werden diese 50 Kinder es weiteren 50 Kindern erzählen.«[8]

Eine interessante Sache an diesen »Jo-Jo-homies« ist, dass sie das Internet nutzen. In vorangegangenen Jo-Jo-Modewellen in den dreißiger und sechziger Jahren hatten die Kinder nicht so gute Verbindungen. Sie lernen Tricks zwar auch heute noch meist von anderen Kindern, aber das Internet bietet eine einfache Möglichkeit, anderen etwas mitzuteilen und neue Tricks weiterzugeben. Chatrooms, Newsgroups und Websites dienen als Kanäle zur Verbreitung von Tipps und Tricks über geographische Grenzen hinweg. Im Frühjahr 1999 bekam Yomegas Website 12 Millionen Besuche pro Monat.

Schulen waren die Brutstätte für Informationen über Jo-Jos. »Die Schule endet im Juni, und der Sommer ist dann sehr ruhig«, sagt Joyce Amaral über den Jo-Jo-Absatz. John Stangle, President der American Yo-Yo Association, hat das gleiche Phänomen beobachtet: »Im Sommer verkauft niemand Jo-Jos«, sagt er. »Die Kinder haben nicht genug Spielgefährten, die mit ihnen Jo-Jo spielen.« Denken Sie hierüber in Bezug auf Network-Hubs nach. Nehmen wir an, an einer Schule mit

500 Kindern gibt es 50 Jo-Jo-Hubs – Kinder, die die neuesten Tricks kennen und die neuesten Modelle haben. Während des Schuljahrs hat jedes Kind die Möglichkeit, diese Kinder auf dem Schulhof zu sehen. Im Sommer zerfallen die 500 Kinder in kleine Gruppen von, sagen wir, jeweils drei Kindern. Wir haben also 166 Gruppen à drei Kindern. 50 von ihnen haben einen Jo-Jo-Experten, 116 haben keinen, sodass sich das Jo-Jo-Spielen nicht so leicht ausbreitet. Wenn die Schule wieder anfängt, sind die Network-Hubs erneut für Hunderte von Kindern, einschließlich einer neuen Klasse junger Schüler, sichtbar.

## *Wie traditionelle Marketinginstrumente dem Buzz geholfen haben*

In Japan hatte Yomega Gelegenheit zu sehen, wie Maßnahmen an der Basis mit traditionellen Marketinginstrumenten beschleunigt werden können. Um sein Produkt in Japan zu vermarkten, schloss Yomega ein Vertriebsabkommen mit Bandai, dem Unternehmen, das für solche Erfolge wie Power Rangers und Tamagotchi verantwortlich ist. Bandai konnte die Marke Yomega mit beträchtlichen Finanzmitteln stützen. Zur Leitung der Maßnahmen an der Basis holte Bandai Alan Nagao aus Hawaii. Er organisierte für Tausende von Leuten im gesamten Land Jo-Jo-Wettbewerbe und Verkaufsförderungsaktionen. Außerdem führte Bandai im Fernsehen eine intensive Werbekampagne durch und stellte das Spielzeug in japanischen Comic-Heften vor. »All das wirkte zusammen und erzeugte eine riesige nationale Modewelle«, stellte Joyce Amaral fest. »Es war sicher keine Sache von Langsam-an-der-Basis-beginnen-und-dann-ausbauen. Es war alles aufeinander abgestimmt«, sagt sie.

Yomega setzt in den USA auch Fernsehwerbung ein, durch die das Unternehmen seine Marke ausbauen und seine Jo-Jos einem breiteren Kreis bekannt machen kann. »Das Fernsehen ist ein wichtiges Element des Marketing-Mix, aber ich glaube nicht, dass es das wichtigste ist«, meint Alan Amaral und fügt hinzu, dass echtes Interesse an Jo-Jos dadurch entsteht, dass ein Kind angeregt wird, es in die Hand zu nehmen, und es aufgrund des Anfangserfolgs begeistert ist. Wenn das Kind das Spiel beherrscht, gibt es immer ein anderes Kind, das ebenfalls Jo-Jo-Spielen lernen will.

## Wie man Buzz lebendig erhält

Buzz hat mit Neuheit zu tun, und wenn diese schwindet, nimmt auch Buzz ab. Sportler, die nun seit Jahren PowerBar essen, behandeln es fast wie Brot – etwas, das man isst, worüber man aber nicht spricht. Manche Frauen, die vor zwei Jahren von der Neuheit des Internets begeistert waren, reden nicht mehr so viel darüber, und manche Kinder, die alle Jo-Jo-Tricks beherrschen, gehen zur nächsten Sache über.

Gibt es eine Möglichkeit, Buzz auf Dauer lebendig zu erhalten? Es ist schwierig, aber der Schlüssel zu einer positiven Antwort liegt in drei Bereichen: Kundenbeteiligung, neue Kunden und Innovationen.

## Kundenbeteiligung

Das erste Element, das bestimmt, wie viel langfristigen Buzz Ihr Unternehmen erhält, hat mit dem Grad der Einbeziehung zu tun, die Ihre Kunden im Lauf der Zeit erleben. Je mehr sie an Ihr Produkt denken, desto mehr werden sie darüber reden.

Yomega versucht wie andere Jo-Jo-Hersteller, durch Pflege und Unterstützung von Jo-Jo-Klubs, Wettbewerben und Veranstaltungen seine Kunden zu beteiligen. Jo-Jos zu einem Sammelobjekt zu machen hilft ebenfalls, das Interesse an der Branche wach zu halten. Sammler haben untereinander Kontakt und informieren andere über ihr Hobby. Je mehr Sammler es gibt, desto länger wird es Buzz über Jo-Jos geben. Bei Women.com sollen neue Inhalte zur Einbeziehung der Kundinnen führen und dazu, dass sie mit anderen reden. Wie bei anderen Medienunternehmen ist dies eine nie endende Herausforderung. Man muss seine Leser, Mitglieder oder Zuschauer jeden Tag aufs Neue fesseln.

## Neue Kunden

Die zweite Möglichkeit, Buzz am Leben zu erhalten, besteht darin, Leute zu finden, die bisher noch nichts von dem Produkt gehört haben. Wenn Women.com für seinen Service in Japan Promotion betreibt oder PowerBar Golfspieler umwirbt, tun beide Firmen im Wesentlichen genau das: Sie gehen zu einem neuen Netzwerk, in dem Buzz und neuer Absatz erzeugt werden können. Es ist auch wichtig zu erkennen, dass jüngere Generationen, die noch keinen Kontakt zu

Ihrem Produkt hatten, ein fruchtbarer Boden für neuen Buzz sind. Jo-Jo-Hersteller müssen alle paar Jahre zu einem Markt zurückkehren, um die Kinder zu schulen, die während der vorigen Modewelle zu jung waren, ein Jo-Jo zu halten. Es findet keine automatische Weitergabe statt, da die jüngeren Generationen ihre eigenen Vorlieben haben. Wenn sich Brian Maxwell die neuen Sportarten der Generation X ansieht – Roller-Blading, Skateboard- und Snowboardfahren –, hat er dafür Verständnis. »Es ist eine Herausforderung zu testen, ob man Legitimität besitzt und wie man Teil dieser Sportarten wird«, sagt er.

## Innovationen

»Wir scheuen keine Ausgaben oder Mühen in dem Versuch, unsere Jo-Jos hinsichtlich Drehzeit und anderer Leistungsmerkmale zu verbessern«, sagt Alan Amaral von Yomega. Er hat erkannt, dass eine Möglichkeit, Kinder über Jo-Jos am Reden zu halten, in neuen und aufregenden Verbesserungen besteht. Das ist natürlich für die Unternehmen ein großes Problem. Normalerweise können sie nach einer bahnbrechenden Entwicklung, die erheblichen Buzz erzeugt hat, nur noch mit kleinen Verbesserungen herauskommen. Jene Unternehmen, die ständig Verbesserungen einführen, über die zu reden sich lohnt, und die kreative Wege ihrer Vermarktung finden, erhalten den meisten Buzz. »Kreativität ist wahrscheinlich der wichtigste Faktor, um Buzz lebendig zu erhalten«, meint Amaral.

# 16
# Buzz-Workshop

Ich hoffe, dieses Buch hat Ihnen geholfen, einen anderen Marketingansatz zu entwickeln. Was Sie sicher in erster Linie wissen wollen, ist, wie diese Konzepte und Methoden für Sie eingesetzt werden können. Ich habe dieses Kapitel als Workshop gestaltet, in dem Sinn, dass es Sie durch eine Reihe von Fragen führt, die Sie sich stellen können, wenn Sie darüber nachdenken, welches Produkt oder welche Dienstleistung Sie zu vermarkten suchen.

## Haben Sie das richtige Produkt?

Die Leute werden nur dann positive Kommentare – die Art Buzz, die Sie haben wollen – weitergeben, wenn das Produkt oder die Dienstleistung sie wirklich beeindruckt. Sie werden die Netzwerke nicht anregen können, Buzz zu erzeugen, wenn Ihr Produkt den Test nicht besteht.

*Biete ich ein Qualitätsprodukt oder eine qualitativ hoch stehende Dienstleistung an?* Um positiven Buzz zu erzeugen, muss Ihr Produkt die Erwartungen der Leute, die Sie zu erreichen suchen, übererfüllen. Nicht alle Produkte, die positiven Buzz erhalten, sind von höchstem Standard, aber alle übertreffen die Erwartungen der Verbraucher. Das Produkt muss vom ersten Tag an funktionieren und alles Versprochene, wenn nicht mehr, bieten. Versprechen Sie weniger und liefern mehr?

*Bereichert mein Produkt das Leben derer, die es benutzen?* Ist es mit dem, was die Leute tun, kompatibel und passt es zu ihren gegenwärtigen Grundeinstellungen oder Lebensstilen? Verbessert es ihr Leben, indem es »den Rest erledigt«?

*Ist mein Produkt sichtbar, und kann ich es noch sichtbarer machen?* Ansteckende Produkte sind oft sichtbar – sie ziehen die Aufmerksamkeit auf sich. Kann ich etwas unternehmen, damit mein Produkt oder seine Nutzer auf positive Weise noch mehr Beachtung finden?

*Biete ich etwas Neues an?* Buzz reflektiert Begeisterung. Und Begeisterung entsteht nicht für alte Ideen, vertraute Methoden oder Allerweltsprodukte. Etwas an Ihrem Angebot muss neu und anders sein.

*Ist mein Produkt bereit?* Wenn Buzz jetzt starten würde, wäre es zu früh?

## Haben Sie die richtige Vorgehensweise?

Buzz zu erzeugen erfordert eine andere Einstellung, eine andere Vorgehensweise bei der Förderung Ihrer Produkte, als typisch ist.

*Handle ich in einem Geist der Wahrheit, Ehrlichkeit und Direktheit?* Offenheit und Ehrlichkeit sind wesentlich für die Entwicklung starker, langdauernder Unterstützung durch die Basis.

*Denke ich im Rahmen von Netzwerken?* An Märkte, Segmente und Kategorien zu denken kann nützlich sein, genauso, wie an Ihre Beziehung zu jedem einzelnen Kunden zu denken. Aber wenn Sie an Buzz denken, müssen Sie die Kunden als Teil eines Netzwerks betrachten! Ihr Ziel ist die Maximierung der Anzahl positiver Kommentare über Ihr Produkt, die zwischen den Knoten in diesem Netzwerk hin- und hergehen.

*Bin ich bereit, die Ansteckung im Netzwerk zu beschleunigen?* Ohne Stimulierung kann sich die Mundpropaganda nur sehr langsam ausbreiten, oft zu langsam für Erfolg auf den heutigen wettbewerbsintensiven Märkten. Starker persönlicher Einsatz könnte erforderlich sein, um ihr nachzuhelfen und direkt zu den produktivsten Hubs oder zu noch unerschlossenen Clustern zu springen.

### Persönlicher Einsatz: Bob Metcalfe und Ethernet

Bob Metcalfe, Vater von Ethernet und Gründer von 3Com, erzählte Scott Kirsner, dass junge MIT-Ingenieure oft zu ihm kommen und um Rat fragen. Nachdem sie durch sein sechsstöckiges Stadthaus in Bostons Back Bay gegangen sind, äußern manche so etwas wie: »Mann, was für ein großes Haus! Ich möchte auch so was wie Ethernet erfinden.« Dann wartet er, bis sie sich hingesetzt haben, und erklärt ihnen: »Ich habe dieses Haus nicht, weil ich Ethernet erfunden habe. Ich habe dieses Haus, weil ich nach Cleveland und Schenec-

**tady und solche Orte gegangen bin. Ethernet habe ich vor einem Jahrzehnt verkauft.«[1]**

## Hören Sie auf die Netzwerke?

Sie müssen auf die Netzwerke hören. Das geht am besten, indem Sie mit Leuten reden. Jedes Mal, wenn Sie einen Dritten als Botschafter benutzen – einen Interviewer, einen Händler, einen Moderator einer Gruppendiskussion –, schalten Sie einen Filter dazwischen. Sprechen Sie direkt mit den Leuten.

*Wissen Sie, was die Kunden sagen?* Was sagen sie ihren Freunden über Ihr Unternehmen? Über Ihre Konkurrenten? Wie zufrieden sind sie mit den derzeitigen Lösungen, die es auf dem Markt gibt?

*Nutzen Sie alle möglichen Methoden, um den Buzz zu hören?* Lesen Sie, was in den Newsgroups, Chatrooms, Websites und anderen Online-Foren über Ihr Unternehmen gesagt wird? Sprechen sie regelmäßig mit Kunden auf einer informellen Basis?

*Verfolgen Sie, was in der Branche gesagt wird?* Es ist wichtig, nicht nur auf Kunden-Buzz zu hören, sondern auch auf Branchen-Buzz. Kunden-Buzz sagt Ihnen, worüber Nutzer *heute* reden. Branchen-Buzz kann Ihnen zur Einsicht verhelfen, worüber die Kunden *morgen* miteinander sprechen.

## Arbeiten Sie mit Network-Hubs zusammen?

Hubs sind der Schlüssel für die Beeinflussung der Netzwerke; daher ist das Auffinden und Beeinflussen der Hubs für die Erzeugung von Buzz entscheidend.

*Identifizieren Sie Ihre Network-Hubs?* Wer sind die Network-Hubs in Ihrer Kategorie? Welche sind reguläre und welche Mega-Hubs? Welche sind Experten-Hubs und welche Gesellschafts-Hubs? Was wissen Sie über die regulären Hubs und wie man sie erreicht? Wissen Sie, wer die Verbindungspersonen sein könnten, die die Distanz zwischen Clustern überbrücken?

*Setzen Sie alle verfügbaren Verfahren ein, um noch mehr Hubs zu finden?* Erkennen Sie, wenn sich solche Hubs selbst identifizieren?

Können Sie sich Kategorien von Personen vorstellen, die Network-Hubs für Ihr Produkt werden könnten? Personen, die aufgrund ihrer Position viele Verbindungen zu Leuten haben, die Sie gerne erreichen möchten? Haben Sie Erhebungen durchgeführt, um potenzielle Hubs festzustellen? Haben Sie in Ihrem Unternehmen nach Hubs gesucht, einer Führungskraft mit den Kontakten und dem Charisma, ein Mega-Hub zu sein, oder nach potenziellen Unterstützern aus der Konstruktions-, Marketing- oder F&E-Abteilung?

*Bleiben Sie Ihren Hubs auf der Spur?* Haben Sie ein Verzeichnis ihrer Namen und Anschriften? Haben Sie für jeden ein Profil entwickelt – zu welcher Art Hub die Person gehört, welchen Einfluss sie hat, welche nützlichen Verbindungen und so weiter? Ist Ihre Datenbank für andere in Ihrer Organisation zugänglich, sodass diese die Informationen nutzen und aktualisieren können?

*Geben Sie Ihren Hubs, was sie brauchen?* Informieren Sie sie, wenn es etwas Neues gibt? Versorgen Sie Hubs, vor allem Experten-Hubs, mit relevanten Fakten? Geben Sie ihnen Ihr Produkt?

## Hubs: Der HP-35-Rechner

David Packard, Mitgründer von Hewlett Packard, erinnert sich in seinem Buch *The HP Way* (dt.: *Die Hewlett-Packard-Story*), wie 1972 der HP-35-Rechner eingeführt wurde: »Etwa einen Monat vor der Einführung gab Barncy Oliver Muster des 35 an mehrere führende Ingenieure und Nobelpreisträger der Physik. Die Menschenmengen, die sie um sich versammelten, wenn sie bei Meetings und Tagungen ganz beiläufig dieses ›Spielzeug‹ vorführten, waren wahrscheinlich schuld daran, dass wir den Anfangsbedarf für den 35 nicht befriedigen konnten.«. Die Tatsache, dass diese Ingenieure und Wissenschaftler exklusive Informationen in ihrer Hand hatten, war die treibende Kraft hinter dem Buzz.[2]

*Sind Sie empfänglich für Rückmeldungen und Input der Kunden und reagieren Sie darauf?* Ist es für Kunden einfach, mit Ihnen zu reden? (Es ist in Ihrem Interesse, wenn jeder, der eine schlechte Erfahrung hatte, Ihre Hotline anruft, anstatt ein Hub zu werden, der negativen Buzz weitergibt. Können Kunden die Nummer Ihrer Hotline leicht finden? Eine große Bierbrauerei hatte ihre in Schwarz auf den Boden des Sechserpacks gedruckt. Sie erhielt fast keine Anrufe, bis sie die

Nummer auf eine deutlich sichtbare Stelle am Tragegriff rückte – dann begann das Telefon zu klingeln.)[3] Reagieren die Mitarbeiter in Ihrem Unternehmen auf Anfragen und verhalten sie sich eher wie Moderatoren statt wie Türhüter? Erkennen Sie Empfehlungen auf angemessene Weise an und belohnen Sie Kundentreue, ohne dass sich der Kunde dabei unwohl fühlt?

### Nachforschungen: Littlearth und Oprah

»Man weiß nie, wo etwas hinführt«, sagt Ava DeMarco, Mitgründerin von Littlearth, einem Hersteller von Modeaccessoires in Pittsburgh. DeMarco wurde 1999 zur Oprah-Winfrey-Show eingeladen, wo sie ihre recycelten Modeprodukte zeigte. Als sie den Ursprung dieser Einladung zurückverfolgte, ergab sich folgende Kette: Der Rechercheur für die Oprah-Show erfuhr von Littlearth aus einem Buch, das die Herausgeber des Magazins *Entrepreneur* zusammengestellt hatten, die ihrerseits von DeMarcos Unternehmen aus einem Artikel in einer Lokalzeitung Kenntnis erhalten hatten. »Wir kamen in die Oprah-Winfrey-Show aufgrund eines Presseartikels, der fast zwei Jahre zurückliegt«, sagt sie.[4]

## Berücksichtigen Sie alle möglichen Methoden, um Buzz zu erzeugen?

Buzz erzeugen ist ein kreativer Prozess. Sie müssen an ihm arbeiten. Haben Sie an alles gedacht, was Sie tun können, damit es geschieht?

*Haben Sie Saatmaßnahmen geplant?* Schließt Ihr Plan Mega-Hubs und reguläre Hubs (das heißt die Basis) ein?

*Können Sie den Zugang zu Ihrem Produkt beschränken,* sodass Knappheit bereits zu Beginn Interesse weckt?

### Knappheit: The Blair Witch Project

»Jede Ware wird nach dem Ausmaß bewertet, in dem sie nicht verfügbar ist«, ist der Grundgedanke der Warentheorie von Timothy C. Brock von der Ohio State University. *The Blair Witch Project*, ein Studentenfilm mit niedrigem Budget, der zum Überraschungshit des Sommers 1999 wurde, war in der ersten Woche nach seinem Start in 27 Kinos äußerst erfolgreich. In der folgenden Woche hatten seine Hersteller die Möglichkeit, seine Vorführung auf 2000 Leinwände auszudehnen. Sie entschlossen sich jedoch, ihn nur in 1100 Kinos zu zeigen. »Nichts ist besser, als zu wissen, dass ein Film ausverkauft ist. Jeder will ihn sehen«, erklärte Amir Malin von Artisan gegenüber der Zeitschrift *Variety*.[5]

*Können Sie eine »Preview« einsetzen*, um die Vorstellungskraft einer ausgewählten Kundengruppe zu fesseln?

*Was können Sie tun, das Leute überrascht?* (Sie reden über das Unerwartete.)

*Können Sie unmöglich sein?*

## Unmöglich: Schönheit und Birkenstock-Sandalen

Unmögliche Ideen erhalten mehr Buzz. Ein schönes Mannequin, das auf einer Modenschau erscheint und schöne elegante Schuhe trägt, ist nur ein weiteres schönes Mannequin. Lassen Sie sie die hässlichsten Birkenstock-Sandalen tragen, und plötzlich wird jeder darüber reden. Genau das tat Designer Narciso Rodriguez: Er nahm, was Importeurin Margot Fraser »das hässlichste Ding, das wir haben« nennt, und kombinierte es mit Chiffonkleidern. »Es ist so unmöglich, dass es in jedem Magazin auftaucht«, erklärt Fraser, »und plötzlich wollen junge Frauen es kaufen.«[6] Das gleiche Prinzip half dem Film *There's Something About Mary (Verrückt nach Mary)*, Buzz zu erzeugen, einer politisch inkorrekten Komödie, die mit Szenen angefüllt ist, die so schockierend unerwartet sind, dass Sie sie einfach einem Freund erzählen müssen (aber wahrscheinlich nicht Ihrer Mutter ...).

*Können Sie Ihre Kunden hinter die Kulissen mitnehmen?* Können Sie ihnen zeigen, wie Ihre Produkte hergestellt werden, wer sie herstellt und warum die Mitarbeiter sich dafür begeistern? (Selbst wenn Sie ein »langweiliges« Produkt herstellen, muss es etwas Interessantes an der Art geben, wie es hergestellt wird, oder wie Sie auf die Idee kamen.)

*Hat Ihre Geschichte einen Helden?* Gibt es ein menschliches Drama hinter Ihren Produkten? Gibt es in Ihrem Unternehmen einen charismatischen Führer?

*Können Sie eine Veranstaltung durchführen*, die Ihre Produkte herausstellt und die Leute zum Reden bringt?

## Veranstaltungen und Buzz: Macy's und die Latino-Kultur

Seit mehreren Jahren gibt es im Einkaufszentrum Macy's West in San Francisco Latino-Festivals. Die Modenschauen, Kochdemonstrationen und dort auftretenden Berühmtheiten haben alle ein lateinamerikanisches Flair.

Diese Veranstaltungen erzeugen zwei Wellen von Buzz: Die erste ereignet sich, wenn die Leute Informationen über das Ereignis selbst verbreiten, Datum, Uhrzeit und so weiter. Die zweite Welle folgt auf das Festival, wenn die Leute ihre Eindrücke mit ihren Freunden teilen. Für Macy's ist dies guter Buzz, weil die Gäste Spaß haben und angenehm überrascht sind, wenn die Veranstaltung über solche Klischees wie Piñatas und Mariachi-Bands hinausgeht. Laut Rochelle Newman von Enlace Communications, die die Veranstaltungen für Macy's organisiert, könnte ein typischer Kommentar lauten, dass Macy's »keine Angst hat, eine Modenschau mit allen Latinos zu veranstalten, die keine Twiggys sind«. Macy's stellte fest, dass der Publikumsverkehr in den Geschäften anstieg und der Absatz in den teilnehmenden Läden die Ziele um 62 Prozent überstieg.[7]

*Können Sie eine einfache »Gib-es-weiter«-Werbeaktion entwerfen?* Hat Ihre Website eine Gib-es-weiter-Funktion? Ist sie einfach zu handhaben? Wird sie auf freundliche, höfliche Art präsentiert?

*Ist Ihr Produkt sichtbar?* Haben Sie an Möglichkeiten gedacht, wie Sie Ihr Personal und Ihre Systeme dafür einsetzen können, dass Kunden sich Ihrer Produkte bewusst werden?

## Sichtbarkeit: FedEx und UPS

Kurierdienste wie FedEx und UPS sind gut darin, ihr Zustellsystem zu benutzen, um ihr Produkt ins Bewusstsein der Leute zu bringen. Beide Unternehmen haben gut erkennbare Lieferwagen, die durch ihre auffälligen Farben und Logos gekennzeichnet sind, und diese Wagen sind überall zu sehen, von Innenstädten bis zu ländlichen Gegenden in der ganzen Welt. Beide haben auch Mitarbeiter, die sichtbar und gute Repräsentanten ihrer Unternehmen sind. Die braune Uniform des UPS-Personals ist eine der heutzutage am besten bekannten Uniformen auf den Straßen. Und wie Ted Sartoian, Vice-President von FedEx in der Anfangszeit, sagte: »Die Fahrer, die Kuriere bei Federal Express, machen das Unternehmen aus: die Art, wie sie die Kunden behandeln, wie sie pünktlich sind und sich beeilen – man sieht sie nie gehen, sie laufen.«[8]

*Reden Ihre Kunden miteinander?* (Je mehr Ihre Kunden interagieren, desto mehr werden sie mit Ihrem Produkt verbunden und desto mehr haben sie anderen zu erzählen.) Haben Ihre Kunden ein gemeinsames Interesse, oder verbindet sie etwas Gemeinsames? Können Sie ihnen helfen, zusammenzukommen oder Kommentare auszutauschen? Ermöglicht Ihre Website es ihnen, miteinander zu reden? Können Sie persönliche Begegnungen arrangieren, zum Beispiel auf besonderen Veranstaltungen?

*Gibt es etwas an Ihrer Dienstleistung, das sie nützlicher macht, wenn mehr Personen sie nutzen?* (Denken Sie daran, dass Kunden Informationen über Ihr Angebot nicht deshalb weitergeben, weil Sie eine überzeugende oder clevere Art haben, sie darum zu bitten, sondern weil sie sich einen Nutzen davon versprechen.)

*Wird Ihr Produkt von Ihren Kunden als Geschenk benutzt?* Können Sie sie anregen, das öfter zu tun?

*Haben Sie Belohnungen für Empfehlungen vorgesehen?* Wenn ja, mögen Ihre Kunden sie und reagieren sie darauf? Haben Sie sie um Rückmeldungen gebeten?

*Erkunden Sie alle möglichen Netzwerke?* Selbst wenn Sie intensiv auf die Netzwerke hören, in denen Ihre Produkte Buzz erzeugen, hören Sie auch auf das Schweigen aus den Netzwerken, wo Sie unbekannt sind?

## Erzeugen Ihre Anzeigen Buzz?

Die Methoden für die Erzeugung von Buzz beseitigen nicht unbedingt die Notwendigkeit konventioneller Werbung. Das Problem besteht allerdings darin, auf eine Art zu werben, die Buzz erzeugt und ihn nicht dämpft.

*Helfen Ihre Anzeigen den Leuten auszudrücken, was an Ihren Produkten einzigartig ist?* (Wenn die Kunden zum Beispiel in einer Gruppendiskussion nicht erklären können, was neu oder besonders an ihnen ist, können sie es auch ihren Freunden nicht erklären.)

*Können Sie Anzeigen benutzen, um Buzz für Ihre Produkte in Gang zu setzen?*

## Buzz in Gang setzen: Hotmail

Manchmal braucht man nur die richtige Anzeige am richtigen Ort, um die Leute zum Reden zu bringen. Um eine erste Nutzergruppe in jeder Universität zu erhalten, inserierte Hotmail in Studentenzeitungen. Um Silicon Valley zum Reden zu bringen, mietete das Unternehmen für 5000 Dollar pro Monat eine einzige Reklametafel am Highway 101, der Hauptdurchgangsstraße. »Ich kann Ihnen gar nicht sagen, wie viele Leute mir gesagt haben ›Ich habe Ihre Reklametafel gesehen‹«, meint Steve Douty, ehemaliger Vice-President für Marketing bei Hotmail.[9]

*Falls Sie Testimonialwerbung einsetzen, sind die Zeugen glaubwürdig?* (Überprüfen Sie es bei Ihren Kunden: Deren Meinung muss nicht mit Ihrer übereinstimmen.)

*Helfen Ihre Anzeigen Ihren Kunden,* indem sie ihnen zum Beispiel Informationen geben, die ihre Kaufentscheidung bestätigen?

*Können Ihre Anzeigen so clever gemacht werden, dass sie selbst Buzz erzeugen?*

*Ist Ihre Anzeigenkampagne dazu geeignet, Buzz entstehen zu lassen?* (Anzeigen *können* Buzz abwürgen. Die Leute reden mehr über das, was sie selbst entdecken.)

## Erzeugen Ihre Wiederverkäufer Buzz?

Manche Wiederverkäufer können eine bedeutende Rolle bei der Verbreitung von Informationen über Ihre Produkte spielen.

*Haben Sie die Vertriebswege identifiziert, die hinsichtlich Buzz am vielversprechendsten sind?* Das sind die Vertriebswege, wo es echten persönlichen Kontakt gibt und die Verkäufer das größte Vertrauen der Kunden genießen.

*Stehen Sie in direktem Kontakt zu den Leuten in vorderster Front in diesen Vertriebswegen?* Denken Sie daran, Begeisterung lässt sich in Lagerhäusern nicht gut aufbewahren, bauen Sie daher direkte Beziehungen nicht nur zu Führungskräften auf, sondern auch zu den Personen, die jeden Tag mit den Kunden zu tun haben.

## Zusammenarbeit mit den Vertriebswegen: Brooks Sports

Zwischen 1983 und 1993 machte Brooks Verluste in Höhe von 60 Millionen Dollar, da das Unternehmen in zu vielen Bereichen mit Nike zu konkurrieren suchte. Die Preise stürzten ab und so auch die Qualität der Schuhe. Das Unternehmen beschloss daraufhin, sich auf ernsthafte Läufer zu konzentrieren. Der erste Schritt in der Wiederbelebung der Marke war die Steigerung der Qualität. Als das in die Wege geleitet war, stellte sich die Frage, wie man das neue Brooks bekannt machen könnte. Die Antwort war: durch Identifizieren von Händlern, die unter ernsthaften Läufern hohe Glaubwürdigkeit genießen. Helen Rockey, CEO des Unternehmens, ging auf die Straße, um solche Händler zu treffen. »Entscheidend war, von den Spezialgeschäften für Laufschuhe Akzeptanz zu erhalten«, erläutert sie. Vielen dieser Händler, selbst ernsthafte Läufer, gefielen die neuen Produkte, und sie begannen, Kunden und Freunden von ihnen zu erzählen. Diese Tour war der Beginn einer langfristigen Zusammenarbeit mit diesen Spezialgeschäften, die das Unternehmen schließlich wieder in die Gewinnzone zurückbrachte.[10]

*Können Sie Stände in Einkaufszentren benutzen, um Ihre Produkte vorzuführen?* Sie werden einen größeren Kundenverkehr und folglich größere Beachtung erhalten, als wenn Sie Ihre Vorführung innerhalb eines Geschäfts veranstalten.

*Haben Sie in den Vertriebswegen gesät?* Haben Sie dafür gesorgt, dass Ihre Saatexemplare die Personen erreicht haben, die tatsächlich mit Kunden reden? Benutzen Personen in den Vertriebswegen Ihre Produkte? Geben Sie ihnen interne Informationen, die sie an Kunden weitergeben können?

*Können die Verkäufer ausdrücken, was neu und besonders an Ihren Produkten ist?* Schulen Sie sie? Geben Sie ihnen Anerkennung? Können die Verkäufer der Verpackung entnehmen, was an Ihren Produkten besonders ist?

*Geben Ihre Online-Händler Informationen weiter?* Haben sie Kontakt zu Kunden? Wenn ja, haben die Personen, die mit Kunden zu tun haben, deren Vertrauen? Bieten diese Kanäle ein Forum an, in dem die Kunden miteinander reden können?

### Vielfältige Initiativen: Yahoo! und BMW

Um Buzz zu erzeugen, muss man oft nichttraditionelle Marketingmethoden benutzen, aber es ist schwierig, im Voraus zu sagen, welche funktionieren werden. Jim McDowell, Vice-President für Marketing bei BMW, ist überzeugt, man müsse mit mehreren Initiativen gleichzeitig beginnen. »Man muss bereit sein, zehn Initiativen zu ergreifen, in der Hoffnung, dass zwei von ihnen wirklich gut funktionieren, fünf gerade so eben und drei mittlere Katastrophen sein können.« Andere bestätigen, dass es kaum jemals nur ein Faktor ist, der bestimmt, ob die Leute über Ihre Produkte reden. Was ließ so viele Leute über Yahoo! reden? »Es war nicht nur eine spezielle Sache. Es waren hundert Dinge. Vielleicht fünfhundert Dinge«, meint John Yost. »Man muss alle Ebenen gleichzeitig bearbeiten«, bestätigt Morgan Entrekin, der *Cold Mountain* herausbrachte.[11]

## Wie können Sie Buzz lebendig erhalten?

Buzz hat mit Neuheit zu tun. Es ist schwierig genug, Buzz in Gang zu bringen, und noch schwieriger, Buzz aufrechtzuerhalten. Was können Sie unternehmen?

*Suchen Sie aktiv nach neuen Kunden, die Ihre Produkte noch nicht kennen.* Gibt es neue Marktsegmente oder Gegenden, die Sie noch nicht erreicht haben? Ist, falls Ihr Produkt »alt« ist, vielleicht eine neue Generation potenzieller Nutzer entstanden?

*Versorgen Sie die Netzwerke mit einem ständigen Strom von Innovationen, über die die Leute reden können.* Der größte Feind des Buzz ist Routine. Um Buzz über einen längeren Zeitraum lebendig zu erhalten, muss auch ein hervorragendes Restaurant seine Speisekarte und die Inneneinrichtung ändern. Bringen Sie Verbesserungen heraus, über die zu reden sich lohnt? Lassen Sie die Leute wissen, was neu und verbessert ist?

*Beteiligen Sie die Kunden.* Wenn Verbraucher Ihre Produkte kaufen und dann nicht mehr an sie denken, können Sie nicht erwarten, dass sie sonderlich viel darüber reden. Wenn Sie sie jedoch einbeziehen, sie fesseln, es für sie interessant machen, dann werden sie reden. Beteiligung führt zum Handeln, das wiederum zu Buzz führt.

# Anmerkungen

## Kapitel 1: Was ist Buzz?

1 Eine allgemeine Anmerkung zur folgenden Statistik: Die Leute geben nicht gerne zu, dass sie von der Werbung beeinflusst werden, daher übertreiben sie die Bedeutung der Mundpropaganda, von Zeitungsartikeln und so weiter. Allerdings sind die Zahlen so hoch, dass sie, selbst wenn sie aufgebläht sind, nicht ignoriert werden können.
2 Interview mit Ed Colligan vom 23. April 1998.
3 Die Quelle für diese Zahl ist eine Leserbefragung des *Surfing Magazine* von 1998.
4 Diese Angaben entstammen einer Presseverlautbarung der Travel Industry Association of America von 1998.
5 Interview mit Jim Callahan vom 7. Februar 1999.
6 Dieser Abschnitt beruht auf Daten, die mir von Maritz Marketing Research zur Verfügung gestellt wurden, das im Februar 1995 in den gesamten USA eine Erhebung über Mundpropaganda durchführte. Die Frage in der Erhebung lautete: »Wie sehr verlassen Sie sich auf andere, wenn Sie entscheiden, welchen Film Sie sehen wollen?« Die Befragten sollten ihre Antwort auf einer Skala von 1 (»überhaupt nicht«) bis 5 (»in großem Umfang«) einordnen. Ich gebe hier die Antworten für 3, 4 und 5 wieder. Das Gleiche gilt für andere Stellen des Buches, wo ich diese Studie zitiere, einschließlich der Zahl im nächsten Abschnitt über die Wahl eines neuen Arztes.
7 Beruht auf der in Anm. 6 erwähnten Erhebung von Maritz Marketing Research.

8 Die Studie wurde in einem Artikel in *Drug Store News* erwähnt: »Women Take Charge in Choosing OTC and Rx Medications«, *Drug Store News* 20(9).

9 Interview mit Len Short von 1998.

10 Im Rahmen der gesamten Person-zu-Person-Kommunikation liegt mein Schwerpunkt auf der Kommunikation von Kunde zu Kunde, aber ich zähle auch die Kommunikation zwischen einem Verkäufer in einem Spielwarengeschäft und einem Kunden zu Buzz. Und was ist mit Werbung? Die Grenzlinie zwischen Buzz und Werbung kann verschwommen sein – wie im Fall guter Testimonialwerbung –, aber als allgemeine Regel bezieht sich Buzz nur auf Kommunikation zwischen *Personen*. Die Definition von Buzz, mit der ich meine vergleiche, erschien bei Marin et al. (1998).

11 Das Bild von Kommentaren, die von Gehirn zu Gehirn springen, hat seinen Ursprung in Memetik, einer neuen Disziplin, die Ideen als autonome Wesen betrachtet, die sich wie Viren ausbreiten. Douglas Hofstadter schreibt, er stelle sich, wenn er an Meme denkt, ein »flüchtiges, flirrendes Funkenmuster [vor], das von Gehirn zu Gehirn hüpft und dabei brüllt: ›Me, me!‹ (Ich, ich!)«. Vgl. Hofstadter (1985), dt. Ausgabe S. 56. In diesem Buch behandele ich diesen Punkt nicht ausführlich. Leser, die an diesem Thema interessiert sind, können sich der wachsenden Literatur darüber zuwenden, zum Beispiel Dawkins (1976), Brodie (1996) und Lynch (1996).

## Kapitel 2: Die unsichtbaren Netzwerke

1 Interview mit Kamran Elahian vom 11. Juni 1998. Dieser Abschnitt beruht auch auf einem Interview mit John F. Rizzo, dem ehemaligen Vice-President für Marketing bei Momenta, vom 28. Mai 1999, und auf mehreren Artikeln, u.a. Larson (1998) und Cuneo (1992).

2 Interviews mit Andy Reinhardt (17. August 1999) und Rafe Needleman (16. August 1999).

3 Der Rat, bescheiden zu bleiben, ist nicht einfach zu befolgen. Wenn man ein Projekt wie Momenta in Gang setzen will, muss man Begeisterung wecken, um die Finanzierung zu sichern, andere Entwickler ermuntern, Software für einen zu schreiben, Mitarbeiter einstellen und Händler überzeugen, das neue Produkt zu führen. »Zum Teil haben wir wirklich an das geglaubt, was wir taten«, erzählte mir John Rizzo. Aber die Begeisterung hätte gezügelt werden müssen. Als der Computer schließlich ausgeliefert wurde, waren die Leute weniger als freudig erregt. »Wir schufen am Ende ein Monster«, sagte Rizzo. Es ist eine enor-

me Disziplin nötig, damit man sich nicht in die eigene Begeisterung hineinsteigert. »Ich denke, die größte Lektion hier ist, dass man nie seiner eigenen überzogenen Werbung glauben darf«, sagte Kamran Elahian einmal über die Momenta-Kampagne.

4 Interviews mit Ed Colligan vom 23. April 1998 und 18. März 1999.

5 Die Schätzung der Informationsmenge, der eine durchschnittliche Person im England des 17. Jahrhunderts ausgesetzt war, ist in Wurman (1989) enthalten. Die Schätzung der Anzahl der Anzeigen, der wir ausgesetzt sind, stammt von Kotler/Armstrong (1991).

6 Diese Daten sind Porter Novellis Glaubwürdigkeitsuntersuchung von 1996 entnommen.

7 Interview mit Ed Niehaus vom 28. Mai 1998. Für die Beschreibung des Intel-Falles vgl. Grove (1996).

8 Interview mit Reid Rosefelt vom 26. Februar 2000.

9 Interview mit Bill Gurley vom 27. Juli 1999.

10 Interview mit Nirav Tolia vom 5. August 1999.

11 Interview mit Steve Douty vom 15. Januar 1999. Vgl. auch Bronson (1999). Bezüglich der Tatsache, dass Hotmail in seiner Gründungsphase nicht viel Einnahmen erzielte, sollte ich ergänzen, dass die Leute bei Hotmail mit großem Erfolg einen Wertzuwachs für ihre Anteilseigner erzielt haben: Das Unternehmen wurde für 400 Millionen Dollar an Microsoft verkauft.

12 Interview mit Steve Jurvetson vom 4. Dezember 1998.

13 Vgl. Jurvetson/Draper (1998).

14 Interviews mit Montrese Etienne (23. Februar 1999) und Steve Douty (15. Januar 1999).

15 Interviews mit Tom Valente vom 21. Februar und 26. Mai 1999. Vgl. auch Valente (1995).

16 Für den Vergleich des Phänomens in Japan und den USA vgl. Money et al. (1998). Der Abschnitt über Lateinamerikaner und lateinamerikanische Einwanderer beruht auf Interviews mit Felipe Korzenny vom 4. und 13. Januar 1999.

17 Die Modedaten beruhen auf einer Presseerklärung des Magazins *Mademoiselle*, die die Ergebnisse einer Untersuchung von Roper Starch (1995) für das Magazin ankündigt: »Word-of-Mouth Communication Most Powerful with '20 Something«. Die Daten über Mundpropaganda für den Autokauf wurden von Maritz Marketing Research geliefert, die im Februar 1995 eine Erhebung in den USA über Mundpropaganda durchführte.

18 Interview mit Keith Fox vom 8. Oktober 1998.

19 Vgl. Fisher (1996).

## Kapitel 3: Warum wir reden

1 Der Abschnitt über die Raben beruht auf einem Interview mit Bernd Heinrich vom 8. Mai 1998 und auf Heinrich/Marzluff (1995).

2 Mit Familienangehörigen die Nahrung zu teilen ist in der Natur weit verbreitet. Durch Vergleich der DNA zufällig ausgesuchter Raben konnten die Forscher feststellen, dass die Vögel nicht alle mit dem verwandt waren, der den Kadaver entdeckt hatte.

3 Für Informationen zur Rolle der Mundpropaganda auf dem Arbeitsmarkt vgl. Granovetter (1995).

4 Das Zitat ist aus Kaplan (1995), S. 35.

5 Vgl. Dunbar (1996), S. 21.

6 Das Zitat des CEO von dELia*s stammt aus Munk (1997).

7 Das Zitat ist aus Fournier (1998).

8 Die Daten über Mundpropaganda bei der Wahl eines neuen Arztes wurden mir von Maritz Marketing Research zur Verfügung gestellt.

9 Interview mit Michael Gale vom 8. Mai 1998.

10 Dieser Effekt hängt mit »Metcalfe's Gesetz« zusammen, demzufolge der Wert eines Netzwerks im Quadrat zur Anzahl seiner Nutzer steigt. Die Geschichte hinter diesem Gesetz ist interessant: In der Frühzeit der E-Mails führten Unternehmen Experimente durch, um die Nützlichkeit dieser Innovation zu testen, indem sie nur eine Hand voll Personen E-Mail benutzen ließen. Offenbar hatten sie nicht verstanden, worauf es ankommt. Bob Metcalfe, Gründer von 3Com und Erfinder von Ethernet, stellte ein Dia her, das illustrierte, dass der Nutzen eines Netzwerks größer wird, wenn mehr Personen miteinander verbunden sind. Dieses Konzept wurde später nach ihm benannt (diese Information erhielt ich in einem Gespräch, das ich im März 1999 mit Metcalfe hatte). Das Zitat von Bill Gates stammt aus einem Vortrag, den er am 27. Januar 1998 an der Stanford-Universität hielt.

11 Die Informationen über die Reaktion der Gasindustrie auf Edisons Erfindung finden sich bei Utterback (1994), S. 65. Die Informationen über FedEx beruhen auf Sigafoos (1983), S. 105, die Informationen über Kodak auf Collins (1990), S. 51. Zur Rolle von Experten als negativen Meinungsführern vgl. auch Leonard-Barton (1985).

12 Die Geschichte erschien im *Wall Street Journal*. Vgl. Stevens (1981).

13 Das Zitat von Jeff Bezos ist O'Malley (1998) entnommen. Vgl. auch Leonard-Barton (1985).

14 Für eine ausgezeichnete Diskussion dieses Themas vgl. Putnam (1995).

15 Über die Erhebung von Roper Starch wurde in *The Public Pulse* 12 von 1997 berichtet. Dieser Abschnitt beruht außerdem auf einem Interview mit Diane Crispell vom 5. November 1998.
16 Dieser Abschnitt sützt sich auf ein Interview mit John Goodman vom 10. Juni 1999.
17 Presseerklärung von Priceline.com: »In 1999, People Talk More About Their Last Internet Shopping Trip Than Their Favorite Movie or Restaurant.«

## Kapitel 4: Network-Hubs

1 Interview mit Jim Thompson vom 26. November 1998. »Jims Gesundheits-Pilot-Seite« wird nicht mehr von Thompson betreut. Er transferierte ihren Inhalt auf eine andere Website, die von einem anderen Arzt unterhalten wird. Weil er seine Landpraxis verließ und in einen anderen Zweig der Medizin wechselte, hat er keine Zeit mehr, die Website zu betreuen.
2 Interview mit David Unowsky vom 10. Februar 1999.
3 Für ein ausgezeichnetes Porträt eines Gesellschafts-Hubs vgl. Gladwell (1999).
4 Vgl. Rogers (1995), S. 22. Rogers weist auch darauf hin, dass der genaue Grad der Innovationsfreudigkeit von den gesellschaftlichen Normen abhängt. In einem sehr traditionsbewussten Dorf in Tibet könnte ein Network-Hub tatsächlich Innovationen ablehnen. In diesem Buch nehme ich an, dass die Gesellschaft Innovationen positiv sieht, was meiner Meinung nach in der heutigen westlichen Welt der Fall ist.
5 Die Informationen über »einflussreiche Amerikaner« beruhen auf einem Interview mit Diane Crispell vom 5. November 1998 und auf Roper Starch Worldwide (1995). Als diese Untersuchung Anfang der vierziger Jahre begann, war ihr Ziel zu erfahren, wer die Führer in Gemeinschaften waren. Ein einflussreicher Amerikaner wurde als eine Person definiert, die in bestimmte politische oder soziale Aktivitäten verwickelt war. Als solche galten, einen Brief an eine Zeitung zu schreiben, eine Rede zu halten, Mitglied eines Komitees zu sein und Ähnliches.
6 Über Meinungsführer als kosmopolitische Personen vgl. Rogers (1995), S. 294.
7 Robertson (1971), S. 95. Für Informationen über die Hybridmais-Studie vgl. Rogers (1995), S. 33. Für das Zitat aus der RSW-Studie vgl. Roper Starch Worldwide (1995), S. 82.

8 Interview mit Joe Gillespie vom 19. Mai 1998.

9 Vgl. Roper Starch Worldwide (1995), S. 139.

10 Die Aussagen über Meinungsführer im Finanzbereich stammen aus Stern/Gould (1988). Zu Network-Hubs im Bereich Mode vgl. Summers (1970). Diese Vorstellung der Informationsbeschaffung seitens der Meinungsführer gilt für die westliche Kultur. In anderen Kulturen, betonte Tom Valente mir gegenüber, können diese Meinungsführer sich auf andere externe Informationsquellen stützen.

11 Denken Sie bei dem Versuch, Network-Hubs zu identifizieren, daran, dass es mehrere Maße für die Zentralität von Personen in sozialen Netzwerken gibt. Ich habe mich auf das Maß konzentriert, das Forscher »Adjazenz« *(degree)* nennen und das die Anzahl der Personen bezeichnet, mit denen jemand in direkter Verbindung steht. Weitere Maße sind »Grad der Distanz« *(closeness)*, »Häufigkeit der Lokalisierung als Verbindungsperson« *(betweenness)* und »Prestige«. (Zu den deutschen Begriffen vgl. Michael Schenk, *Soziale Netzwerke und Kommunikation*, S. 52-54; Anm. d. Übers.)

12 Das Zitat ist aus Sculley (1988), S. 223. Zu Experten als negativen Meinungsführern vgl. Leonard-Barton (1985).

13 Vgl. zum Beispiel Valente (1995), S. 36, und Weimann (1994), S. 175.

14 Die Definition von Meinungsführerschaft ist aus Rogers (1995), S. 354. Das Zitat zu den Vorbehalten von Katz und Lazarsfeld bezüglich des Begriffs »Führerschaft« stammt aus Katz/Lazarsfeld (1955), S. 138.

15 Die Daten sind dem Abonnentenprofil der Zeitschrift *Car & Driver* von 1997 entnommen. In dem Dokument wird noch über weitere Ratschläge berichtet, die die Abonnenten geben (z.B. über andere Autotypen). Der Einfachheit halber beschränke ich meine Rechnung auf Personenwagen. Meine Assistentin Kerry Shaw führte eine Vorversion dieser Analyse bei zwei Autohändlern durch, die die Diskussion verfeinern half. Für eine allgemeine Diskussion des lebenslangen Wertes eines Kunden vgl. Peppers/Rogers (1993).

16 Für eine umfassende Übersicht der Forschung über Meinungsführer vgl. Weimann (1994). Neben der Darstellung verschiedener Theorien über Meinungsführerschaft enthält Weimanns Buch Kapitel, die das Konzept in seiner Anwendung auf Marketing, Mode, Politik, Familienplanung, Wissenschaft, Landwirtschaft und Gesundheit analysieren.

17 Das Zitat über Tarde ist aus Rogers (1995), S. 281.

18 Vgl. Valente (1995), S. 8; vgl. auch Burt (1987) und Van den Bulte/Lilien (1998). Im letztgenannten Werk greifen die Autoren die Stu-

die über medizinische Innovationen auf und äußern die Meinung, dass andere Faktoren als soziale Ansteckung bei der Verbreitung der Tetracycline eine beherrschende Rolle gespielt haben könnten.

19 Interview mit Elihu Katz vom 23. Juli 1998.

## Kapitel 5: Die Welt ist klein. Na und?

1 Die Formel zur Berechnung der Anzahl potenzieller Verbindungen in einem Netzwerk mit N Knoten lautet: $\frac{N \cdot (N-1)}{2}$.

2 Die Untersuchung über informelle Netzwerke am Arbeitsplatz ist von Krackhardt/Hanson (1993). Die Geschichte über die »innere« Gruppe bei Echo beschreibt Horn (1998), S. 231. Der Abschnitt beruht ferner auf Interviews mit David Krackhardt (15. Juni 1999) und Stacy Horn (4. Juni 1998).

3 Die Informationen über PowerBar beruhen auf einem Interview mit Brian Maxwell vom 19. November 1998.

4 Die Studie über die Versicherungsvertreter wurde von Evans (1963) durchgeführt und wird in mehreren Quellen beschrieben, unter anderem bei Robertson (1971), S. 218. Die Studie mit den Kassetten wurde von Woodside und Davenport (1974) durchgeführt.

5 Der Nintendo-Fall wird von Sheff (1993) beschrieben. Ich hatte auch ein Interview mit ihm (22. April 1998). Das Zitat von Helen Rockey ist aus einem Interview, das meine Assistentin Kerry Shaw mit ihr im April 1999 führte.

6 Dieses Phänomen ist überall erkennbar. Haben Sie sich je gefragt, warum Kirchen, Klubs und Berufsorganisationen in Ihrer Stadt so homogen sind? Hier wirkt wieder Prinzip Nr. 3. Diese Organisationen holen sich neue Mitglieder hauptsächlich über Netzwerkverbindungen. Die meisten neuen Mitglieder sind jenen, die sie anwerben, ähnlich. Die wenigen Mitglieder, die anders sind, bleiben nicht lange. »Diese atypischen Mitglieder sind Mutanten im Mitgliederpool der Organisation«, stellt eine Studie fest. Weil diese atypischen Mitglieder zu anderen Organisationen hingezogen werden (mit Mitgliedern, die ihnen ähnlich sind), werden Organisationen mit der Zeit immer homogener. Für weitere Informationen über dieses Thema vgl. Popielarz/McPherson (1995).

7 Auf die Gefängnisgeschichte stieß ich zuerst in einem Artikel von Dan Seligman (1998). Als ich Russ Bernard begegnete, verwies er mich

an einen Artikel, den er mitverfasst hatte, wo der Fall näher ausgeführt ist: Bernard/Killworth (1997).

8 Die Geschichte des PalmPilot bei Buck's wurde mir von Steve Jurvetson erzählt.

9 Die Studie über die koreanischen Dörfer ist aus Rogers (1995), S. 304. Für eine umfassende Darstellung siehe Rogers/Kincaid (1981).

10 Dieser Abschnitt beruht auf Milgram (1967).

11 Für einen umfassenderen Blick auf »strukturelle Löcher« vgl. Burt (1992). Die zitierte Definition steht auf Seite 18.

12 Peter H. Reingen von der Arizona State University ist einer der wenigen Marketing-Wissenschaftler, die über dieses Thema schreiben. Für eine Übersicht über Burts Arbeit in ihrer Anwendung auf Marketing vgl. Reingen (1994).

13 Interview mit Margot Fraser vom 22. Dezember 1998.

14 Die Hauptaussage, dass das Kleine-Welt-Phänomen durch Abkürzungen erklärt werden könnte, die Cluster miteinander verbinden, wird von Watts in *Nature* erklärt (Watts/Strogatz (1998). Im gleichen Heft von *Nature* gibt es eine gute Einführung von Collins (1998). Das Zitat von Watts in diesem Abschnitt stammt aus einem Zeitungsartikel von Blakeslee (1998). Leser, die sich eingehender mit dem Kleine-Welt-Phänomen beschäftigen wollen, können sich in einem kürzlich erschienenen Buch von Watts (1999) informieren.

15 Das Konzept der Risikokapitalgeber als Verbindungspersonen wurde von Rogers/Larsen (1984) beschrieben.

16 Aus Wellman/Tindall (1993). Die Daten über F&E-Labors stammen aus Allen (1977), S. 236.

17 Vgl. »U.S. Dialects Persist by Both Region and Race«. *Science* 279 (27. Februar 1998), S. 1311.

18 Dieser Abschnitt beruht auf einem Interview mit Mark Granovetter vom 11. Juni 1999. Vgl. auch Granovetter (1995). Beachten Sie, dass Granovetter nie behauptet, starke Verbindungen seien nicht von Bedeutung. Er sagt nur, dass die Brücken, die verschiedene Cliquen und Cluster miteinander verbinden, fast immer schwache Verbindungen sind.

19 Zip2 ist jetzt ein Internet-Technologieunternehmen, das mit mehr als 140 Zeitungen in den USA Partnerschaften hat, u. a. mit der *New York Times*. Das Unternehmen wurde 1999 von Alta Vista erworben. Interview mit Kimbal Musk vom 7. Januar 1998.

20 Ein Artikel, der das Konzept der schachen Verbindungen in seiner Anwendung auf Marketing beschreibt, ist Brown/Reingen (1987).

21 Vgl. Wellman/Gulia (1999). Dieser Abschnitt beruht auch auf einem Interview mit Valdis Krebs vom 10. August 1999.
22 Vgl. Dunbar (1996).
23 Vgl. Dunbar, S. 76f. Was die Zahl der Bekannten betrifft, zögern die Wissenschaftler, eine genaue Zahl anzugeben. Die hier erwähnten Zahlen sind grobe Schätzungen, die in der Literatur genannt werden.
24 Vgl. Spurge (1998), S. 153. Interview mit Seymour Merrin vom 25. Mai 1998.
25 Vgl. Christensen (1997).

## Kapitel 6: Wie sich Buzz ausbreitet

1 Vgl. Tarde (1962). Das französische Original erschien 1890, die erste amerikanische Ausgabe 1903. Vgl. auch Weimann (1994).
2 Dieser Abschnitt beruht auf Interviews mit Leigh Feldman (1. Februar 1999), Elisabeth Schmitz (1. Mai 1999) und Morgan Entrekin (29. Januar 1999).
3 Dieser Abschnitt beruht auf Interviews mit einem Dutzend Leser von *Cold Mountain* einschließlich Mike Jordan (29. Januar 1999) und Lynne Jenkins (28. Januar 1999).
4 Interview mit Jo Alice Canterbury vom 24. Mai 1999.
5 Interview mit Patricia Kelly vom 30. April 1999.
6 Was die Unterstützung durch andere Buchverlage betrifft, so kann man das natürlich nicht immer erwarten. Die Tatsache, dass Grove/Atlantic ein mittelgroßer Verlag ist, der die Branchengiganten nicht bedroht, hat sicher dazu beigetragen.
7 Die Absatzzahlen geben den Stand vom Mai 1999 wieder; sie stammen aus Arnold (1999).
8 Worauf es ankommt, ist, dass Patricia Kelly nicht der Typ ist, der jedes Buch auf ihrer Liste lobt. So behält sie ihre Glaubwürdigkeit. Interviews mit Mike Barnard (17. Mai 1999) und Patricia Kelly (30. April 1999). Der Artikel in *Publishers Weekly* ist von Zeitchik (1999).
9 Interview mit Stewart Alsop vom 3. Juni 1998.
10 Ich sollte darauf hinweisen, dass wir dadurch motiviert werden, wie andere sein zu wollen. Wir wollen etwas Besonderes sein. Es ist möglich, dass Sie es nach all dem Buzz über *Cold Mountain* ablehnen, das Buch zu lesen. Manche spüren den Wunsch nach Individualismus stärker als andere und werden von einem »Überfüllungseffekt« beeinflusst. Für weitere Informationen vgl. Granovetter/Soong (1986).
11 Vgl. Rogers (1995) und Moore (1991). Dieser Abschnitt beruht auch auf einem Interview mit Steve Hollander vom 15. Februar 1999.

12 Vgl. Reingen/Kernan (1986).
13 Vgl. McKenna (1985), S. 60.
14 Das Zitat über Clusterbildung stammt aus Michael Porters Artikel in der *Harvard Business Review* (1998).

## Kapitel 7: Ansteckende Produkte

1 Das Zitat von Kern ist aus einem E-Mail-Interview mit ihm vom 5. Februar 1999.
2 Interviews mit Colligan vom 23. April 1998 und 18. März 1999. Andy Reinhardts Zitat stammt aus einem Interview mit ihm vom 17. August 1999.
3 Seybolds Zitat ist aus einem Interview mit ihr vom 28. Mai 1998. Es ist erstaunlich, wie viele PalmPilot-Benutzer, mit denen ich sprach, diese einfache Tatsache erwähnten: »Der PalmPilot macht genau das, was er machen soll.«
4 Die Daten über Mode sind dem Yankelovich Monitor 1997 entnommen, der mir von Yankelovichs PR-Firma zur Verfügung gestellt wurde.
5 Der Abschnitt über Kühlschrank-Poesie beruht auf einem Interview mit Dave Kapell vom 30. April 1999.
6 Vgl. Hofstadter (1985), S. 50. In einem faszinierenden Artikel über Virus-Sätze behandelt Hofstadter unter anderem die Arbeit des Biologen Jacques Monod, der 1970 über die »Ausbreitungskraft« von Ideen schrieb, die von »vorhandenen Strukturen im Verstand« abhängen könnten.
7 Vgl. Rogers (1995), S. 40. Rogers erwähnt in diesem Zusammenhang den französischen Soziologen Gabriel Tarde, der 1890 darauf hinwies, dass Innovationen, die bereits akzeptierten Ideen ähnlich sind, wahrscheinlich eher übernommen werden. Vgl. auch S. 234 bei Rogers.
8 Der Abschnitt über Kodak beruht auf Collins (1990).
9 Für Informationen über das Buch vgl. Micklethwait/Woolridge (1996) und natürlich Peters/Waterman (1982).
10 Die Preise für den Mustang stammen aus Iacocca (1984).

## Kapitel 8: Beschleunigung der natürlichen Ansteckung

1 Vgl. Dunbar, S. 13f.
2 Der Abschnitt über FedEx beruht auf einem Interview mit Ted Sartoian vom 12. Januar 1999 und auf Sigafoos (1983).

3 Das Klimaanlagenexperiment wird bei Whyte (1954) beschrieben. Es ist ein faszinierender Artikel des gleichen William H. Whyte jr., der *The Organization Man* und *The Social Life of Small Urban Spaces* schrieb.
4 Der Abschnitt über White-Castle-Hamburger beruht auf Hogan (1997), S. 74–78, und auf einem Interview mit David Hogan vom 31. Mai 1999.
5 Die Informationen über *Pictionary* entstammen einem Interview mit Linda Pezzano vom 24. Oktober 1998.
6 Interviews mit Keith Fox (8. Oktober 1998) und George Paolini (4. Juni 1998).
7 Die Informationen über Union Bank stehen bei Colvin (1999).
8 Interview mit Jim Callahan vom 7. Februar 1999.
9 Der Tropical-Fantasy-Fall wird bei Freedman (1991) beschrieben.

## Kapitel 9: Zusammenarbeit mit Network-Hubs

1 Interview mit Jonathan Lomas vom 5. Juli 1999. Vgl. auch Lomas, Enkin et al. (1991) und Lomas, Anderson et al. (1989).
2 Interview mit Karen Pennington vom 9. November 1998.
3 Interviews mit Rochelle Newman vom 19. Januar und 29. April 1999.
4 Interview mit Jeff Tarter vom 12. März 1998. Das Zitat von Kephart ist aus einem Interview mit ihm vom 23. März 1998.
5 Interview mit Diane Crispell vom 5. November 1998.
6 Interview mit John W. Hawks vom 5. März 1999.
7 Vgl. Kelly et al. (1991). Für eine Zusammenfassung vgl. Weimann (1994), S. 226-228. Weimann beschreibt auch das Experiment in Finnland.
8 Vgl. Weimann (1994), S. 35.
9 Vgl. Noelle-Neumann, E./Petersen, Th.: *Alle, nicht jeder. Einführung in die Methoden der Demoskopie.* München: Deutscher Taschenbuch Verlag, 1996, S. 560. Zur *Spiegel*-Erhebung vgl. *SPIEGEL-Dokumentation Persönlichkeitsstärke. Ein neuer Maßstab zur Bestimmung von Zielgruppenpotentialen.* Hamburg, 1983.
10 Vgl. McKenna (1985), S. 67.
11 Interviews mit Rafe Needleman (16. August 1999) und Ed Colligan (23. April 1998 und 18. März 1999).
12 Vgl. Mancuso (1969).
13 Das Zitat ist aus Warner (1994). Die Informationen über den Jeep beruhen auch auf einem Interview mit Gary Gray vom 4. März 1999.

14 Gespräch mit Ivan Juzang vom 12. November 1998.
15 Interview mit Joe Gillespie vom 19. Mai 1998.
16 Interview mit Heidi Roizen vom 10. Juni 1998.
17 Interview mit Alyssa Berman vom Juli 1999.
18 Interview mit Steve Hollander vom 15. Februar 1999.
19 Interview mit Jeff Tarter vom 12. März 1998.
20 Interviews mit Tom Valente vom 21. Februar und 26. Mai 1999. Vgl. auch Gladwell (2000).

## Kapitel 10: Aktives Säen

1 Dieser Abschnitt beruht auf einem Interview mit Linda Pezzano vom 24. Oktober 1998. Der Fall wird auch kurz in einem ausgezeichneten Buch über Public Relations von Thomas Harris beschrieben; vgl. Harris (1991).
2 Interview mit Marleen McDaniel vom 27. Mai 1998.
3 Die Chrysler-Kampagne wird bei Walker (1995) erwähnt.
4 Wenn Sie Säen bei einem Produkt einsetzen, über das die Leute normalerweise nicht reden, wird das Saatexemplar nur bei den Saatkunden herumliegen, aber es werden keine Informationen darüber verbreitet. Eine angemessenere Möglichkeit, Verkaufsförderung für Produkte zu betreiben, die normalerweise nicht viel Buzz erhalten, besteht in der massenweisen Verteilung von Proben, was im Wesentlichen Säen in großem Maßstab ist – Sie geben *jedem* Kunden eine Probe des Produktes. Säen andererseits konzentriert sich darauf, jeweils ein bis mehrere Exemplare des Produktes in viele verschiedene Netzwerke zu platzieren. Tylenol-Proben waren sehr effektiv, die Leute an dieses Medikament zu gewöhnen. Das geschah durch Postsendungen, aber vor allem durch massenweise Verteilung von Proben in Krankenhäusern. »Sie haben wie verrückt Proben verteilt«, erklärte mir ein Pharmareferent, wie Tylenol unter Ärzten so populär wurde. Es war einfach immer vorhanden.
5 Interview mit Arlene Henry vom Oktober 1998.
6 Dieser Abschnitt beruht auf Peters (1987) und einem Interview mit Edward Burlingame vom 8. Januar 1999. Es war natürlich nicht nur das Säen, das *In Search of Excellence* so erfolgreich machte. Wie in allen anderen Fällen, die in diesem Buch erwähnt werden, spielen viele Faktoren für den Erfolg eines Produktes eine Rolle. *In Search of Excellence* ist ein sehr interessantes Buch, das Spaß macht zu lesen. Das Timing war ebenfalls perfekt – es kam im richtigen Moment heraus, als die Amerikaner wegen der Konkurrenz aus Japan in Panik

gerieten. Die Beziehungen der Autoren zur Unternehmenswelt Amerikas waren ebenfalls von Vorteil, vor allem aber die Energie, die sie in das Schreiben und die Verkaufsförderung steckten. Alles das waren Faktoren, die das Buch erfolgreich machten. Säen beschleunigte den Prozess.

7 Interview mit Rob Bennet vom 2. Juni 1999. Vgl. auch Rebello (1995).

8 Der Abschnitt beruht auf einem Interview mit Charlotte Stuyvenberg vom 2. Juni 1999. Das Unternehmen ist inzwischen von Hasbro übernommen worden.

9 Interview mit Bill McKiernan vom 12. Mai 1998.

10 Dieser Abschnitt über die IT-Manager beruht auf Interviews mit Ed Colligan vom 23. April 1998 und 18. März 1999. Natürlich ist es ausschlaggebend, bei diesen Beeinflussern den besten Eindruck der Technologie zu hinterlassen. Das erfordert manchmal besondere Aufmerksamkeit für Details und ein unglaubliches Engagement. Als ein 3Com-Mitarbeiter am Abend vor der Konferenz einen Fehler in den Daten auf dem PalmPilot entdeckte, blieb das Team die ganze Nacht da, um die korrekten Daten auf Tausende Geräte zu speichern.

11 Vgl. Trachtenberg (1987), S. 91.

12 Das Zitat von Stephen Carpenter ist aus Langer (1998).

## Kapitel 11: Die Elemente einer guten Geschichte

1 Vgl. Sheff (1993), S. 4 und S. 190. Der Abschnitt beruht auch auf einem Interview mit David Sheff vom 22. April 1998.

2 Vgl. Cialdini (1993), S. 237.

3 Der Abschnitt über Sonys PlayStation beruht auf einem Interview mit Charlotte Stuyvenberg vom 2. Juni 1999.

4 Interview mit Chris Moore vom 28. Mai 1998.

5 Auf das BMW-Beispiel wurde ich von Susan Fournier von der Harvard Business School hingewiesen, Mitautorin einer Fallstudie darüber; vgl. Fournier/Dolan (1997). Der Abschnitt beruht auch auf Interviews mit Jim McDowell (21. Juni 1999) und Jeff Salmon (29. April 1999).

6 Der Abschnitt beruht auf Interviews mit etwa zehn frühen Besitzern des BMW Z3. Meine Assistentin Kerry Shaw interviewte sechs BMW-Händler im ganzen Land.

7 Der Abschnitt über Natalie Imbruglia beruht auf einem Interview mit Kevin Conroy vom 4. Mai 1999.

8 Interview mit Steve Rubin vom 27. Mai 1998.

9 Der Abschnitt über *Blazing Saddles* beruht auf Fuhrman (1989). Ich hatte auch die Gelegenheit, ein aufgezeichnetes Interview mit dem verstorbenen Marty Weiser zu sehen, in dem er diesen Gag beschreibt.

10 Vgl. Weinraub (1998).

11 Für eine gute Darstellung der Mustang-Einführung vgl. Iacocca (1984) oder Harris (1991).

12 Natürlich könnte der »Freiwillige« ein BMW-Mitarbeiter gewesen sein, aber das ändert nichts an der Wirkung der Präsentation.

## Kapitel 12: Virus-Marketing

1 Interview mit Cynthia Typaldos vom 8. Juli 1999.

2 Das Zitat ist aus einem Interview mit Barry Berkov vom 19. April 1999. Um zu verstehen, warum die Reaktion auf diese Verkaufsförderung nicht überwältigend ist, sehen wir uns ein Beispiel an: Eine gute Kampagne mittels Postversand an eine Liste unbekannter Verbraucher erbringt eine Reaktionsrate von ein bis zwei Prozent. Nehmen wir an, Ihre Kunden mögen Sie wirklich und ihre Reaktion ist zehnmal höher. Das heißt, 20 Prozent Ihrer Kunden geben den Coupon weiter. Von dieser Freundesgruppe reagieren normalerweise wieder nur ein bis zwei Prozent, aber nehmen wir an, das Angebot ist so unglaublich und Ihre Kunden haben einen so großen Einfluss auf ihre Freunde, dass zehn Prozent von denen, die einen Coupon erhielten, bestellen. Zehn Prozent von 20 Prozent sind zwei Prozent, was eine gesunde Reaktionsrate ist, aber nicht überwältigend.

3 Interview mit George McMillan vom 21. Juni 1999.

4 Dies wurde von David Krackhardt von der Carnegie Mellon University beschrieben; vgl. Krackhardt (1996). Scott Feld von der Louisiana State University und David Krackhardt weisen ferner darauf hin, dass dieser Effekt von dem Umfang abhängt, in dem die Leute mit anderen Personen in Kontakt sind, die eine unterschiedliche Anzahl von Verbindungen haben. Mit anderen Worten, wenn alle die gleiche Anzahl von Verbindungen haben, wird dieser Effekt nicht eintreten.

5 Der Abschnitt über Unilever beruht auf einem Interview mit Jeff McElnea vom 6. Januar 1999 und auf dem kurzen Artikel »Share a Secret/USA« im Magazin *Promo* (1998), S. 34.

6 Für einen umfassenden Überblick der MCI-Kampagne vgl. Shaver/Dick (1996).

7 Interview mit Len Short von 1998.

8 Interview mit Arthur Hughes vom 6. Mai 1998.
9 Die Anzahl der Seitenabrufe stammt aus einer Presseverlautbarung von Sportsline vom 30. Januar 1998.
10 Interviews mit Cynthia Typaldos (8. Juli 1999) und Steve Jurvetson (4. Dezember 1998).
11 Vgl. Ginsburg (1998).
12 Vgl. Hof et al. (1997).
13 Vgl. Tristram (1999).
14 Vgl. Jurvetson/Draper (1998).
15 Für einen guten Überblick vgl. Hagel/Armstrong (1997).
16 Interview mit Hillary Graves vom 10. August 1999.
17 E-Mail von Jared Schutz an meine Assistentin Kerry Shaw vom 1. Juli 1999.
18 Interviews mit Felipe Korzenny vom 4. und 13. Januar 1999.
19 E-Mail von Scott Cook vom 28. Januar 1999.
20 Interview mit Tanya Roberts vom 24. Februar 1998.
21 Interview mit Jim Callahan vom 7. Februar 1999.

## Kapitel 13: Spielt die Madison Avenue immer noch eine Rolle?

1 Vgl. zum Beispiel das Abonnentenprofil von *Car & Driver* von 1997.
2 Vgl. Valente (1995), S. 25, und Robertson et al. (1984), S. 131.
3 Die Quelle für die Alar-Geschichte ist Harris (1991), S. 187.
4 Die Taco-Bell-Daten wurden mir von TBWA Chiat/Day zur Verfügung gestellt.
5 Vgl. Dichter (1966).
6 Vgl. Landler (1997) und Cohen (1999).
7 Interviews mit John Yost (6. Dezember 1998) und Paul Huber (3. Februar 1999).
8 Vgl. Wirthlin Worldwide (1999), »Buying Influence: Consider the Source«, S. 1–8.
9 Interview mit Cynthia Typaldos vom 8. Juli 1999.
10 Interview mit John Yost vom 6. Dezember 1998.
11 Interview mit Jim Callahan vom 7. Februar 1999.
12 Vgl. Robertson (1971), S. 215, und Interview mit Tom Robertson vom 27. Mai 1998. Über die Filmindustrie, die die Mundpropaganda misst, vgl. Rubin (1991), S. 211. Der Abschnitt beruht auch auf einem Interview mit Rubin vom 27. Mai 1998.

## Kapitel 14: Buzz in den Vertriebswegen

1 Das Zitat von Helen Rockey ist aus einem Interview, das meine Assistentin Kerry Shaw im April 1999 mit ihr führte.
2 Interview mit Seymour Merrin vom 25. Mai 1998.
3 Interview mit Jim Thompson vom 26. November 1998.
4 Vgl. Heidkamp (1991).
5 Interview mit Carl Lennertz vom 19. Mai 1999.
6 Die Informationen über Kiehl's beruhen auf Stout (1999) und Hawn (1996). Wenn Sie noch nicht in dem Geschäft des Unternehmens in East Village gewesen sind, dann lohnt sich ein Besuch. Es ist die beste Demonstration, dass Buzz nichts mit eleganten Ausstellungsräumen oder glitzernden Auslagen zu tun hat.
7 Interview mit Charlotte Stuyvenberg vom 2. Juni 1999.
8 Die Informationen über Jacqueline Susann beruhen auf einem Interview mit Edward Burlingame und auf Seaman (1987), S. 310.
9 Interview mit Linda Pezzano vom 24. Oktober 1998.
10 Das Interview mit Melanie Grimes wurde von Meredith Alexander durchgeführt. Der Abschnitt beruht auch auf meinem Interview mit Margot Fraser vom 22. Dezember 1998.

## Kapitel 15: Wie alles zusammengesetzt wird

1 Die PowerBar-Fallstudie beruht auf einem Interview mit Brian Maxwell. Meine Assistentin Kerry Shaw interviewte mehrere Sportler, die Frühadoptierer von PowerBar waren.
2 Das erste Zitat stammt aus einem Artikel in *Forbes* von McDaniel (1997), das zweite aus meinem Interview mit ihr vom 27. Mai 1998.
3 Vgl. Gilbert (1999).
4 Das Zitat stammt aus meinem Interview mit Joyce Amaral vom 1. Februar 1999. Die geschätzten Zahlen über die Jo-Jo-Branche sind Hochman (1999) entnommen.
5 Interview mit Alan Amaral vom 10. August 1999.
6 Interview mit Lucky J. Meisenheimer vom 25. Juni 1999. Für eine umfassende Geschichte der Jo-Jos vgl. Meisenheimer (1999).
7 Interview mit Pini Gamzo vom 26. Februar 1999. Wie ich zu Anfang von Kapitel 10 gezeigt habe, kann Buzz in Israel, wie überall, in Clustern stecken bleiben. Aber im Allgemeinen scheint sich Buzz in Israel rascher auszubreiten als zum Beispiel in den USA. Eine mögliche Erklärung ist die hohe Dichte sozialer Netzwerke in Israel. Damit verwandte Faktoren sind die räumliche Konzentration und geringe

Größe des Landes. Im Falle von Yomega könnte die beschleunigte Verbreitung mit der Tatsache zu tun haben, dass die Familien in enger Verbindung bleiben, selbst wenn Mitglieder in eine andere Stadt ziehen. Viele Großfamilien treffen sich an jedem Wochenende, sodass Cousins, die auf verschiedene Schulen gehen, eine Chance haben, Abkürzungen zwischen den Netzwerken ihrer Schulen herzustellen.

8 Interview mit Beth Reynolds vom 11. Januar 1999.

## Kapitel 16: Buzz-Workshop

1 Beruht auf Kirsner (1998) und auf persönlicher Kommunikation mit Metcalfe im März 1999.
2 Vgl. Packard et al. (1995), S. 106.
3 Interview mit John Goodman vom 10. Juni 1999.
4 Interview mit Ava DeMarco vom 25. Februar 1999.
5 Vgl. Lyons (1999).
6 Interview mit Margot Fraser vom 22. Dezember 1998.
7 Interviews mit Rochelle Newman vom 19. Januar und 29. April 1999.
8 Interview mit Ted Sartoian vom 12. Januar 1999.
9 Interview mit Steve Douty vom 15. Januar 1999.
10 Interview mit Helen Rockey vom April 1999.
11 Interviews mit Jim McDowell (21. Juni 1999) und John Yost (6. Dezember 1998).

# Glossar

**Abkürzung** – Im Zusammenhang dieses Buches: Verbindungen zwischen zwei weit entfernten Knoten in den Netzwerken, die weit entfernte Cluster oder Cliquen miteinander verknüpfen. Diese Abkürzungen beschleunigen den Informationsfluss. Abkürzungen können sich zufällig oder als Folge des »Leapfrogging« (Bockspringens) ergeben.

**Ablehnung** – Mögliches Ergebnis des Buzz. Gegensatz von Übernahme. Es kann eine Unterscheidung getroffen werden zwischen aktiver Ablehnung (»Ich will keinen PalmPilot«) und passiver Ablehnung (»Er gefällt mir, aber nicht jetzt«).

**Adjazenz *(degree)*** – Im Zusammenhang mit sozialen Netzwerken als Maß der Zentralität die Anzahl von Personen, mit denen jemand in direkter Verbindung steht.

**Adoptiererkategorien** – Eine Klassifizierung der Verbraucher auf der Basis der Geschwindigkeit, mit der sie neue Ideen oder Produkte übernehmen. Everett Rogers unterscheidet fünf Gruppen: Innovatoren, Frühadoptierer, frühe Mehrheit, späte Mehrheit, Nachzügler; vgl. Rogers (1995), S. 22.

**Ansteckende Produkte** – Produkte, die einige wesenhafte Eigenschaften besitzen, derentwegen sie sich rascher verbreiten. Zum Beispiel können Produkte, die umso nützlicher werden, je mehr Personen sie benutzen, ansteckend wirken. Sie werden in Kapitel 7 ausführlich behandelt.

**Ansteckungsprozess** – Der interpersonelle Einfluss, der sowohl durch direkte Verbindungen als auch durch Statusvergleich auf jemanden einwirkt; vgl. Valente (1995), S. 15.

**Branchen-Buzz** – Buzz innerhalb von Branchenkreisen. Vom Buzz unter Verbrauchern verschieden, weil er normalerweise intensiver ist und sich rascher ausbreitet.

**Buzz** – Die Gesamtheit aller Kommentare über ein bestimmtes Produkt oder ein Unternehmen zu einem bestimmten Zeitpunkt. Das ist eine breite Definition, die alles, was über ein Produkt gesagt wird, als Buzz ansieht. Im Gegensatz dazu lautet die Definition von *Newsweek*: »Ansteckendes Geschwätz; echte Begeisterung der Straße für eine aufregende neue Person, Lokalität oder Sache.« Das beschreibt, was ich als *starken* Buzz bezeichnen würde, eine wichtige Unterart des Buzz.

**Clique** – Drei oder mehr Knoten, die miteinander verbunden sind (die Dichte ist maximiert).

**Cluster** – Bereiche in den Netzwerken, in denen mehr Personen miteinander verbunden sind.

**Diffusion (Verbreitung) von Innovationen** – Der Prozess, durch den eine Innovation mittels bestimmter Kanäle im Lauf der Zeit unter Mitgliedern eines Sozialsystems weitergegeben wird; vgl. Rogers (1995), S. 5.

**Dyade** – Verbindung zwischen zwei Knoten in einem Netzwerk. Die Grundeinheit für die Analyse sozialer Netzwerke.

**Große Mode** – Ein Massenandrang. Sehr hohe Nachfrage nach einem bestimmten Produkt. Typischerweise mit Knappheit verbunden.

**Heterophilie** – Das Maß der Verschiedenartigkeit zweier Personen.

**Homophilie** – Die Neigung von Personen, die sich ähnlich sind, sich zu mögen und sich daher miteinander zu verbinden.

**Hub (Network-Hub)** – Eine Person, die (direkt oder indirekt) mit mehr Personen hinsichtlich einer bestimmten Produktkategorie kommuniziert als der Durchschnitt der Bevölkerung.

**»Influential Americans« (einflussreiche Amerikaner)** – Ein Ausdruck, der von Roper Starch benutzt wurde, um die Personengruppe zu beschreiben, die das Forschungsunternehmen seit den vierziger Jahren untersucht. Ein »influential« ist als eine Person definiert, die in bestimmte öffentliche politische oder soziale Aktivitäten verwickelt ist, wie einen Brief an eine Zeitung schreiben, eine Rede halten oder Mitglied eines Komitees sein.

**Kleine-Welt-Problem** – Der Ausdruck wird von Forschern zur Beschreibung des »Sechs-Schritte«-Phänomens benutzt. Es fragt im Wesentlichen danach, wie viele Bekannte als Zwischenglieder notwendig sind, um zwei zufällig ausgewählte Personen auf der Welt miteinander zu verbinden.

**Kognitive Dissonanz** – Im Zusammenhang mit dem Verbraucherverhalten ein Unbehagen, das der Käufer als Ergebnis eines nach dem Kauf auftretenden Konfliktes spürt. Zum Beispiel könnte bei jenen Käufern eine kognitive Dissonanz hervorgerufen werden, die von einer niedrigen Einstufung des Produkts erfahren, das sie gerade gekauft haben.

**Kommentar** – In diesem Buch wird der Begriff zur Beschreibung des Grundbausteins des Buzz benutzt. Die Meinung über ein Produkt oder eine Dienstleistung, die von einem Verbraucher zu einem anderen weitergegeben wird. Beispiel: »*Die Reifeprüfung* ist ein toller Film.«

**Kosmopolitisch** – Im Zusammenhang mit der Diffusion (Verbreitung) von Innovationen die Eigenschaft einer Person, die zur Welt außerhalb des lokalen Systems orientiert ist; vgl. Rogers (1995).

**Kritische Masse** – Die Mindestanzahl von Teilnehmern, die zur Aufrechterhaltung einer Aktivität notwendig ist; vgl. Valente (1995), S. 141.

**»Leapfrogging« (Bockspringen)** – Aktive Herbeiführung einer Abkürzung in den Netzwerken, um die natürliche Ansteckung zu beschleunigen.

**Mega-Hub** – Eine Person, die mit zahlreichen Personen über Massenmedien wie Zeitschriften, Rundfunk, Fernsehen und das Internet kommuniziert.

**Mehrstufenmodell** – Ein Modell, das annimmt, dass Informationen sich in vielfältigen Fließmustern verbreiten. Im Gegensatz zum Zwei-Stufen-Modell, das im Wesentlichen von einem Herabsickern *(trickle-down)* ausgeht, erkennt das Mehrstufenmodell die Existenz der Meinungsübereinstimmung, direkter Medieneffekte sowie eines horizontalen und aufsteigenden Informationsflusses an; vgl. Weimann, S. 122.

**Meinungsführer *(opinion leader)*** – Siehe Hub.

**Modewelle** – Eine Mode, die auftaucht, einen Höhepunkt hat und sehr rasch wieder verschwindet. Fast immer mit einer Menge Buzz verbunden.

**Mundpropaganda** – Jede mündliche Kommunikation. Im Zusammenhang mit Verbraucherverhalten bezieht sich der Ausdruck auf mündliche Kommunikation über Produkte und Dienstleistungen unter Freunden, Familienangehörigen, Bekannten und Kollegen. Mundpropaganda ist einer der Wege, auf denen Buzz übermittelt wird.

**Netzwerkanalyse** – Mathematische Analyse, die sich auf Beziehungen zwischen sozialen Wesen (Personen, Unternehmen, Ländern usw.) konzentriert.

**Netzwerkdichte** – Anteil tatsächlicher Verbindungen an allen Verbindungen, die in einem bestimmten Netzwerk möglich sind.

**Netzwerkexternalität** – Die Neigung bestimmter Produkte und Dienstleistungen, wertvoller zu werden, wenn mehr Nutzer sie übernehmen.

**Netzwerkschwelle** – Anteil von Übernehmern neuer Produkte im direkten Netzwerk einer Person, der notwendig ist, damit diese ebenfalls das Produkt übernimmt; vgl. Valente, S. 141.

**Prädiktor** – Merkmal, das die Vorhersage einer Entwicklung erlaubt.

**Sättigung** – Zustand, in dem praktisch alle potenziellen Adoptierer eines bestimmten Produkts es übernommen haben.

**Sechs Schritte der Trennung** – Die allgemeine Überzeugung, dass zwei zufällig ausgesuchte Personen auf der Erde mittels maximal sechs anderen Personen miteinander verbunden werden können. Benannt nach dem gleichnamigen Schauspiel von John Guare (das später verfilmt wurde). Siehe »Kleine-Welt-Problem«.

**Soziales Netzwerk** – Mehrere Akteure und die zwischen ihnen bestehenden Beziehungen. Auch wenn diese breite Definition verschiedene Arten von Akteuren einschließt (z. B. Unternehmen), konzentriert sich dieses Buch nur auf soziale Netzwerke, die *Personen* miteinander verbinden.

**»Stärke schwacher Verbindungen«** – Vorstellung, dass schwache Verbindungen wahrscheinlich eher neue Informationen in eine Clique oder ein Cluster hineinbringen. Das Konzept stammt von Mark Granovetter von der Stanford-Universität.

**Strukturelles Loch** – Trennung zwischen nicht sehr zahlreichen Kontakten. Im Kontext dieses Buchs die Lücke zwischen Clustern und Cliquen, die durch menschliche Brücken (Verbindungspersonen) geschlossen werden können. Das Konzept stammt von Ron Burt von der Universität Chicago.

**Überzogene Werbung** – Eine Kommunikation, die hohe Erwartungen weckt, die nicht erfüllt werden.

**Unsichtbare Netzwerke** – Der Begriff wird in diesem Buch benutzt, um soziale Netzwerke zu beschreiben. Die interpersonellen Informationsnetzwerke, die Verbraucher miteinander verbinden.

**Verbindungspersonen** – Manchmal auch »Brücken« genannt. Personen, die verschiedene Cluster und Cliquen miteinander verbinden.

**Virus-Marketing** – Marketingmaßnahmen, die sich den Ansteckungsprozess zunutze machen. In der Internet-Welt sind ICQ und Hotmail Beispiele für Unternehmen, die durch Virus-Marketing expandiert haben.

**Visueller Buzz** – Kommentare, die sich visuell (im Gegensatz zu verbal) verbreiten. Zum Beispiel erzeugt eine neue Art Schuh visuellen Buzz, wenn Leute ihn sehen.

**Zwei-Stufen-Modell** – Modell, das annimmt, dass Informationen von den Medien zu Network-Hubs und dann zu den restlichen Personen fließen. Siehe »Mehrstufenmodell«.

# Literatur

Aaker, David A./Myers, John G.: *Advertising Management.* 3. Aufl. Englewood Cliffs, N.J.: Prentice-Hall, 1987

Allen, Thomas J.: *Managing the Flow of Technology: Technology Transfer and the Dissemination of Technological Information within the R&D Organization.* Cambridge, Mass.: MIT Press, 1977

Arnold, Martin: »A Success A Year Later.« *The New York Times*, 27. Mai 1999, S. B3

Austin, Nancy, K.: »Buzz: In Search of the Most Elusive Force in All of Marketing.« *Inc.*, Mai 1998, S. 44–50

Bernard, Russell H./Killworth, Peter: »The Search for Social Physics.« *CONNECTIONS* 20, Nr. 1 (1997), S. 16–34

Blakeslee, Sandra: »Mathematicians Prove That It's a Small World.« *The New York Times*, 16. Juni 1998, S. F3

Brock, Timothy C./Brannon, Laura A.: »Liberalization of Commodity Theory.« *Basic and Applied Social Psychology* 13, Nr. 1 (1992), S. 135–144

Brodie, Richard: *Virus of the Mind: The New Science of the Meme.* Seattle: Integral Press, 1996

Bronson, Po: *The Nudist on the Late Shift.* New York: Random House, 1999

Brown, Jacqueline Johnson/Reingen, Peter H.: »Social Ties and Word-of-Mouth Referral Behavior.« *Journal of Consumer Research* 14, Nr. 3 (1987), S. 350–362

Brunvand, Jan Harold: *Curses, Broiled Again!: The Hottest Urban Legends Going.* New York: Norton, 1989

Burt, Ronald S.: »Social Contagion and Innovation: Cohesion Versus

Structural Equivalence.« *American Journal of Sociology* 92, Mai 1987, S. 1287–1335
Burt, Ronald S.: *Structural Holes: The Social Structure of Competition.* Cambridge, Mass.: Harvard University Press, 1992
Burt, Ronald S.: »The Social Capital of Opinion Leaders.« *The Annals of The American Academy of Political and Social Science*, 566 (1999), S. 37–54
Cafferky, Michael E.: *Let Your Customers Do the Talking: 301 + Word-of-Mouth Marketing Tactics Guaranteed to Boost Profits.* Chicago: Upstart Publishing Company, Inc., 1996
Christensen, Clayton M.: *The Innovator's Dilemma: When New Technologies Cause Great Firms to Fail.* Boston: Harvard Business School Press, 1997
Cialdini, Robert B.: *Influence: The Psychology of Persuasion.* Überarb. Version. New York: Morrow, 1993
Cohen, Alan: »Reinventing a Brand.« *Agency*, Winter 1999, S. 58–60
Coleman, James S./Katz, Elihu/Menzel, Herbert: *Medical Innovation: A Diffusion Study.* Indianapolis: Bobbs-Merrill Co., 1966
Collins, Douglas: *The Story of Kodak.* New York: H.N. Abrams, 1990
Collins, James J./Chow, Carson C.: »It's a Small World.« *Nature*, 393, 4. Juni 1998, S. 409 f.
Colvin, Geoffrey: »The 50 Best Companies For Asians, Blacks, and Hispanics.« *Fortune*, 19. Juli 1999, S. 52–58
Cuneo, Alice Z.: »From one Momenta to the Next – Poof!« *Advertising Age*, 9. November 1992
Dawkins, Richard: *The Selfish Gene.* Oxford University Press, 1976. Dt.: *Das egoistische Gen.* Überarb. und erw. Neuausgabe. Reinbek b. Hamburg: Rowohlt, 1998
Dichter, Ernest: »How Word-of-Mouth Advertising Works.« *Harvard Business Review*, November/Dezember 1966, S. 147–166
Dunbar, Robin I.M.: *Grooming, Gossip, and the Evolution of Language.* Cambridge, Mass.: Harvard University Press, 1996. Dt.: *Klatsch und Tratsch: Wie der Mensch zur Sprache fand.* München: Bertelsmann, 1998
Dyson, Esther: *Release 2.0: A Design for Living in the Digital Age.* New York: Broadway Books, 1997. Dt.: *Release 2:0: Die Internet-Gesellschaft; Spielregeln für unsere digitale Zukunft.* München: Droemer Knaur, 1997
Evans, Franklin B.: »Selling as a Dyadic Relationship: A New Approach.« *American Behavioral Scientist* 6, Nr. 9 (1963), S. 76–79
Farrell, Winslow: *How Hits Happen: Forecasting Predictability in a Chaotic Marketplace.* New York: HarperBusiness, 1998

Fass, Craig/Ginelli, Mike/Turtle, Brian: *Six Degrees of Kevin Bacon.* New York: Plume, 1996
Fisher, Lawrence M.: »Routing Makes Cisco Systems a Powerhouse of Computing.« *The New York Times,* 11. November 1996, S. D1
Fitzpatrick, Robert L./Reynolds, Joyce K.: *False Profits: Seeking Financial and Spiritual Deliverance in Multi-Level Marketing and Pyramid Schemes.* Charlotte, NC: Herald Press, 1997
Fournier, Susan: »Consumers and Their Brands: Developing Relationship Theory in Consumer Research.« *Journal of Consumer Research* 24, Nr. 4 (1998), S. 343–373
Freedman, A.M.: »Rumor Turns Fantasy Into Bad Dream.« *The Wall Street Journal,* 10. Mai 1991, S. B1
Fuhrman, Candice: *Publicity Stunt!* San Francisco: Chronicle Books, 1989
Gallagher, Leigh: »Runner's World.« *Forbes,* 22. Februar 1999, S. 96
Gilbert, Jennifer: »Women.com Eyes 6 Shops for Acc't.« *Advertising Age,* 1. März 1999, S. 2
Ginsburg, Ami: »Eight Million Mirabilis Citizens.« *Globes Arena,* 18. Februar 1998
Gladwell, Malcolm: »Six Degrees of Lois Weisberg.« *The New Yorker,* 11. Januar 1999, S. 52–63
Gladwell, Malcolm: *The Tipping Point. How Little Things Can Make a Big Difference.* Boston: Little, Brown and Company, 2000
Godin, Seth: *Permission Marketing: Turning Strangers into Friends, and Friends into Customers.* New York: Simon & Schuster, 1999
Granovetter, Mark/Soong, Roland: »Threshold Models of Interpersonal Effects in Consumer Demand.« *Journal of Economic Behavior and Organization* 7 (1986), S. 83–99
Granovetter, Mark: *Getting a Job: A Study of Contacts and Careers.* 2. Aufl. Chicago: University of Chicago Press, 1995
Grove, Andrew S.: *Only the Paranoid Survive: How to Exploit the Crisis Points That Challenge Every Company and Career.* New York: Doubleday, 1996. Dt.: *Nur die Paranoiden überleben. Strategische Wendepunkte vorzeitig erkennen.* Frankfurt/New York: Campus, 1997
Hagel, John III/Armstrong, Arthur G.: *Net Gain: Expanding Markets Through Virtual Communities.* Boston: Harvard Business School Press, 1997. Dt.: *Net Gain – Profit im Netz: Märkte erobern mit virtuellen Communities.* Wiesbaden: Gabler, 1997
Harris, Godfrey: *Don't Take Our Word for It!: Everything You Need to Know about Making Word of Mouth Advertising Work for You.* Los Angeles: The Americas Group, 1998. Dt.: *Empfehlen Sie uns weiter! Mundpropaganda als Marketinginstrument.* Wien: Signum, 1999

Harris, Thomas L.: *The Marketer's Guide to Public Relations*. New York: John Wiley & Sons, 1991

Harris, Thomas L.: *Value-added Public Relations: The Secret Weapon of Integrated Marketing*. Lincolnwood (Chicago), NTC Business Books, 1998

Hawn, Carleen: »A Company With Attitude.« *Forbes*, 7. 10.1996, S. 73 ff.

Heidkamp, Maria: »Creating Word of Mouth for Literary and Midlist Fiction.« *Publishers Weekly*, 26. April 1991, S. 34 f.

Heinrich, Bernd/Marzluff, John: »Why Ravens Share.« *American Scientist* 83, Nr. 4 (1995), S. 342–349

Hochman, Paul: »Yo-Yos Are Back. This Time They Mean It.« *Fortune*, 24. Mai 1999, S. 64

Hof, Robert D./Browder, Seanna/Elstrom, Peter: »Internet Communities.« *BusinessWeek*, 5. Mai 1997, S. 64–85

Hofstadter, Douglas R.: *Metamagical Themas: Questing for the Essence of Mind and Pattern*. New York: Basic Books, 1985. Dt.: *Metamagicum: Fragen nach der Essenz von Geist und Struktur*. München: Deutscher Taschenbuch Verlag, 1994

Hogan, David G.: *Selling 'em By the Sack: White Castle and the Creation of American Food*. New York: New York University Press, 1997

Horn, Stacy: *Cyberville: Clicks, Culture, and the Creation of an Online Town*. New York: Warner Books, 1998

Iacobucci, Dawn (Hrsg.): *Networks in Marketing*. Thousand Oaks: Sage, 1996

Iacocca, Lee/Novak, William: *Iacocca: An Autobiography*. Toronto: Bantam Books, 1984. Dt.: *Iacocca: Eine amerikanische Karriere*. 25. Aufl. Düsseldorf/Wien: Econ, 1995

Jurvetson, Steve/Draper, Tim: »Viral Marketing.« *Business 2.0*, November 1998

Kaplan, Jerry: *Startup: A Silicon Valley Adventure*. Boston: Houghton Mifflin, 1995

Katz, Elihu: »The Two-Step-Flow of Communication.« *Public Opinion Quarterly* 21 (1957), S. 61–78

Katz, Elihu/Lazarsfeld, Paul F.: *Personal Influence: The Part Played by People in the Flow of Mass Communications*. Glencoe: The Free Press, 1955. Dt.: *Persönlicher Einfluss und Meinungsbildung*. München: Oldenbourg, 1962

Kawasaki, Guy: *Selling the Dream: How to Promote Your Product, Company, or Ideas, and Make a Difference Using Everyday Evangelism*. New York: HarperBusiness, 1991. Dt.: *Selling the Dream: Die Kunst, aus Kunden Missionare zu machen*. Landsberg am Lech: mvg-Verlag, 1999

Kelly, Jeffrey A. et al.: »HIV Risk Behavior Reduction Following Intervention With Key Opinion Leaders of Population: An Experimental Analysis.« *American Journal of Public Health* 81, Nr. 2 (1991), S. 168–171

Kelly, Kevin: *New Rules for the New Economy: 10 Radical Strategies for a Connected World.* New York: Viking, 1998. Dt.: *NetEconomy: Zehn radikale Strategien für die Wirtschaft der Zukunft.* München/Düsseldorf: Econ, 1999

Kirsner, Scott: »The Legend of Bob Metcalfe.« *Wired* 1998, S. 182

Kotler, Philip/Armstrong, Gary: *Principles of Marketing.* 5. Aufl. Englewood Cliffs: Prentice Hall, 1991. Dt.: *Grundlagen des Marketing.* 2., überarb. Aufl. München/London/New York: Prentice Hall, 1999

Krackhardt, David: »Structural Leverage in Marketing.« In Iacobucci, Dawn (Hrsg.): *Networks in Marketing.* Thousand Oaks: Sage, 1996

Krackhardt, David/Hanson, Jeffrey R.: »Informal Networks: The Company Behind the Chart.« *Harvard Business Review*, Juli-August (1993), S. 104–111

Landler, Mark: »Now, Worse Than Ever! Cynicism in Advertising!« *The New York Times*, 17. August 1997

Langer, Andy: »Lost Highway.« *Guitar World*, Mai 1998, S. 68

Larson, Gina: »Kamran Elahian Fears Nothing in the World of Entrepreneurship.« *Entrepreneurial Edge*, 1998, S. 46–50

Lazarsfeld, Paul F./Berelson, Bernard/Gaudet, Hazel: *The People's Choice: How the Voter Makes Up His Mind in a Presidential Campaign.* New York: Duell Sloan and Pearce, 1944. 3. Aufl. New York: Columbia Press, 1968

Leonard-Barton, Dorothy: »Experts as Negative Opinion Leaders in the Diffusion of a Technological Innovation.« *Journal of Consumer Research* 11, März 1985, S. 914–926

Levine, Rick/ Locke, Christopher/Searls, Doc/ Weinberger, David: *The Cluetrain Manifesto: The End of Business as Usual.* Cambridge, Mass.: Perseus Books, 1999. Dt.: *Das Cluetrain-Manifest. 95 Thesen für die neue Unternehmenskultur im digitalen Zeitalter.* München: Econ, 2000

Levinson, Jay Conrad: *Guerilla Marketing: Secrets for Making Big Profits From Your Small Business.* Boston: Houghton Mifflin, 1984. Dt.: *Guerilla Marketing. Offensives Werben und Verkaufen für kleinere Unternehmen.* 3. Aufl. Frankfurt/New York: Campus, 1996

Lomas, Jonathan/Anderson, G.M. et al.: »Do Practice Guidelines Guide Practice? The Effect of a Consensus Statement on the Practice of Physicians.« *The New England Journal of Medicine* 321, Nr. 19 (1989), S. 1306–1311

Lomas, Jonathan/Enkin, M. et al.: »Opinion Leaders vs. Audit and Feedback to Implement Practice Guidelines. Delivery After Previous Cesarean Section.« *Journal of the American Medical Association* 265, Nr. 17 (1991), S. 2202–2207

Lynch, Aaron: *Thought Contagion: How Belief Spreads Through Society.* New York: Basic Books, 1996

Lyons, Charles: »Spooked by ›Witch‹.« *Variety*, 9. August 1999, S. 7f.

Mancuso, Joseph R.: »Why Not Create Opinion Leaders for New Product Introduction?« *Journal of Marketing* 33, Juli 1969, S. 20–25

Marin, Rick/Van Boven, Sarah: »The Buzz Machine.« *Newsweek*, 27. Juli 1998, S. 22–26

McDaniel, Marleen: »A Safe Place Not to Browse.« *Forbes*, 1. Dezember 1997, S. 26

McKenna, Regis: *The Regis Touch: Million-Dollar Advice From America's Top Marketing Consultant.* Reading, Mass.: Addison-Wesley, 1985. Dt.: *Dynamisches Marketing: Positionierungsstrategien für technologieorientierte Unternehmen.* Landsberg am Lech: verlag moderne industrie, 1986

McKenna, Regis: *Relationship Marketing: Successful Strategies for the Age of the Customer.* Reading, Mass.: Addison-Wesley, 1991

Meisenheimer, Lucky J.: *Lucky's Collectors Guide to 20th Century Yo-Yos. History and Values.* Orlando, Florida: Lucky J.'s Swim & Surf, 1999

Micklethwait, John/Woolridge, Adrian: *The Witch Doctors: Making Sense of the Management Gurus.* New York: Times Books, 1996. Dt.: *Die Gesundbeter. Was die Rezepte der Unternehmensberater wirklich nützen.* Hamburg: Hoffmann und Campe, 1998

Milgram, Stanley: »The Small-world Problem.« *Psychology Today* 1967, S. 60–67

Misner, Ivan R.: *The World's Best-known Marketing Secret: Building Your Business With Word-of-Mouth Marketing.* Austin: Bard & Stephen, 1994. Dt.: *Marketing zum Nulltarif. Mit Networking und Empfehlungsmarketing zu neuen Kunden.* Landsberg am Lech: verlag moderne industrie, 1999

Mitchell, Russell: »A Marathon Man with Marketing Power.« *Business Week*, 7. November 1994

Money, Bruce R./Gilly, Mary C./Graham, John L.: »Exploration of National Culture and Word-of-Mouth Referral Behavior in the Purchase of Industrial Services in the United States and Japan.« *Journal of Marketing* 62, Oktober 1998, S. 76–87

Moore, Geoffrey A.: *Crossing the Chasm: Marketing and Selling Technology Products to Mainstream Customers.* New York: HarperBusiness, 1991

Munk, Nina: »Girl Power.« *Fortune*, 8. Dezember 1997, S. 132–140
Noelle-Neumann, Elisabeth: »Die Identifizierung der Meinungsführer.« 38. ESOMAR-Kongress, Wiesbaden, 1.-5. September 1985
Noelle-Neumann, E./Petersen, Th.: *Alle, nicht jeder. Einführung in die Methoden der Demoskopie.* München: dtv, 1996
Norman, Donald A.: *The Invisible Computer: Why Good Products Can Fail, the Personal Computer is so Complex, and Information Appliances are the Solution.* Cambridge, Mass.: MIT Press, 1998
Ogilvy, David: *Ogilvy on Advertising.* New York: Vintage Books, 1983. Dt.: *Ogilvy über Werbung.* Düsseldorf/Wien: Econ, 1984
O'Malley, Chris: »Jungle Fever on the Web.« *Time*, 7. Dezember 1998, S. 63
Packard, David/Kirby, David/Lewis, Karen R.: *The HP Way: How Bill Hewlett and I Built Our Company.* New York: HarperBusiness, 1995. Dt.: *Die Hewlett-Packard-Story. Wie Bill Hewlett und ich unser Unternehmen aufbauten.* Frankfurt/New York: Campus, 1996
Pappi, Franz U. (Hrsg.): *Methoden der Netzwerkanalyse.* München: Oldenbourg, 1987
Peppers, Don/Rogers, Martha: *The One to One Future: Building Relationships One Customer at a Time.* New York: Doubleday, 1993. Dt.: *Strategien für ein individuelles Kundenmarketing: Die 1:1 Zukunft.* München: Droemer Knaur, 1996
Peters, Tom: *Thriving on Chaos: Handbook for a Management Revolution.* New York: HarperPerennial, 1987. Dt.: *Kreatives Chaos. Die neue Management-Praxis.* 3. Aufl. Hamburg: Hoffmann und Campe, 1994
Peters, Thomas J./Waterman, Robert H.: *In Search of Excellence: Lessons from America's Best-Run Companies.* New York: Harper & Row, 1982. Dt.: *Auf der Suche nach Spitzenleistungen. Was man von den bestgeführten US-Unternehmen lernen kann.* 5. Aufl. Landsberg am Lech: verlag Moderne industrie, 1994
Piirto, Rebecca: *Beyond Mind Games: The Marketing Power of Psychographics.* Ithaca: American Demographics Books, 1991
Poe, Richard: *Wave Three: The New Era in Network Marketing.* Rocklin, CA: Prima Publishing, 1995
Popielarz, Pamela A./McPherson, J. Miller: »On the Edge or In Between: Niche Position, Niche Overlap, and the Duration of Voluntary Association Memberships.« *American Journal of Sociology* 101, Nr. 3 (1995), S. 698–720
Porter, Michael E.: »Clusters and the New Economics of Competition.« *Harvard Business Review*, November-Dezember 1998, S. 77–90
Putnam, Robert D.: »Bowling Alone: America's Declining Social Capital.« *Journal of Democracy* 6, Nr. 1 (1995), S. 65–78

Rebello, Kathy/Kuntz, Mary: »Feel the Buzz.« *Business Week*, 28. August 1995, S. 31
Reingen, Peter H.: »Structural Holes: The Social Structure of Competition.« *Journal of Marketing* 58, Januar 1994, S. 152–155
Reingen, Peter H:/Kernan, Jerome B.: »Analysis of Referral Networks in Marketing: Methods and Illustration.« *Journal of Marketing Research* 23, November 1986, S. 370–378
Robertson, Thomas S.: *Innovative Behavior and Communication*. New York: Holt, Rinehart and Winston, 1971
Robertson, Thomas S./Zielinski, Joan/Ward, Scott: *Consumer Behavior*. Glenview, Ill.: Scott, Foresman and Company, 1984
Rogers, Everett M.: *Diffusion of Innovations*. 4. Aufl. New York: Free Press, 1995
Rogers, Everett M./Kincaid, D. Lawrence: *Communication Networks: Toward a New Paradigm for Research*. New York: Free Press, und London: Macmillan, 1981
Rogers, Everett M./Larsen, Judith K.: *Silicon Valley Fever*. New York: Basic Books, 1984. Dt.: *Silicon-Valley-Fieber. An der Schwelle zur High-Tech-Zivilisation*. Berlin: Siedler, 1985
Rogers, Everett M./Steinfatt, Thomas M.: *Intercultural Communication*. Prospect Heights, Ill.: Waveland Press, 1999
Roper Starch Worldwide: *Influential Americans: Trendsetters of the New Millenium*. 4. Aufl. New York: Roper Starch Worldwide und The Atlantic Monthly, 1995
Rubin, Steven Jay: *Reel Exposure: How to Publicize and Promote Today's Motion Pictures*. Shelter Island, NY: Broadway Press, 1991
Sandberg, Jared: »The Friendly Virus.« *Newsweek*, 12. April 1999, S. 65–67
Schelling, Thomas C.: *Micromotives and Macrobehavior*. New York: Norton, 1978
Schenk, Michael: *Soziale Netzwerke und Kommunikation*. Tübingen: Mohr, 1984
Schenk, Michael: *Soziale Netzwerke und Massenmedien*. Tübingen: Mohr, 1995
Sculley, John/Byrne, John A.: *Odyssey: Pepsi to Apple … a Journey of Adventure, Ideas, and the Future*. New York: Harper & Row, 1988. Dt.: *Meine Karriere bei PepsiCo und Apple*. 2. Aufl. Düsseldorf: Econ-Taschenbuch-Verlag, 1991
Seaman, Barbara: *Lovely Me: The Life of Jacqueline Susann*. New York: Morrow, 1987
Seligman, Dan: »Me and Monica.« *Forbes*, 23. März 1998, S. 76 f.
Sewell, Carl/Brown, Paul B.: *Customers for Life: How to Turn That One-*

*time Buyer into a Lifetime Customer.* New York: Doubleday, 1990. Dt.: *Kunden fürs Leben. Die Erfolgsformel für mehr Service und Kundenzufriedenheit.* Wiesbaden: Gabler, 1996

Seybold, Patricia B./Marshak, Ronni T.: *Customers.com: How to Create a Profitable Business Strategy for the Internet and Beyond.* New York: Times Business, 1998. Dt.: *koenig.kunde.com. Wie erfolgreiche Unternehmen im Internet Geschäfte machen.* München: Econ, 1999

Shaver, Dick: *The Next Step in Database Marketing.* New York: John Wiley & Sons, 1996

Sheff, David: *Game Over: How Nintendo Zapped an American Industry, Captured Your Dollars, and Enslaved Your Children.* New York: Random House, 1993. Dt.: *Nintendo – »Game Boy«: Ein japanisches Unternehmen erobert die Welt.* München: Goldmann, 1995

Sigafoos, Robert Alan: *Absolutely, Positively Overnight!: Wall Street's Darling Inside and Up Close.* Memphis: St. Luke's Press, 1983

Singhal, Arvind/Rogers, Everett M.: *Entertainment-education: A Communication Strategy for Social Change.* Mahmah, N.J.: Erlbaum Associates, 1999

*SPIEGEL-Dokumentation Persönlichkeitsstärke. Ein neuer Maßstab zur Bestimmung von Zielgruppenpotentialen.* Hamburg, 1983

Spurge, Lorraine: *Failure is Not an Option: How MCI Invented Competition in Telecommunications.* Encino, CA: Spurge Ink!, 1998

Stern, Barbara B./Gould, Stephen J.: »The Consumer as Financial Opinion Leader.« *Journal of Retail Banking* 10, Nr. 2 (1988), S. 43–52

Stevens, Charles W.: »K-Mart Has a Little Trouble Killing Those Phantom Snakes from Asia.« *The Wall Street Journal*, 20. Oktober 1981, S. 29

Stout, Hilary: »Ad Budget: Zero. Buzz: Deafening.« *The Wall Street Journal*, 29. Dezember 1999, S. B1

Summers, John O.: »The Identity of Women's Clothing Fashion Opinion Leaders.« *Journal of Marketing Research* 7; Mai 1970, S. 178-185

Tarde, Gabriel: *The Laws of Imitation.* New York: H. Holt and Company, 1903, und Gloucester, Mass.: P. Smith, 1962

Trachtenberg, Jeffrey A.: »The Best Kind of Advertising.« *Forbes*, 20. April 1987, S. 91f.

Tristram, Claire: »Takin' It to the Street.« *Marketing Computers*, Februar 1999, S. 22–28

Underhill, Paco: *Why We Buy: The Science of Shopping.* New York: Simon & Schuster, 1999

Utterback, James M.: *Mastering the Dynamics of Innovation: How Companies Can Seize Opportunities in the Face of Technological Change.* Boston: Harvard Business School Press, 1994

Valente, Thomas W.: *Network Models of the Diffusion of Innovations.* Cresskill, N.J.: Hampton Press, 1995

Valente, Thomas W./Davis, Rebecca L: »Accelerating the Diffusion of Innovations Using Opinion Leaders.« *The Annals of the American Academy of Political and Social Science*, 566 (1999), S. 55–67

Van den Bulte, Christofer/Lilien, Gary L.: »Is Social Contagion All It's Cracked Up to Be in New Product Diffusion?: Medical Innovation Revisited.« The Wharton School, Marketing Department *Working Paper* Nr. 98-014 (1998)

Walker, Chip: »Word of Mouth.« *American Demographics* 17; Juli 1995, S. 38–45

Warner, Fara: »Jeep Down-Shifts to Climb in Steeper Off-Road Stakes.« *Brandweek*, 16. Mai 1994, S. 28-30

Wasserman, Stanley/Faust, Katherine: *Social Network Analysis: Methods and Applications.* Cambridge/New York: Cambridge University Press, 1994

Watts, Duncan J.: *Small Worlds: The Dynamics of Networks Between Order and Randomness.* Princeton: Princeton University Press, 1999

Watts, Duncan J./Strogatz, Steven H.: »Collective Dynamics of ›Small-World‹ Networks.« *Nature* 393, 4. Juni 1998, S. 440–442

Weimann, Gabriel: *The Influentials: People Who Influence People.* Albany: State University of New York Press, 1994

Weinraub, Bernard: »Who Drives the Box Office? Girls.« *The New York Times*, 23. Februar 1998, S. B1

Wellmann, Barry (Hrsg.): *Networks in the Global Village: Life in Contemporary Communities.* Boulder, Colorado: Westview Press, 1999

Wellmann, Barry/Gulia, Milena: »Net-Surfers Don't Ride Alone: Virtual Communities as Communities.« In: Wellmann, Barry (Hrsg.): *Networks in the Global Village: Life in Contemporary Communities.* Boulder, Colorado: Westview Press, 1999, S. 331-366

Wellmann, Barry/Tindall, David B.: »How Telephone Networks Connect Social Networks.« *Progress in Communication Science*, 12 (1993), S. 63-94

Whyte, William H.: »The Web of Word of Mouth.« *Fortune*, November 1954, S. 140

Wilson, Jerry R.: *Word-of-Mouth Marketing.* New York: John Wiley & Sons, 1991. Dt.: *Mund-zu-Mund-Marketing.* Landsberg am Lech: verlag moderne industrie, 1991

Woodside, Arch G./Davenport, J. William, Jr.: »The Effect of Salesman Similarity and Expertise on Consumer Purchasing Behavior.« *Journal of Marketing Research* 11; Mai 1974, S. 198–202

Wurman, Richard Saul: *Information Anxiety.* New York: Doubleday, 1989
Zeitchik, Steven M.: »PW's Rep of the Year. Patricia Kelly, Publishers Group West.« *Publishers Weekly*, 5. April 1999, S. 41–45

»Diese Bibliographie wurde mithilfe von EndNote zusammengestellt. Besonderer Dank gilt meinen Freunden, die dieses Instrument geschaffen, gefördert und bewahrt haben.«
(Sie wurde vom Übersetzer um die deutschen Ausgaben der genannten Werke und um einige deutschsprachige Publikationen ergänzt.)

# Danksagung

Die formelle Forschung über Buzz ist nicht sehr umfangreich, weshalb ich mich sehr stark auf die Erfahrungen von Personen stützte, die das Phänomen beobachtet und mir bereitwillig ihre Gedanken darüber mitgeteilt haben. Meine eigene Erfahrung mit Buzz bezieht sich überwiegend auf die Software-Industrie, sodass ich denen besonders dankbar bin, die mich über Buzz in anderen Branchen informierten – Jim McDowell (Autoindustrie), Ed Colligan (Hardware), Brian Maxwell (Gebrauchsgüter), Reid Rosefelt (Filmindustrie), Alan und Joyce Amaral (Spielzeug), Morgan Entrekin und Elisabeth Schmitz (Buchverlage), Ava DeMarco (Mode-Accessoires) und Margot Fraser (Schuhe und Sandalen).

Es waren noch weitere Personen bereit, mir ihre Beobachtungen und Einsichten über Mundpropaganda mitzuteilen. Von jedem Einzelnen habe ich viel gelernt. Vielen Dank an Keith Fox, Marleen McDaniel, Cynthia Typaldos, Montrese Etienne, George McMillan, Jim Callahan, Rob Bennet, Charlotte Stuyvenberg, John Rizzo, Helen Rockey, Andrew Beebe, Carl Lennertz, Barry Berkov, Patricia Kelly, Jeff Salmon, Jennifer Gilbert, Kevin Conroy, Dave Kapell, Kim Wylie, John Hawks, Pini Gamzo, Mark Ouimet, Stephen Hollander, Leigh Feldman, Rochelle Newman, Steve Douty, Susan Taylor, Josh Sommer, Darwin Schmidt, Ted Sartoian, Gordon Paddison, Karen Edwards, Kimbal Musk, Maureen Blanc, Arlene Henry, Ed Niehaus, Heidi Roizen, Kamran Elahian, Lois Paul, David Ellington, Kevin Custer, Steve Rubin, Bill McKiernan, Joe Gillespie, Ron Ricci, Len

Short, Stacy Horn, George Paolini, Chris Moore, Fred Rogers, John Yost, Tom Daley, Ramanathan Guha, Nirav Tolia, Tom Hall, Alyssa Berman, William New, Edward Burlingame, Jeff McElnea, David Arctur, Paul Huber, Bob Stevens, Bill Schjelderup, Dana Siebert, Dan Whaley, Jim Desrosier, Chris Scott, Scott Karren, Chad Kinzelberg, Ray Anderson, Steve Cony, Arthur Hughes, Tanya Roberts, Jaleh Bisharat, Jane Howes und Dean Kephart.

Einer Person möchte ich besonderen Tribut zollen – der verstorbenen Linda Pezzano, die ich ein Jahr vor ihrem Tod interviewte. Dank ihrer großen Kreativität und Energie war sie eine Pionierin des Mundpropaganda-Marketing und spielte eine größere Rolle bei dem Erfolg von Produkten wie den Spielen *Trivial Pursuit* und *Pictionary*.

Händler können oft aufgrund ihrer besonderen Position beobachten, wie sich Informationen im Markt ausbreiten. Ich weiß die Erkenntnisse sehr zu schätzen, die ich von mehreren von ihnen erhielt: Karen Pennington, David Unowsky, Gary Gray, Beth Reynolds, Mark Benno, Barry Schwartz und Mike Barnard. Auch bei den Verbrauchern, die ich interviewte, möchte ich mich bedanken. Dazu gehören frühe Besitzer des BMW Z3, Leser des Buchs *Cold Mountain* und Benutzer des PalmPilot. Ich wünschte, ich könnte sie alle hier auflisten, aber mein besonderer Dank geht an Mike Jordan, Lynne Jenkins, Glenn Kowalsky, Jim Thompson, Margaret Van Siclen, Lyn Palme, Janice Shank, Jody Denison, Michael Ford und Jo Alice Canterbury.

Zahlreiche Autoren, Analysten und Forscher haben mich bei diesem Projekt unterstützt. In erster Linie bin ich Everett Rogers sehr zu Dank verpflichtet, der seit Jahrzehnten die Diffusion von Innovationen erforscht. Seine Begeisterung und Unterstützung gleich vom Beginn des Vorhabens an waren unschätzbar! Dankbar bin ich ferner Tom Robertson, Elihu Katz, Gabriel Weimann, Mark Granovetter, Jonathan Lomas, John Myers, Susan Fournier, Bernd Heinrich, Michael Gale, Lucky J. Meisenheimer, David Sheff, Josh Karliner, Colin Campbell, Seymour Merrin, Patricia Seyboldt, Ronni Marshak, Stewart Alsop, Mike McGuire, Joseph Byrne, Felipe Korzenny, Sandra Wong, Jeff Tarter, Andy Reinhardt, Rafe Needleman und David Hogan.

Mehrere Mitglieder des International Network for Social Network Analysis waren besonders freimütig und hilfreich, unter anderen Barry Wellman, David Krackhardt, Tom Valente, Ron Rice, Valdis Krebs. Mehrere Marktforschungsunternehmen stellten mir Berichte zur Verfügung, die mir halfen, das Phänomen Mundpropaganda besser zu verstehen. Mein besonderer Dank geht an Phil Wiseman von Maritz Marketing Research, Diane Crispell von Roper Starch Worldwide und John Goodman von e-Satisfy.

Haim Zaltzman und Kerry Shaw waren bei der Forschung und Überprüfung der Fakten beteiligt. Ich wünschte, ich hätte alles, was sie herausgefunden haben, verwenden können. Ich danke auch den zahlreichen Personen, die dadurch geholfen haben, dass sie Informationen geliefert, Fotos lokalisiert und Interviews vermittelt haben. Besonderer Dank geht an Jenny Bell Whyte, Sarah Sherman und Michael Sherbon für ihre Suche nach dem Foto aus einem Artikel von William H. Whyte. Reut Dimand bin ich dafür dankbar, dass er einige Fotos für das Buch besorgt hat.

Eine ganze Reihe von Personen war so freundlich, das Manuskript beziehungsweise Teile davon in verschiedenen Stadien zu lesen und wertvolle Vorschläge zu machen und mich zu ermutigen. Zu ihnen gehören Everett Rogers, Erik Steiner, Tom Valente, Bill Barnes, Mel Kopmar, Barak Libai, Steve Jurvetson, Mark Granovetter, Don Norman, Konrad App, Patrick Corman, Adrienne Gordon, Roberta Saxon, Rich Niles, Martin Fong, Ken McDonnell, Martin Mendel, Itamar Simonson, Betsy Kopmar, Kimberly Mattingly, Alison Hamilton, Greg Tananbaum und Arie Ruttenberg.

Mein Agent Daniel Greenberg hat dazu beigetragen, dass dieses Buch veröffentlicht wird, und mein Dank geht an Patricia Seybold, dass sie mich mit ihm zusammengebracht hat! Helen Rietz und Meredith Alexander haben bei der Redaktion des Buches in verschiedenen Stadien hervorragende Arbeit geleistet. Roger Scholl von Doubleday hat mir außerordentlich geholfen, das Manuskript zu straffen und ein Buch daraus zu machen. Vielen Dank an die Teams von Doubleday in den USA und von HarperCollins in Großbritannien, die so große Begeisterung (und Geduld) gezeigt haben.

Über Mundpropaganda habe ich viel aus meiner Erfahrung mit End-Note gelernt, und dafür habe ich dem Team zu danken, das so ein hervorragendes Produkt entwickelt und die besondere Nutzererfahrung erzeugt hat, die mit ihm verbunden ist: Rand, Bill, Sid, Talia, Martin, Jeff, Noah, John, Eric, Rich, Larry, Sam, Darragh, Randy, Peter, Greg, Ezra, Gary, Jeff, Pamela, Anne, Dave und William. Und natürlich Dank an Rich und Lenore Niles für die Jahre produktiver Partnerschaft! Es waren noch viele Leute in den USA und anderen Ländern beteiligt, aber es gibt nicht genug Platz, sie alle hier aufzuzählen. Drei Personen möchte ich jedoch namentlich danken – Kimberley, Alison und Greg –, die dafür gesorgt haben, dass sich Informationen über EndNote so ausgebreitet haben, wie es geschehen ist.

Schließlich möchte ich den fünf Personen danken, denen ich das Buch gewidmet habe: Daria, Noam, Yonatan, Maya und Mika. Sie haben sich alle als meine Redakteure, Forschungsassisten, Coaches und Familie betätigt. Herzlichen Dank!

# Nachweis der Illustrationen

Zeichnungen der sozialen Netzwerke: George Mattingly Design, Berkeley, Calif. © Emanuel Rosen.

Verteilung der Adoptiererkategorien: Entnommen aus Everett M. Rogers, *Diffusion of Inovations*, 4. Aufl., New York 1995. Mit Erlaubnis des Autors leicht modifiziert. Zeichnung George Mattingly Design, Berkeley, Calif.

# Register